經學研究叢書・經學史研究叢刊

宋代《春秋》學研究論集

劉德明　著

目次

行者之評
　　——論北宋孫復、劉敞與孫覺對《春秋》中「諸侯奔」的詮解 ···· 1

父子君臣
　　——春秋三傳與宋代理學家對蒯聵、衛輒評論之比較 ············· 33

儒家兄弟親親之道的個案探究
　　——以《三傳》及宋代理學家對季友的述評為核心 ············· 67

高閌對《春秋》中災異的說解與相關問題 ······················· 115

陸象山《春秋》觀探微 ····································· 153

張洽《春秋》學初探
　　——以與朱子《春秋》學比較為起點 ························· 193

趙鵬飛《春秋經筌》初論
　　——以其評價升降與四庫館臣的批評為核心 ··············· 223

一本偽書的樣態
　　——論《四庫全書總目》中的《春秋道統》 ················· 245

後記 ··· 267

引用文獻 ··· 269

行者之評
——論北宋孫復、劉敞與孫覺對《春秋》中「諸侯奔」的詮解[*]

一 前言

　　自從人類進入農業時代後，因為各種生產條件使得人們必須長時間居住在同一地點，所以「安土重遷」變成一個主要的生活方式。人們通常不會離開他的居住地點，而春秋時期正是極少數有大量出奔現象發生的時代。春秋時期的奔逃不僅發生在平民身上，甚至位於權力頂端的天子與諸侯亦因種種因素出奔他地。現今對春秋時期「出奔」最早的記錄當推孔子所著的《春秋》一書。若就社會變動現象來說，《春秋》與《左傳》所記最多，《春秋》中以「出奔」、「來奔」、「出居」、「孫」等詞來記載出奔僅有八十七次，而《左傳》則約有一百九十一事之多。[1]事實上《左傳》所記可能還超過此數。[2]對這種情況當

---

[*] 本文初稿發表於發表於「2005年第四屆主題文學學術研討會——行旅的書寫」（新竹：元培科學技術學院主辦，2005年11月26日），後正式刊登於《漢學研究》第25卷第1期（2007年6月），頁221-246。

1 徐杰令：〈論春秋時期的「出奔」〉，《史學集刊》第79期（2000年5月），頁76。但徐文並沒有交代這個數據的選取標準及其從何而來。

2 參見簡文山：〈附錄一〉，《左傳出奔研究》（高雄：國立中山大學中國文學系碩士論文，1998年6月），頁192-200。簡文山所統計的有一百九十七次。但簡文山統計的範圍與徐杰令可能稍有不同，簡文山將《左傳》中用「放」、「逐」、「去」、「亡」、「逃」、「行」、「適」等詞，所指行為上可能與「出奔」相似的即認為是「出奔」的

代許多研究者已經有頗多的論述，[3]這些論述的焦點多集中在春秋時期大量出現「出奔」現象之成因、現有歷史記錄之整理及「出奔」者所受之待遇及後來發展。綜而言之，當代對春秋時期之「出奔」多以社會變動予以多角度的探索。但是對春秋時期的「出奔」研究還可以有其他的面向：探求對出奔者在道德倫理上的評價問題。

筆者之所以選擇對比孫復（992-1057）、劉敞（1019-1068）與孫覺（1028-1090）對《春秋》所記「諸侯奔」的詮解，主要是基於以下幾個原因：

第一、《春秋》所記去國出奔者的身分，大致有天子、諸侯與大夫三種。但天子出奔僅有三則，諸侯出奔之事有十六件，記大夫出奔則超過一百則。就數量而言，「諸侯奔」是個較適合先行予以討論研究的對象，因為有一定數量的記載可供相互比對，且不會因數量過多以至於對此問題進行初步研究時即造成困擾。

第二、對於政治倫理道德而言，諸侯是否可出奔至他國，儒者的看法不一。《孟子》中有「諸侯失國而後託於諸侯，禮也。」[4]說法；又孟子在回答滕文公問小國如何在大國間自處的問題時，舉周古公亶

情況。此外簡文山的統計尚且限定在「出奔身分當具有權力與地位者」的範圍，故實際出奔者的數量應該更多。

3　就筆者所見，專以春秋時期的「奔逃」為主題的論述臺灣地區以學位論文為主，而大陸方面則有四篇論文。學位論文有戴志清：《春秋社會流動現象之研究——奔逃案例的研究分析》（臺北：國立臺灣大學歷史研究所碩士論文，1995年6月）與簡文山：《左傳出奔研究》兩篇學位論文。此外尚有張彥修：〈春秋「出奔」考述〉，《史學月刊》第242期（1996年第6期），頁21-25、陳筱芳：〈試論春秋奔者與本國和奔國的關係〉，《西南民族學院學報》第18卷第6期（1997年12月），頁61-65、徐杰令：〈論春秋時期的「出奔」〉，頁76-81、張豔華：〈春秋出奔現象探因〉，《洛陽師範學院學報》第94期（2003年第3期），頁82-83。

4　〔清〕焦循撰，沈文倬點校：《孟子正義》（北京：中華書局，1987年），卷21，頁711。

父因狄害而「去邠，踰梁山，邑于岐山之下居焉。」[5]的史實予以回答來看，孟子可以接受諸侯在某些情況下離國出奔是不得已的選擇。而《禮記》中則有「國君去其國，止之曰：『奈何去社稷也？』」、「國君死社稷」[6]、「故國有患，君死社稷，謂之義」[7]等等主張。乍看之下，孟子與《禮記》之說有所不同：孟子主張諸侯出奔未必全部為非，而《禮記》則較傾向主張「死社稷」方為國君應有之義。對儒學的內部思想來看，無疑是個有所爭議的問題。

第三、就《春秋》的解釋史來看，從董仲舒總括《春秋》中亡國的主要原因為：

> 小國德薄，不朝聘大國，不與諸侯會聚，孤特不相守，獨居不同群，遭難莫之救，所以亡也。[8]

司馬遷接受了董仲舒的說法，又加入了《春秋》中記「諸侯奔走不得保其社稷者不可勝數。察其所以，皆失其本已。」[9]之說，認為《春秋》所記出奔他國的諸侯都是失去了根本的仁義道德。這種認為君主出奔為可譏貶的看法到了宋代愈益成為主流，而為宋儒以至於後儒詮解《春秋》時強調的重點之一。如牟潤孫即認為對後代《春秋》學有深遠影響的南宋胡安國，其對《春秋》中去國之君王責之特深：

---

5 〔清〕焦循撰，沈文倬點校：《孟子正義》，卷5，頁164-165。

6 〔漢〕鄭玄注，〔唐〕孔穎達疏，龔抗雲整理，王文錦審定：《禮記正義‧曲禮下》（北京：北京大學，2000年），卷4，頁142。

7 〔漢〕鄭玄注，〔唐〕孔穎達疏，龔抗雲整理，王文錦審定：《禮記正義‧禮運》，卷22，頁800。

8 〔清〕蘇輿撰，鍾哲點校：〈滅國上〉，《春秋繁露義證》（北京：中華書局，1992年），卷5，頁133。

9 〔漢〕司馬遷撰，〔宋〕裴駰集解，〔唐〕司馬貞索隱，〔唐〕張守節正義：〈太史公自序〉，《史記》（北京：中華書局，1959年），卷130，頁3297。

蓋復仇之義可於別處發之，此則重在論去國，以致譏於靖康以
來，宋主之逃避金兵。其說雖似泰山影響，而所指者則不
同……孫氏所譏者，殆為天寶以來不能守土之疆吏大臣，而非
天子，故胡氏取其義而易其辭。[10]

牟氏認為胡安國之所以有如此說法，主要是因感於北宋之亡。所以胡
安國將北宋孫復譏大夫不能守國之義延伸至譏天子出奔。宋鼎宗則主
張《春秋》書記諸侯不死社稷而出奔他國，若有興復之望則「其罪為
輕」。[11]可見主張《春秋》對出奔之君王、諸侯加以譏貶發端雖早，但
由孫復而起的宋代《春秋》學則將此視為一個重要的論題。事實上
《春秋》解經方式至宋朝起即有一極大改變，而由此問題的討論亦可
看出其轉變的內容為何。

　　基於以上三個理由，故本文主要焦點集中在將北宋初期之孫復、
劉敞與孫覺三人對《春秋》中書記「諸侯奔」的部分予以比較討論，
一方面探究對出奔諸侯的評價問題，另一方面則可反省對《春秋》的
解釋方法問題。

二　《春秋》中的諸侯出奔與《三傳》詮解

　　就研究歷史社會的角度來看，《春秋》本身所能提供的素材極為
貧乏，因為其記事簡略以至事件之過程及終始不明。但是《春秋》在
中國學術傳統中還被認為有另一個非常獨特的性質：在諸多史事記載

---

10 牟潤孫：〈兩宋春秋學之主流〉收入《注史齋叢稿》（臺北：臺灣商務印書館，1990
　　年），頁156。
11 宋鼎宗：《春秋胡氏學》（臺北：萬卷樓圖書公司，2000年），頁175。

中亦富含孔子之「義」，並可使「亂臣賊子懼」的一部經典。[12]若以經學的脈絡，對《春秋》中諸多「出奔」記錄並不能只以歷史社會學的角度加以詮解，而是必須試圖去理解孔子透過對「出奔」的記錄，所欲表達出的「大義」為何？

由於《春秋》對史事的記載通常極為簡略，相對的就有「一字為褒貶」之說。[13]為了便於討論，所以本文討論焦點主要集中在《春秋》對於諸侯出奔的記載。

《春秋》中記諸侯出奔之事蹟雖有十六件，但其中有四件的情況是國滅之後國君出奔，與本文主要所欲討論的國家尚存而國君出奔，情形有所不同。[14]這十二個《春秋》書載出奔的諸侯依序分別是：桓公十一年「鄭忽出奔衛」、桓公十五年「鄭伯突出奔蔡」、桓公十六年「衛侯朔出奔齊」、莊公二十四年「曹羈出奔陳」、僖公二十八年「衛侯出奔楚」、文公十二年「郕伯來奔」、襄公十四年「衛侯出奔齊」、昭公元年「莒展輿出奔吳」、昭公三年「北燕伯款出奔齊」、昭公二十一年「蔡侯朱出奔楚」、昭公二十三年「莒子庚輿來奔」與哀公十年「邾子益來奔」。[15]若僅僅由這十二條如此簡略的記載，[16]一般人實難看出

---

12 孟子對《春秋》的說法是：「其事則齊桓晉文，其文則史，孔子曰：『其義則丘竊取之矣。』」及「孔子成《春秋》而亂臣賊子懼。」分別見〔清〕焦循，沈文倬點校：《孟子正義》，卷16，頁574，及卷13，頁459。

13 杜預言：「《春秋》雖以一字為褒貶，然皆須數句以成言。」見〔周〕左秋明傳，〔晉〕杜預注，〔唐〕孔穎達正義，浦衛忠等人整理，楊向奎審定：《春秋左傳正義》（北京：北京大學出版社，2000年），頁24。

14 《春秋》書記諸侯出奔，共有十六件，包括文中所列之外，尚有莊公十年「齊師滅譚，譚子奔莒。」僖公五年「楚人滅弦，弦子奔黃。」僖公十年「狄滅溫，溫子奔衛。」與昭公三十年「吳滅徐，徐子章禹奔楚」四則。關於國滅而後國君出奔的情況亦極複雜，應另為文討論，故在此不列入本文討論範圍。

15 關於這十二條的《春秋》經文，與《三傳》所記的經文本身則略有不同，如昭公元年《左傳》記為「莒展輿出奔吳」，而《公羊》及《穀梁》均記為「莒展出奔吳」；文公十二年《左傳》與《穀梁》均記為「郕伯來奔」，《公羊》則是「盛伯來奔」；襄

其中有何「大義」存在。所幸自漢代起，《左傳》、《公羊》與《穀梁》《三傳》便各自宣揚其能彰顯出一般人所不了解的《春秋》大義。

　　《三傳》對這《春秋》所記十二條諸侯出奔的解釋各有特點，大致分述如下：

　　首先，《公羊》認為「曹羈出奔陳」條中之「曹羈」是曹國大夫，而非諸侯。暫不論《公羊》此種說法正確與否，但依《公羊》的詮解，此條可不列入《公羊》討論「諸侯出奔」的範圍內。除此之外，《公羊》對「衛侯出奔楚」、「衛侯出奔齊」、「莒展輿出奔吳」、「北燕伯款出奔齊」、「蔡侯朱出奔楚」、「莒子庚輿來奔」與「邾子益來奔」七條記錄完全沒有任何的說解。對《春秋》所記的其餘四則解釋分別是：對「鄭忽出奔衛」的解釋是「忽何以名？《春秋》伯子男一也，辭無所貶。」[17]對「郕伯來奔」的解釋是：「盛伯者何？失地之君也。何以不名？兄弟辭也。」[18]對「衛侯朔出奔齊」主要認為：「衛侯朔何以名？絕。曷為絕之？得罪于天子也。」對「蔡侯朱出奔楚」的說解是：「突何以名？奪正也。」從以上簡短的引文中可以輕易的看出《公羊》對此四則的詮解，主要是以《春秋》有無書諸侯之「名」作為詮解的重點，至於為何書名的理由則各有不同。

　　《穀梁》對「曹羈出奔陳」、「衛侯出奔楚」、「郕伯來奔」、「衛侯出奔齊」、「莒展輿出奔吳」、「莒子庚輿來奔」與「邾子益來奔」七則

公十四年《左傳》、《穀梁》均記為「衛侯出奔齊」，《公羊》則為「衛侯衎出奔齊」；哀公十年《左傳》、《穀梁》均記「邾子益來奔」，《公羊》則為「邾婁子來奔」。昭公二十一年《左傳》、《公羊》記為：「蔡侯朱出奔楚」，而《穀梁》則記為：「蔡侯東出奔楚」。以上所列經文內容先以《左傳》為主，後文若因《三傳》異文而需進一步討論時再詳加論述。

16 為求行為順暢，後文若非必要，基本上提及這些記錄之時均不標記年份。

17 〔漢〕公羊壽傳，〔漢〕何休解詁，〔唐〕徐彥疏，浦衛忠整理，楊向奎審定：《春秋公羊傳注疏》（北京：北京大學出版社，2000年），卷5，頁116。

18 此條《公羊》作「盛伯來奔」，與《左傳》、《穀梁》文異。

也沒有任何說解。而對《春秋》記「北燕伯款出奔齊」一則的解釋是：「從史文」，僅謂此條《春秋》經文是由史書記載而來，沒有對《春秋》此則有任何意義上的說解。對「鄭忽出奔衛」的釋意為：「鄭忽者，世子忽也。其名，失國也。」對「鄭伯突出奔蔡」時言：「譏奪正也。」對「衛侯朔出奔齊」的詮解是：「朔之名，惡也，天子召而不往也。」對「蔡侯朱出奔楚」的說法是：「朱者，東國也。何為謂之東也？王父誘而殺焉，父執而用焉。奔而又奔之。曰東，惡之而貶之也。」[19]在這四條記錄中，《穀梁》亦如《公羊》般主要將其解釋的焦點集中在《春秋》是否書記諸侯之名上，書名的原因則以失國、不尊天子等等理由。

　　至於《左傳》的說解重點則與《公羊》、《穀梁》大有不同。《左傳》的解經方式大致可分為「論說經義」與「敘事經義」兩大部分。[20]《左傳》對《春秋》這十二條的記錄大多有所說解，但大部分都是對這些事件之前因後果予以記述，屬於「敘事經義」，從敘事之文中不太容易直接看出《左傳》詮解《春秋》之義為何。[21]但其中也有幾條是以「論說解經」，如《左傳》對莊公二十四年「曹羈出奔陳」之事全無記錄。此外對「北燕伯款出奔齊」有簡短評述：「書曰『北燕伯款出奔齊』，罪之也。」[22]認為孔子書此是表示北燕伯款有罪。此事起

---

19 昭公二十一年《左傳》、《公羊》均記：「蔡侯朱出奔楚」，《穀梁》則記為：「蔡侯東出奔楚」。依楊伯峻之說，朱與東國為兩人，《穀梁》之說誤。但就對此條的說解而言，《穀梁》雖誤朱為東國，但其解釋之重點仍在《春秋》為何要書「東」之名。

20 張素卿：《敘事與解釋──左傳經解研究》（臺北：書林出版公司，1998年），頁69。

21 承審查授教授指正，認為「事中顯義」是《左傳》的重要特色。但筆者以為要分別解讀出《左傳》中書記者（《左傳》作者）、事中評論者（歷史人物的對話與評論）與讀者（接受者）所各有之「義」並不容易，故以下筆者所討論《左傳》中詮解《春秋》之義僅限於「論說解經」的部分。這對於《左傳》研究而言未免過於疏漏，但本文主要討論的重心為對孫復、劉敞與孫覺三人之說的比對上，所以在此採較保守的態度，對《左傳》「事中顯義」、「敘事解經」的部分不予論述。

22 楊伯峻：《春秋左傳注》（北京：中華書局，1995年），頁1243。

因是北燕伯款欲立其嬖寵而想「去諸大夫」，沒想到被大夫比先下手殺了燕簡公的外嬖，於是燕簡公就害怕出奔跑到齊國。此外又對「邾伯來奔」之事，除陳述前後事件因由外，尚言：

> 公以諸侯逆之，非禮也，故書曰「邾伯來奔」。不書地，尊諸侯也。[23]

認為《春秋》在此主要之意有二：第一、魯文公用諸侯之禮來迎接尚未即位的邾國太子是件不合禮的事。第二、邾太子實是帶著夫鍾之邑投奔魯國，而《春秋》不書此事，則是因為尊邾太子為諸侯。此外《左傳》對昭公元年「莒展輿出奔吳」，除記莒國展輿之所以出奔，主要是因展輿取消了莒國群公子的俸祿，引起群公子不滿，群公子便召回之前奔往齊國的公子去疾回歸莒國，進而逼使展輿出奔吳國。《左傳》對此引「君子曰」來評論此事：

> 莒展之不立，棄人也夫！人可棄乎？《詩》曰：「無競維人」，善矣。[24]

認為展輿之所以失去王位，主要是因為展輿捨棄了群公子的支持，並引《詩經‧周頌‧烈文》之詩句來加強論述要成為強者唯有重視人才的道理。

綜合以上《三傳》對《春秋》記「諸侯出奔」的說解，我們大致歸納如下：

第一、《左傳》與《公羊》、《穀梁》解經側重點有極大的差異。《公羊》、《穀梁》均有一半以上的條目沒有釋義，但若有釋義，其主

---

23 楊伯峻：《春秋左傳注》，頁587。

24 楊伯峻：《春秋左傳注》，頁1217。

要在說解《春秋》經文的褒貶。而《左傳》則是對《春秋》每條事件均有詳細記錄，其以記述事件發生的前後因由為主，相對的較少直接以「論說解經」方式說明《春秋》褒貶之義。

　　第二、從《左傳》以「論說解經」的三條中，並不容易看出《左傳》認為《春秋》中有個一貫據以為褒貶的標記。也就是說，《左傳》直接論述《春秋》褒貶經義時，其所解之義與《春秋》文本中特定詞語的關聯性並不明顯。相反的，《公羊》與《穀梁》則以《春秋》書「名」與否作為判斷褒貶的重要提示。

　　第三、雖然《公羊》、《穀梁》以《春秋》是否書「名」作為判斷褒貶的重要提示，但是這個標準在《公羊》、《穀梁》的運用並不相同。《穀梁》在「鄭忽」、「鄭伯突」、「衛侯朔」、「蔡侯東」四條中，均主張諸侯書名為惡，雖然為惡的原因不盡相同，但對書名為惡的主張是相當一致的。相較之下《公羊》則較有變化，對「衛侯朔」、「蔡侯朱」兩條主張因惡而書名與《穀梁》相同，但在「鄭忽」一條中則認為《春秋》無貶，書名是因為國君薨嗣子當降而稱名。[25]此外對「盛伯」條則說《春秋》不書盛伯之名的原因是因盛與魯均為姬姓，所以不忍對盛伯書名。

　　第四、《三傳》在詮解《春秋》之義時，義的內容與《春秋》文本並沒有一致性。就《春秋》記十二條「諸侯出奔」來說，《左傳》並非每條均有直接解經的義說；有直接義說的幾條中也看不出與《春秋》本文字詞的關連為何。[26]《穀梁》在解義時雖有《春秋》「諸侯書名為惡」的一致說法，但其卻有意無意的忽略掉《春秋》記諸侯出奔

---

25 此說依何休之注：「名者，緣君薨有降既葬名義也，此非罪貶也。」〔漢〕公羊壽傳，〔漢〕何休解詁，〔唐〕徐彥疏，浦衛忠整理，楊向奎審定：《春秋公羊傳注疏》，卷5，頁116。

26 這並不是說《左傳》不能以事解經或沒有經解，而是指《左傳》在解《春秋》之義時並不直接由《春秋》的文本的特定字詞中讀出為何有此義說。

卻不書名的情況，對「衛侯出奔楚」、「郲伯來奔」與「衛侯出奔齊」三則記錄不置一詞，沒有做任何的說明，由此亦難以判斷《穀梁》對這三個出奔諸侯的評價為何。《公羊》傳則有兩條因惡書名之例，但也同時對書名不貶及惡不書名分別做出了解釋，但對其他各條的記錄也都沒有任何說法。

其實，若依照《三傳》對其自身的來源敘述，後人對這些說解並無法提出太多的質疑，因為《三傳》均自稱源自孔子之口授，所以就算在解釋《春秋》時前後體例並不完全一致，這可能是孔子以《春秋》授人時情形有關，也可能是在流傳過程中有所遺佚的緣故。但對於不完全相信《三傳》所記而還試圖去發掘《春秋》大義的儒者，就必須有重新的說法與解釋。而這正是北宋儒者想重新詮解《春秋》所必須面的問題。

三　北宋孫復、劉敞與孫覺面對的問題與初步主張

對《春秋》的詮解方法至唐啖助起即有一根本性的改變，儒者對《春秋》的詮解不再是獨尊一傳，而是同時存在著採擇《三傳》之說與在《三傳》之外另立他說。[27]這種情形在北宋仁宗、英宗年間的儒者詮解《春秋》時尤為明顯。[28]在北宋前期詮解《春秋》的儒者著作中，以孫復、劉敞與孫覺三家最為完整。三人現存詮解《春秋》的作品分別有：孫復的《春秋尊王發微》，劉敞的《春秋傳》[29]、《春秋權

---

27 嚴格來說，蒙文通等學者即指出〔晉〕范甯提出「春秋之傳有三，而為經之旨一」的說法，即是取《三傳》之長以解經。這深深影響日後詮解《春秋》的方法。詳見宋鼎宗：《春秋宋學發微》（臺北：文史哲出版社，1986年），頁16-20。

28 宋代《春秋》學真正的發展，應由仁宗時期開始。參見趙伯雄：《春秋學史》（濟南：山東教育出版社，2004年），頁419-423。

29 因以《春秋傳》命名之書頗多，故後文依前人慣例將此書稱為《春秋劉氏傳》。〔宋〕劉敞：《春秋劉氏傳》，收入《通志堂經解》（臺北：漢京文化事業公司，1985年）。

衡》、《春秋意林》、《春秋說例》與等書，孫覺則有《春秋經解》一
書。這三位試圖重新突破《三傳》舊說而詮釋《春秋》的儒者，對於
《春秋》中所記「諸侯出奔」都有各自的詮解策略。

　　首先，就《春秋》記「諸侯出奔」的十二條來看，直接從《春
秋》文字書記上可區分為三組：「出奔而不書爵」三例、「出奔而不書
名」三例及「出奔書名書爵」六例。[30] 在《春秋》本文的記載中，「出
奔書名書爵」所占的比例最高，而「出奔而不書爵」與「出奔而不書
名」的比例相同。正因為如此，所以孫復、劉敞與孫覺在處理「諸侯
出奔」記載的時候必須處理兩個層次的問題：第一個層次就是對《春
秋》中「出奔書名書爵」的意義做出解釋，說明《春秋》為何要記出
奔諸侯之名與爵位。第二個層次則是必須對《春秋》中「出奔而不書
爵」與「出奔而不書名」這兩種不同於多數書法的情形提出解釋，說
明《春秋》為何對某些諸侯出奔時不書名與不書爵。首先我們分別檢
視孫復、劉敞與孫覺三人對《春秋》諸侯「出奔書名書爵」的說解。

　　孫復對於《春秋》所記六則諸侯「出奔書名書爵」記錄，並不是
每則均有說解，其僅就「鄭伯突出奔蔡」、「衛侯朔出奔齊」兩條有說
解，其餘四則無說解。孫復認為《春秋》之所以記出奔諸侯之名主要
是因為孔子認為諸侯有罪，孫復說：

> 凡諸侯不能嗣守先業以墮厥緒荒怠淫虐，結怨于民，上下乖
> 離，播越失地，自取奔亡之禍者，皆生而名之。此年鄭伯突出
> 奔蔡，昭二十一年蔡侯朱出奔楚，二十三年莒子庚輿來奔，哀

---

30 這種對《春秋》本文的分類是依顧棟高（1679-1759），《春秋大事表》中的分法，只
　是顧氏將第三類標為「出奔書名」。見〔清〕顧棟高輯，吳樹平、李解民點校：《春
　秋大事表》（北京：中華書局，1993年），頁2512-2515。筆者認為應標為「出奔書名
　書爵」更符合《春秋》本文。

十年郳子益來奔之類是也。[31]

《春秋》本不記諸侯之名，就諸侯而言，能好好承繼保有祖先的國土
本是首要之務。但若荒廢政務、上下離心離德以至於出奔他國者，孔
子於《春秋》之中便會記此出奔諸侯之名以為炯戒。孫復並舉昭公二
十一年、二十三年及哀公十年三個例子作為說明。而此亦正是孫復沒
有說解的三條。[32]另桓公十六年「衛侯朔出奔齊」，孫復說：「衛侯不
道，國人逐之出奔。」[33]看似以記事為主，但從孫復用「不道」一詞
來看，其亦與前文所說理由相符。

劉敞關於《春秋》著作較孫復、孫覺為多，對《春秋》六條諸侯
出奔書名書爵的說解，散見其《春秋》諸書。綜合言之，劉敞對此六
條的說解大致可以分成「引述或批駁《三傳》及前人之說」與「表述
自己主張」兩類。

就「引述或批駁《三傳》及前人之說」而言，劉敞偶有直接引述
《左傳》記載而完全不加評述的，如對「莒子庚輿來奔」的說解，劉
敞就直接援用《左傳》所記庚輿殘虐好殺人，以至於被其大夫烏存帥
國人逐之的事蹟。[34]在此劉敞並沒有加入任何直接發揮大義的評述。
更多的情況是劉敞在引述《三傳》及前人之意時，常常是用來駁斥其
說。如劉敞解「蔡侯朱出奔楚」時先引述《左傳》之說：蔡侯朱之所
以出奔至楚，是因為楚大臣費無極接受了蔡侯朱叔父東國的賄賂，費
無極向蔡國大臣言楚君想立東國為蔡君，若蔡國不從則楚國將會包圍

---

31 〔宋〕孫復：《春秋尊王發微》，收入《通志堂經解》（臺北：漢京文化事業公司，
　　1985年），卷2，頁14。

32 另一條孫復沒有做出說解的是昭公三年「北燕伯款出奔齊」，相信理由與這幾例相
　　同。

33 〔宋〕孫復：《春秋尊王發微》，卷2，頁16。

34 〔宋〕劉敞：《春秋劉氏傳》，卷13，頁4。

蔡國，蔡人懼怕楚國勢力，於是令蔡侯朱出奔。劉敞認為《左傳》說
法是有問題的：

> 君重矣，蔡人雖畏楚，獨能不審其同異是非，而信單辭無驗之
> 語以逐其君乎？若讒人之言一再至，而君可逐也，方城以北無
> 定君矣。此乃惡無極之為人而多為之罪，以深其惡者，不然不
> 至於此。[35]

國君之位是非常重要的，蔡人雖然畏懼楚國，但怎會單憑費無極的一
番話語就令蔡侯朱出奔，如果國君的去取如此輕易，那麼許多小國的
國君即會旦不保夕。劉敞主張這是不可能的，《左傳》之所以如此說
解，主要是因為其極度厭惡費無極的關係。就此條來看，劉敞引用
《左傳》主要是用以駁斥《左傳》之說，但劉敞並沒有正面提出他的
主張，我們也自然無從判斷劉敞所理解的《春秋》大義為何。

　　另一種情形是劉敞有正面表達他對《春秋》出奔諸侯「書名書
爵」的理解，如其對「衛侯朔出奔齊」的說解：

> 《穀梁》曰：「朔之名惡也，天子召而不往也。」非也，何以
> 不援鄭忽例，自為失國名之乎？[36]

《穀梁》認為衛侯朔書名是惡之之意，其原因是天子召而不往。劉敞
批評《穀梁》對此條的說解太過複雜，因為《穀梁》只要援引鄭忽失
國書名的例子即可說明書名之義，又何必要說「天子召而不往」？劉

---

35 〔宋〕劉敞：《春秋權衡》，收入《通志堂經解》（臺北：漢京文化事業公司，1985
　　年），卷7，頁4。

36 〔宋〕劉敞，《春秋權衡》，卷14，頁13。

敞這個論斷雖短，但其中包含了兩個層次：事實的認定與書名的原因，《三傳》對此二者的說法均不一致。就事實認定而言，《穀梁》的記載是衛侯朔違抗天子之命而不往應召。而《左傳》則認為是因衛侯朔謀奪王位殺死了壽及急子兩位兄長，引起公子洩、公子職的不滿，以致二公子立公子黔牟為君，惠公於是奔齊。《公羊》之說較接近《左傳》，《公羊》的主張是天子使衛侯治衛，但衛侯不能得衛民愛戴，以致託疾至齊。至於書名的原因，《公羊》、《穀梁》皆主張是因衛侯得罪天子，《左傳》則沒有正面的說明。[37]劉敞在事實的判定上採取了《左傳》的說法，[38]在書名的原因上則沿用鄭忽「失國書名」的義例，[39]讓整體的說法較為簡單與一致。值得注意的是，劉敞對此並不只是採擇《三傳》之說而已，劉氏對於《春秋》出奔諸侯書名還提出了另一個說法，他說：

> 朔何以名？奔而名者，見有君也。孰君？公子黔牟也。[40]

主張《春秋》出奔諸侯書名不只是因其失國而已，而且還要出奔之國已另立他君，這才書出奔諸侯之名。劉敞也將此主張運用到其他例子，如哀公十年「邾子益來奔」，劉敞說：

> 其名何？奔而名者，見有君也。《傳》曰：邾子益為無道，吳

---

37 傅隸樸於此條中說：「左氏……雖純史實，亦隱有失國書名之義例。」見傅隸樸：《春秋三傳比義》（北京：中國友誼出版公司，1984年），頁182。但《左傳》似無失國之書君名的義例，傅氏的看法恐是受到《公羊》、《穀梁》二傳的影響，而非《左傳》原義。

38 見《春秋劉氏傳·卷2》，劉敞述敍此段史實的角度完全同於《左傳》。

39 對「鄭忽出奔衛」《穀梁》主張「其名，失國也」。

40 〔宋〕劉敞：《春秋劉氏傳》，卷2，頁12。

> 子使大宰子餘討之，囚諸樓臺，栫之以棘，使諸大夫奉公子革
> 以為君。[41]

劉敞引用《左傳》哀公八年的記載，說邾子益無道以致被囚禁在樓臺
之中，當邾子益出奔之時，邾國已立革為君，所以《春秋》記出奔諸
侯之名除了表示其失國之外，尚且表示其失國之時已另有君主。劉敞
對這個說法似乎相當堅持，他在解說「鄭伯突出奔蔡」時說：

> 突何以名？奔而名者，見有君也。忽未父則其曰有君何？忽雖
> 未入國，固其國也。[42]

依《左傳》所記史事，突於五月出奔蔡國而後忽才於六月由衛返鄭，
依此突出奔之時鄭國尚未有君，劉敞也接受這樣的史實。但劉敞並沒
有放棄他的說法，其仍堅持認為忽雖尚未返回鄭國，但忽為鄭國之君
無疑，所以鄭國仍為有君。劉敞對「出奔諸侯書名為有君」的說法毫
不退讓。[43]

　　相對的，孫覺對六則《春秋》諸侯出奔書名書爵說法較為單純，
六例之中，孫覺有「北燕伯款出奔齊」、「莒子庚輿來奔」與「邾子益
來奔」三例無說，「蔡伯朱出奔楚」雖有說解，但主要是因《穀梁》
記為「蔡侯東」，與《左傳》、《公羊》不同，孫覺主要在論述《左傳》
《公羊》之說可信，與大義無關。至於「衛侯朔出奔齊」，孫覺主要
在《三傳》異說的情況下，判斷《左傳》之說較為可信：

---

41 〔宋〕劉敞：《春秋劉氏傳》，卷15，頁5-6。

42 〔宋〕劉敞：《春秋劉氏傳》，卷2，頁11。

43 劉敞這種堅持乍看之下對解釋「出奔諸侯書名」來說似嫌多餘，但其主要目的是在
　　對「不書名的出奔諸侯」做出解釋，詳見後文討論。

當春秋之時，天下無王久矣。安得有天子召而不往，及天子能
加諸侯以罪之事乎？此蓋二傳見莊六年有王人子突救衛之事，
其下遂書衛侯朔入于衛，有抗天子之跡，故生此文也。案：伋
壽之事，見于經傳甚詳，此當以左氏之事為據也。[44]

孫覺的理由有二：第一、當春秋之時周天子的威信幾乎無人理會，哪
裡會有周天子可以加諸侯之罪的情形？第二、《左傳》記伋、壽及急
子等事蹟非常詳盡，所以其可信度很高。其實孫覺對這五例的說解之
所以如此簡略，有一個根本的原因，因為他主張諸侯出奔書名書爵是
《春秋》的常態，他在詮解「鄭伯突出奔蔡」中言：

《春秋》之法：諸侯不生名，以為有一國之地，而長一國之
民，爵受之于天子，而德見尊于國人。天下之達尊三，而諸侯
兼之者二，故不名于經，所以尊之，且責之以諸侯之道也。然
而失地則名之。受天子之爵，而長一國之民，是有德有爵者
也。德不足以保其國，而至于出奔，則無德矣。己之爵、土不
守，而亡于它邦，則無爵矣。向之所以尊之德與爵也，德與爵
俱亡矣，則是匹夫也。匹夫者何尊于《春秋》哉！⋯⋯《公》
《穀》皆曰：鄭突之名，奪正也。案：鄭突奪正之罪，在于書
歸與忽之稱世子，不在于失地之名也。此自失地，當書名爾，
奪正之說非也。[45]

孫覺詳細的說明《春秋》對諸侯是否書名的原則，並說明此原則的內

---

44 〔宋〕孫覺：《春秋經解》，收入《武英殿聚珍版叢書》（臺北：藝文印書館，1969
年），卷4，頁26。

45 〔宋〕孫覺：《春秋經解》，卷4，頁16-17。

在思想。孟子所謂爵、齒、德三達尊之中，[46]諸侯應有爵、德兩者，所以在正常情況下《春秋》是不書諸侯之名以表尊重。但若諸侯無德不能保其君位，終而要出奔他國。一個無德無爵之諸侯，在孫覺看來其與匹夫相似，所以《春秋》對出奔諸侯書名以表彰其失地之惡。孫覺更批評《公羊》、《穀梁》說鄭突書名是因其不當立為國君的看法是錯的，認為鄭突不應為君的大義在桓公十五年「鄭世子忽復歸于鄭」中即完全表示出來了。於此書鄭突之名是因其失地而不是因其奪正不當立的緣故。更值得注意的是，孫覺不但對《春秋》所以書名做出說明，他還進一步說明《春秋》何以要記鄭突之爵：

> 鄭突篡兄之位，在國五年，不能守，至于出奔。書曰鄭伯突出奔。諸侯而匹夫行則匹夫稱之，然猶曰伯者，所以見其嘗有鄭也。不書其爵，則無以別鄭之臣也。[47]

孫覺認為《春秋》之所以書「鄭伯突」之名是因鄭突在位五年之久，最後終至出奔他國，書爵是因其曾為鄭國國君，用以別於臣子。也就是說《春秋》在書記諸侯出奔時均應書爵書名為常態，一方面責其失地，另一方面則在標明其曾位居君位。

　　在分別陳述了孫復、劉敞與孫覺對《春秋》六則出奔諸侯書名書爵的說解後，可以將他們的說解特色綜述如下：

　　一、就面對《三傳》之說來看：孫復幾乎沒有對《三傳》之說加以評述，孫覺對《三傳》之異說及不同意的部分有稍加批評，劉敞則對《三傳》之說有較多的評述及說解。

　　二、孫復、劉敞與孫覺三人均主張《春秋》有出奔諸侯書名的書

46　〔清〕焦循撰，沈文倬點校：〈公孫丑下〉，《孟子正義》，卷8，頁260。

47　〔宋〕孫覺：《春秋經解》，卷4，頁17。

法，而且認為此一書法是普遍適用在《春秋》各則諸侯出奔的記錄
上。事實上「諸侯失國書名」此一義例是《公羊》、《穀梁》所提出，
但是《公羊》、《穀梁》並沒有將之普遍使用在所有例子中，而劉敞與
孫覺不約而同的批評《公羊》、《穀梁》之處亦在於他們自己沒有普遍
依此義例來詮解《春秋》。

三、劉敞與孫復、孫覺不同之處在於劉敞亦同意《春秋》有「諸
侯失地則名」的書法，但劉敞又加入了「出奔諸侯書名為有君」的獨
特說法，這種主張並不源自於《三傳》，而是劉敞獨自的創見。

四、孫覺與孫復、劉敞不同之處在於其不但對《春秋》出奔諸侯
書名做出說解，其也同時對《春秋》出奔諸侯為何書爵做出解釋，而
這也是《三傳》沒有論及的部分。

綜合以上各點，可見孫復、劉敞與孫覺三人均自覺的要對《春
秋》出奔諸侯書名做出一貫的解釋。可是在《春秋》一書中，出奔諸
侯亦有書不名不書爵之例，孫復等三人又是如何去說解這與《春秋》
常例不同之處？這其實才是詮解《春秋》最困難的地方。

四　三家對《春秋》不書爵與不書名的說解

一般認為《春秋》中有書法義例的詮解者，在處理常例時較能夠
順遂的闡發大義，但是在遇到《春秋》中之「變例」時，[48]問題常常
變得比較棘手。《春秋》記諸侯出奔雖有六則書名書爵，但同時也有
三則書爵不書名與三則書名不書爵。任何一位想通釋《春秋》全書的
解經者必然要對此加以說解處理。我們先行比對孫復、劉敞與孫覺對

---

48 《春秋》學中之「變例」至少有兩個意思：一是指與周公所設不同之例稱為變例。
　　二則是指不同於《春秋》一般書法的例子。在此文所謂的「變例」指的是第二個
　　意思。

「鄭忽出奔衛」、「曹羈出奔陳」與「莒展輿出奔吳」三則《春秋》「書名不書爵」的說解。

孫復對此三則的說解主要集中在「鄭忽出奔衛」，因為孫復對曹羈是曹世子抑或是曹國大臣無法判定，所以僅能說「竊謂去聖既遠，後人傳授文有脫漏爾，故其義難了。」[49]對「莒展輿出奔吳」則僅依《左傳》所記事蹟，草草數語帶過，並無大義發揮。孫復認為《春秋》之所以對鄭忽之出奔書名不書爵是因為：

> 突忽庶弟，突不正，歸于鄭，無惡文者，惡在祭仲，為鄭大臣不能死難，聽宋偪脅，逐忽立突，惡之大者。況是時忽位既定，以鄭之眾，宋雖無道，亦未能畢制命于鄭。仲能竭其忠力以距于宋，則忽安有見逐失國之事哉！……嗣子既葬稱子，鄭莊既葬，忽不稱子者，惡忽不能嗣先君未踰年失國也。故參譏之。[50]

忽為兄而突為弟，原本莊公死後忽為世子當立，權臣祭仲因受到宋國威脅而立突為君，致使忽出奔。孫復認為《春秋》於此條中對忽、突與祭仲均有所譏貶。因依《春秋》之常例嗣子（忽）在莊公之葬完成後即應稱鄭子忽，[51]但忽繼位未踰年即出奔，所以去子以表譏貶。

劉敞則對《春秋》出奔書名不書爵之諸侯則僅以「不子」加以說解。如其對鄭忽不稱爵言：

---

49 〔宋〕孫復：《春秋尊王發微》，卷3，頁17。
50 〔宋〕孫復：《春秋尊王發微》，卷2，頁11。
51 《公羊》言：「君存稱世子，君薨稱子某，既葬稱子，逾年稱公。」（莊公23年傳）孫復採用《公羊》此說。

此鄭子也，何以名？貶。曷為貶？忽不子也。忽不子者何？遠
君子近小人，不能與賢者圖事權臣擅命，放乎五世亂鄭者，忽
失為子之道也。[52]

劉敞也認為《春秋》有諸侯生不稱名的慣例，鄭忽之所以稱名是因其
不能親近君子遠離小人，最終至於國家被權臣所亂。鄭忽沒能好好承
繼先祖之業，失去為子之道，所以《春秋》書鄭忽之名以表貶斥。同
樣的理由亦見於曹羈的例子：

曹羈者何？曹世子也。何以名？貶。曷為貶？羈不子也。[53]

劉敞判定曹羈的身分為曹國世子，《春秋》之所以不書「曹子」是因
羈未能盡世子之責，雖然劉敞在此沒有直接表示何謂世子之責，但與
「鄭忽」之例對讀，相信其指的是未能治理好國家，以致出奔他國。
劉敞對「莒展輿出奔吳」條的說解重點主要在於批評《左傳》之說
為非：

夫展輿親弒其君而不譏，棄人而譏之，是謂棄人重於弒父也，
藉使展輿但勿棄人，以濟其不義之身，則固以為賢矣，不亦害
天下之教乎。[54]

《左傳》以莒展出奔是因其「奪群公子秩」，失去群公子的支持，所
以《春秋》書此是在譏莒展「棄人」。劉敞認為《左傳》此說大謬不

---

52 〔宋〕劉敞：《春秋劉氏傳》，卷2，頁9。
53 〔宋〕劉敞：《春秋劉氏傳》，卷4，頁4。
54 〔宋〕劉敞：《春秋權衡》，卷6，頁15。

然，因為莒展之所以得位是因其弒君，若依《左傳》之說，是譏棄人而不譏弒君，則《春秋》的原則何在？更進一步來說，若莒展不奪群公子秋，反而得到群公子的支持，那《春秋》是否就該認為莒展是賢君了呢？所以劉敞認為《左傳》之說顯然有誤。

孫覺對「鄭忽出奔衛」與「曹羈出奔陳」的說解一致，主張《春秋》之所以不書爵是因忽與羈居喪未逾年即失國，書名則是因其失地的關係。孫覺說：

> 《春秋》之法：居喪未逾年稱子。忽居喪未逾年，禮當稱子，而以國氏者，貶之也。世子忽受命先君，而嗣鄭伯之位，凡鄭之政，皆自己出。忽不能守先君之位，無嗣子之德，至于見逐而出奔。猶曰忽無人子之道焉。逐忽出奔者，實祭仲也。然不曰祭仲逐之，而以自出為文者，所以深責世子忽也。……鄭忽無震驚之望，至于大臣逐之、孽弟篡之。奔走而亡，僅以身免。故出奔之惡，雖祭仲逐之，亦自取之也。故但曰鄭忽出奔。《春秋》之法：諸侯不生名，惟失地則名之。以謂先君之土地宗廟，不能守而至于亡也，尚何足以諸侯待之哉！鄭忽之名，失地故也。[55]

孫覺主張《春秋》有兩個原則：諸侯「居喪未逾年稱子」與「諸侯不生名，惟失地則名之」。就失地則名之而言，鄭忽失地出奔由書忽之名即可見。《春秋》不書鄭子忽則是因忽失人子之道，於居喪未逾年之時即失國出奔。孫覺認為，《春秋》之所以書「鄭忽」不僅責其失為君之道，亦失人子之道。同樣的情形亦適用在曹羈身上：

---

55 〔宋〕孫覺：《春秋經解》，卷4，頁3-4。

羈居父喪未逾年，法當稱子。不曰曹子羈出奔陳者，《春秋》
深罪之也。羈為曹之嗣君，已嘗在位也。不能承先君之託，以
嗣先君之位，而奔之于陳，蓋不子也。《春秋》之法：為太子
而不能盡為子之道者，不書子以貶之⋯⋯曹羈、鄭忽，皆嗣位
未久而出奔者，《春秋》貶之意同，而文亦相類也。[56]

鄭忽、曹羈嗣位不滿一年即出奔，不論從為子或為君的角度來評量，
均有可責之處，所以《春秋》去爵書名以表示雙重的責難。孫覺主張
《春秋》貶鄭忽、曹羈之意相同，所以行文亦相似。若依孫覺此說，
則對「莒展輿出奔吳」亦可沿用如此說法，但孫覺卻有另一番說辭：

莒子密州，見弒于去年，展輿之立，亦逾年矣！于經可以書爵
也。然而不書爵者，《春秋》以其不正，而奪之也。曹羈、莒
展輿，皆即位而逾年者，其爵皆不書之，以其不正同也。[57]

孫覺對此條的說解問題頗多，第一、莒子密州因暴虐而被展輿率國人
殺之，時在襄公三十一年十一月，而展輿出奔在昭公元年秋，實不滿
一年。[58]若依鄭忽之例，孫覺即可順遂的說解此條，而不必有所謂
「以其不正」之說，[59]以致旁生枝節。第二、孫覺在此認為曹羈與展
輿的情況均是即位逾年，但在前曹羈條中孫覺明白用曹羈居父喪未逾
年的理由加以說解，孫覺於曹羈居喪究竟是否滿一年的說法顯然前後
不一。第三、依《左傳》所記，曹伯射姑卒於莊公二十三年冬十一

56　〔宋〕孫覺：《春秋經解》，卷6，頁26-27。

57　〔宋〕孫覺：《春秋經解》，卷13，頁1-2。

58　《春秋》與《左傳》均雖不記展輿出奔之月份，但《春秋》十月即記為冬，故其應
　　不滿一年。

59　此所謂「不正」應指展輿弒父奪取君位而言。

月，曹羈則於莊公二十四年冬出奔，曹羈出奔之時是否已滿一年抑是否有「不正」之事，孫覺在沒有其他更多史料的情形下，其實是無從得知的。孫覺於此判定曹羈與展輿之事蹟相類是沒有什麼根據的，更不用說展輿實是在位不滿一年即出奔他國。

對比以上三家對出奔諸侯書名不書爵的說解，可以綜合如下：

一、孫復說解的重點在於處理《春秋》何以不書爵而稱子，他認為這是因為鄭忽失國沒有盡到人子之道。至於書名的部分則未予以說解，當然我們也可以理解為孫復於此仍依循「諸侯出奔例當書名」原則，只是沒有特別提出加以說明而已。

二、劉敞說解的重點則在於《春秋》何以書名，劉敞同樣也是認為鄭忽、曹羈失去為子之道以致失國出奔，《春秋》以書名加以表示其當貶。劉敞這樣的說解實有疊床架屋之嫌，因為僅「諸侯出奔例當書名」即可說明《春秋》何以書名。當然我們也可以設想也許劉敞認為諸侯與世子的情況未必完全相同，所以才特別加以說明。在這個脈絡下，劉敞自己所提出的「諸侯出奔書名為有君」的原則似乎並不適用於此。而且更特別的是，劉敞對《春秋》何以不書爵的部分並未予以說解。

三、孫覺則主張《春秋》書名不書爵都是因其失子之道以致失國出奔。不書子是因鄭忽、曹羈居喪未逾年即失國，再加上諸侯失地則書名，孫覺明確指出《春秋》在此實是表示兩個層次的意思，較孫復、劉敞之說更為細密。

四、孫復、劉敞對「莒展輿出奔吳」的說解只在述說史實或批評《左傳》之說不當，對《春秋》書法大義反而沒有加以說解。孫覺認為鄭忽、曹羈與莒展輿的情況與不同，所以對不書其爵或以「不子」或以「不正」加以說解，至於書名則可以諸侯失地則書名之例言之。當然孫覺這種判斷可能是由於對事實的理解有誤，以至於另生他說。

　　最後，再討論孫復、劉敞及孫覺三家對「衛侯出奔楚」、「郳伯來奔」與「衛侯出奔齊」三例「出奔諸侯書爵不書名」的說解。

　　孫復認為《春秋》對出奔諸侯之所以不書名，主要是因為這些出奔之諸侯都是受到大國或權臣所迫，如衛侯之所以出奔楚「不名者，以見晉文逼逐而去。」[60]晉伐衛，楚人派兵救衛，後晉與楚戰於城濮，楚國被打敗，衛侯因此害怕而出奔。衛成公出奔主要是受到晉文公的逼迫。孫復認為郳伯出奔不書名亦是：

> 諸侯播越失地皆名，此不名者，非自失國也。案莊八年師及齊師圍郕，郕降于齊師，自是入齊為附庸，此而來奔，齊所偪爾，故不名。[61]

《左傳》記載文公十一年郕伯卒，郕太子朱儒只願住在夫鍾而郕國人不願奉朱儒為君，於是朱儒出奔。孫復認為朱儒出奔則是因受到齊國的威脅，所以不依失地諸侯書名之例處理。此外，衛獻公之所以出奔齊則是因為獻公羞辱孫文子與寧惠子，二子畏懼遭獻公殺害，所以先下手迫使獻公出奔，孫復說獻公「不名者，審殖孫林父逐之也。」[62]孫復對這三位諸侯出奔的說解重點放在他們受到何者的逼迫以至於失國。

　　劉敞在處理出奔諸侯不書名時則較為不同，其解「衛侯出奔楚」言：

> 諸侯去其社稷或有代之者，或無代之者，有代之者衛侯衎是也，無代之者魯昭公是也。《春秋》書有代之者則名之，書無

60　〔宋〕孫復：《春秋尊王發微》，卷5，頁22。
61　〔宋〕孫復：《春秋尊王發微》，卷6，頁9。
62　〔宋〕孫復：《春秋尊王發微》，卷9，頁9。

代之者則不名。今衛侯有代之者矣,而不名何哉?言叔武之代
之也,實非代之也。所惡代其君者為其奪之也,今叔武代其君
乃將復之也,故正其號謂之衛子,衛子之不取為君明矣,故衛
侯不得名也。[63]

劉敞將出奔諸侯分為兩類:諸侯出奔之後有代君位與無代君位兩種,
有代君位者則書名,無代之者則不書名。依《左傳》記載衛成公出奔
後其弟叔武攝政,雖明有代君,但劉敞認為叔武並無心奪取君位,因
為後來成公歸國時叔武將沐,聽到這個消息高興得握髮而出以致被成
公的衛士射殺。劉敞認為《春秋》於此不書成公之名,即是認為叔武
並沒有取代成公而想成為衛國君主之意,由此亦間接表彰叔武之德。[64]
劉敞主張出奔諸侯無代之者即不書名,「郕伯來奔」情況亦為如此。劉
敞言:

> 實郕伯來奔⋯⋯意者先郕伯以去年卒,太子即位而不能自安,
> 遂出奔,此乃真郕伯矣。以其即位日淺,或謂之太子,而左氏
> 則誤以為太子出奔也。[65]

郕伯出奔時已為諸侯,但又不書其名,即是因其郕國中無人代其為君
者,而非以太子之名出奔他國。劉敞說解「衛侯出奔齊」言:

---

63 〔宋〕劉敞:《劉氏春秋意林》,收入《通志堂經解》(臺北:漢京文化事業公司,
  1985年),卷上,頁38。

64 《春秋劉氏傳》中言:「衛有君矣,衛侯何以不名?賢衛子也。賢衛子則何以不
  名?言叔武之不有其國也。叔武曷為者也?衛之弟也,攝君之事而不處其位,
  載君之德而不私其名,上治之天子,下治之諸侯,以求反衛侯于國,是以稱之衛子
  也。」(卷6)明白表示《春秋》於此表彰叔武之賢。

65 〔宋〕劉敞:《春秋權衡》,卷5,頁6。

奔而名者，兩君之辭。剽已立矣，而衎不名何邪？曰：春秋雖
亂世，君不君、臣不臣，至於劫奪之禍，尚皆有緣而作，窮惡
極亂猶不為也。今剽以公孫，秉國政交於諸侯有日矣，親逐其
君而自取之，惡有甚焉，故絕其兩君之稱，以見所惡也。叔武
攝位而鄭不名，剽篡國而衎不名，其不名也同，而所以不名
異……故曰：貴賤不嫌同號，美惡不嫌同辭，為《春秋》安可
弗察邪？[66]

衛獻公出奔後，孫林父、寧殖立公孫剽為君，衛國已立新君，為何不
依《春秋》慣例書記獻公之名「衎」？劉敞認為這是因為剽以公孫而
終至篡奪君位，這是《春秋》非常厭惡之事，所以《春秋》不願依兩
君之例予以書記此事，故終不記衛獻公之名。[67]當然劉敞也注意到了
這個說法與解釋衛成公之說不同，所以他說成公不書名與獻公不書
名，同為不書名，但一為褒叔武一為貶剽，這是《春秋》中所謂「美
惡不嫌同辭」的用法。

　　孫覺在三則不書名的例子中，對「衛侯出奔齊」一條沒有任何說
解，[68]對「衛侯出奔楚」與「邴伯來奔」二則的說解大致與孫復相
同，均認為《春秋》不依失地諸侯則書名之例書記，是因衛侯與邴伯

66　〔宋〕劉敞：《春秋意林》，卷下，頁13。

67　〔宋〕劉敞：《春秋劉氏傳》中亦言：「奔而名者，見有君也。衛有君矣，衛侯何以
　　不名？不與剽而得兩君之名也。曷為不與剽得兩君之名？惡剽也。其惡之奈何？
　　剽者，公孫也，執衛國之政矣，剽之篡國人未有說焉。」（卷10，頁7-8）所表示之
　　意同。

68　孫覺在《春秋經解》中不但沒有對「衛侯出奔齊」一條說解，其對襄公十四年整年
　　《春秋》經文亦無說解，其因不明。《公羊》於此記為「衛侯衎出奔齊」，則明書諸
　　侯之名，不知孫覺是否採取《公羊》之說，認為此條為出奔諸侯書名書爵之通例而
　　不加解釋。另外也可能是因衛獻公出奔的原因是受到權臣逼迫，與其他二例不書名
　　情況不同而無法做出一致說解。但真正原因為何，則因文獻不足無法論斷。

出奔主要是受到晉國與齊國的逼迫所致。但是孫覺與孫復不同之處在於孫復還是非常強調出奔諸侯為有罪的看法：

> 《春秋》之法：諸侯失地則名。衛侯奔楚，獨得不名者，非赦之也，以晉侯之迫出奔，其重者晉也。《春秋》之義：有罪在可貶而不貶者，皆有所見也。……若衛侯者，聖人非不欲名之。名之，則不見晉侯之罪，聖人是以不名焉，非赦之也。[69]

孫覺認為衛成公不書名並非《春秋》赦免成公失地之罪，而是要加強晉文公以武力逼迫他國諸侯出奔罪。如果僅依《春秋》諸侯失地則名的慣例，則晉國之罪無以得見，所以《春秋》才用不書衛成公之名以表達兩層的意思。同樣情況亦適用於郕伯之例：

> 莊八年，郕降于齊師，則是郕入齊為附庸久矣！於是郕逼于齊，不安其國，而來奔于魯。《春秋》欲重其逼者之罪，是以不名郕伯也。郕伯非無罪也，以迫之者其罪重，不得不殺郕伯之名以見之也。[70]

雖莊公八年郕降齊至文公十二年已近七十年，《左傳》於此亦無書記齊對郕有任何威脅之舉，但孫覺認為這一定是齊脅迫郕國，以至於郕伯不敢居於首都而終至出奔。《春秋》不書郕伯之名一方面貶郕伯，一方面也重責迫郕的齊國。

孫復、劉敞與孫覺對「出奔諸侯書爵不書名」之說，綜合如下：

一、孫復與孫覺都認為《春秋》不書名之意在表示諸侯出奔是受

---

69 〔宋〕孫覺：《春秋經解》，卷8，頁58-59。
70 〔宋〕孫覺：《春秋經解》，卷9，頁24。

到他國或權臣之逼迫，此時《春秋》首要在傳達對晉、齊等強國威逼他國的不滿。

二、劉敞不僅認為失國諸侯理應書名，而且諸侯之所以書名還表示「兩君之辭」，所以面對《春秋》失國諸侯不書名之時，或以美暫代君位之人的純良，或以惡代君位者之亂行。總之，劉敞認為《春秋》不書出奔諸侯之名時有美有惡，但其焦點仍在於一國的內部關係，對於出奔諸侯的褒貶則沒有下任何判斷。

三、孫覺與孫復、劉敞有一個基本的不同點，即孫覺認為《春秋》中出奔諸侯不書名亦為有罪，而孫復、劉敞對不書名是否有罪則沒有明確的論說。

五 結語

《春秋》文詞簡約，但在儒學傳統中卻一直具有崇高的地位，因此要破讀《春秋》中所隱含的大義幾乎成為一件高難度的挑戰。清儒毛奇齡（1623-1716）即說：

> 《大易》、《春秋》，迷山霧海，自兩漢迄今歷二千餘年，皆臆猜卜度，如說夢話，何時得白？[71]

若說解《春秋》可以隨意的如猜枚與算命般的任意，相信許多深研《春秋》的儒者都無法同意。事實上，就詮解《春秋》的歷史發展來看，如何建立起詮解《春秋》的客觀性正是儒者用心所在。

就僅以《春秋》記「諸侯奔」的例子而言，《三傳》在解釋上至

---

71 〔清〕毛奇齡：〈與馮山公論論孟書〉，《西河集》，收入《景印文淵閣四庫全書》（臺北：臺灣商務印書館，1983年），卷18，頁14。

少呈顯出兩個重要的問題：文詞關連的一致性與釋義標準的普遍性。所謂「文詞關連的一致性」指的是《春秋》所欲呈顯之「義」是否與《春秋》所使用的「文詞」彼此相互關連而一致；而「釋義標準的普遍性」指的是《春秋》對相類似的行為是否有一普遍有效的評價準則。就《三傳》的「文詞關連的一致性」而言，《三傳》對《春秋》一條條的說解並不能說其沒有緊扣《春秋》經文，但就整體來看，《三傳》顯然沒有架構出「《春秋》之文」與「所釋之義」間的必然相關性。在這個標準下，《穀梁》、《公羊》又較《左傳》對《春秋》相關文句的解釋較為一致。因《穀梁》、《公羊》對數條諸侯出奔的釋義方向均共同指向「名」與「不名」，而《左傳》或因其釋義方式獨特，所以看不出來其所釋之義與《春秋》經文本身有普遍而共同的指向。但《公羊》、《穀梁》在文詞關連性上也不是全然沒有問題的，《公羊》與《穀梁》主要的問題在於：一、並沒有對《春秋》逐條做出詮解，對於《春秋》中某些《公羊》、《穀梁》沒有說解的條目，並不容易確定其意義為何，尤其是當無法從其他條目綜合歸納出一致的說法來類推時，更為難解。二、當《公羊》、《穀梁》提出「諸侯書名為惡」之說，將名與惡互連結時，其對《春秋》不書名的數條並沒有做出說解，這不免使其就文詞關連一致性的說解說服力上有所不足。

其次就「釋義標準的普遍性」而言，《春秋》對出奔諸侯的褒貶究竟如何？《三傳》本身似乎也沒有一致的看法。《左傳》逐事說明其源委，卻甚少直接對諸侯出奔是褒是貶做出判斷，所以並不容易歸結出《左傳》對於出奔諸侯是否存有一致的褒貶標準。《公羊》與《穀梁》雖有較多對諸侯善惡褒貶的說解，但是其間或以出奔為貶或以得罪天子為貶等等說法，並不容易抽繹出普遍適用於各記錄中的行為準則。這種情形會產生一個嚴重的問題：《春秋》之所以在儒學中成為重要的典籍即是其因具有褒貶「大義」，但就褒貶判斷而言，「普

遍性」是一個非常重要的原則。[72]因為若褒貶的準則不具有普遍性，則《春秋》所褒所貶又如何成為可以普遍運用的法則呢？換句話來說，若《春秋》褒貶僅限定在一個特殊又具體的歷史情境中，而此特殊的歷史情境又不可能在往後的世界中再次完全重現，那《春秋》之褒貶又如何能加以運用？其意義與價值又在那裡？

孫復、劉敞與孫覺三人在詮解《春秋》時顯然是面對並試圖解決以上的兩個問題。首先就「文詞關連的一致性」而言，孫復、劉敞與孫覺三人一方面在諸條記載中不斷主張「出奔諸侯例皆書名」，試圖將這種原則能普遍貫穿於《春秋》經中的不同條目，另一方三人亦對為何《春秋》中會有「出奔諸侯不書名」的情況產生提出不同方向的說明。這種釋經方向是希望將經文的記載與所釋之義彼此相互緊密關連起來，其中劉敞與孫覺較孫復更為詳密。劉敞甚至不惜加上「兩君之辭」的說法，對出奔諸侯不書名的情況予以解說。孫覺則對《春秋》「不書爵」以「不子」或「不正」為由做出細緻的解釋。雖然這或不免會有「橫生條例」之譏，[73]但無可否認的是，孫復三人是非常自覺的往這個方面努力。

再者，就更重要的「釋義標準的普遍性」來看，孫復、劉敞與孫覺三人主持《春秋》對出奔諸侯的貶斥較《三傳》更為一致，這種一致在兩方面呈顯出來：對貶斥諸侯理由的單純化與貶斥出奔諸侯的普遍

---

72 「普遍性」一詞至少有兩種不太一樣的意思：第一是指適用於任何人，即每一人都適用於這個標準。第二則是指適用於某些特殊地位或身分的人，若具有這種身分地位之人均適用於此原則。在本文中所用「普遍性」所指之意為第二種。

73 以孫覺的例子來看，其「橫生條例」的原因很可能是因為對事實判讀的錯誤，這其中當然牽涉到另一個問題：歷史事實與解經之間的關係。就某個程度來說，沒有正確的事實根據，很容易產生出多餘或無用的「條列」，所以掌握正確的歷史事實無疑是解經之必要條件。但這個問題相當複雜，加上與本文所欲論述的重點關涉不大，故在此不予以深入討論。

化。[74]孫復、劉敞與孫覺認為《春秋》貶諸侯不是因為其不尊王命等其他理由，僅是因為諸侯失國出奔。[75]而且對失國諸侯加以貶斥的原則是普遍有效的，尤其是孫覺對此更是堅持。在孫復與劉敞對出奔諸侯不書名沒有明確表達諸侯是否有罪的情況下，孫覺仍然強調不論是強國不義干政抑或權臣竊國，只要是諸侯不能保有其國出奔即為有罪應貶。顯然孫復三人對《春秋》中之釋義標準的普遍性問題較《三傳》更為強調，也較《三傳》更注意諸侯對國家所應負的責任，所以將出奔諸侯書名關鍵集中在表示貶斥之意。

綜合言之，孫復、劉敞與孫覺三人在詮解《春秋》時，對文詞關連的一致性與釋義標準的普遍性兩者更為重視，這也得以在有所師承的《三傳》之外另立他說，[76]這些對建構詮解《春秋》的客觀方法上均有一定的意義。

---

74 在此要特別指出的是，孫復等人在對「諸侯奔」的說解上有一共同的假定：《春秋》書記各諸侯出奔時有一個相類的評價標準，而非一事一義。這個假定很難去證明其真假，但孫復等三人無疑是非常自覺的努力去說明在《春秋》中的確存在這樣的釋義標準。

75 認為宋儒解《春秋》較《三傳》更加強調諸侯對國土的責任之說，牟潤孫與宋鼎宗先生早已提及。但筆者與牟、宋兩位先生不同點在於牟、宋兩位先生所提的「守土說」（依宋鼎宗先生語）主要以滅國諸侯為主，而本文討論的重心則在於國未滅但諸侯出奔的情形。此外筆者更強調此一原則在孫復、劉敞與孫覺解經中的普遍義，而非單一事件中的特別之意或與當時時代背景相關之意。牟潤孫之說見氏著：〈兩宋春秋學之主流〉，收入《注史齋叢稿》，頁156。宋鼎宗之說見氏著：《春秋宋學發微》，頁206-211。

76 事實上就本文所討論的「諸侯出奔」各例來說，孫復、劉敞與孫覺三人主要的說法並沒有與《三傳》有截然不同之處。孫復三人之說嚴格來看僅能說從《三傳》（尤其是《公羊》、《穀梁》）諸多不同說法中選擇其中一種說法，然後再將其普遍化至各條之中。對此四庫館臣即說：「孫復、劉敞之流，名為棄《傳》從《經》。所棄者，特《左氏》事蹟，《公羊》、《穀梁》月日例耳。其推闡譏貶，少可多否，實陰本《公羊》、《穀梁》法。猶誅鄧析，用竹刑也。」見張舜徽：《四庫提要敘講疏》（臺北：臺灣學生書局，2002年），頁34。孫復等人之說本由《公羊》、《穀梁》而來無誤，但孫復三人在「一致性」上所下的功夫尤為細密。此外主張孫復等人棄《左氏》事蹟不顧，就本文諸多論述來看則未免言過其實。

父子君臣

——春秋三傳與宋代理學家對蒯聵、衛輒評論之比較[*]

一 前 言

在傳統儒學的典籍中，四書五經無疑是具有核心的地位。其中《春秋》的地位更是引人注目，自孟子（西元前372-前289）言：

> 王者之迹熄而《詩》亡，《詩》亡然後《春秋》作。晉之《乘》，楚之《檮杌》，魯之《春秋》，一也。其事則齊桓晉文，其文則史。孔子曰：「其義則丘竊取之矣。」[1]

《春秋》即被目為唯一經孔子親手修訂的儒家經典。《春秋》中雖記載的是以魯國為中心的相關史事，但更重要的是其中包含了「義」。《春秋》在孟子的推崇下，被視為孔子想要將世事撥亂反正的重要工具：

> 世衰道微，邪說暴行有作，臣弒其君者有之，子弒其父者有之。孔子懼，作《春秋》。《春秋》，天子之事也。是故孔子曰：「知

---

[*] 本文係科技部研究計畫「MOST 103-2410-H-013」之部分成果。初稿發表於「東亞儒學的當代詮釋國際學術研討會」（桃園：中央大學儒學研究中心，2011年8月5-7日），後正式刊登於《漢學研究》第35卷第1期（2017年3月），頁135-164。

[1] 〔宋〕朱熹撰：《孟子集注》，《四書章句集注》（北京：中華書局，1983年），卷8，頁295。

我者其惟《春秋》乎！罪我者其惟《春秋》乎！」……昔者禹
抑洪水而天下平，周公兼夷狄驅猛獸而百姓寧，孔子成《春秋》
而亂臣賊子懼。[2]

不論是知我罪我之說，或是《春秋》能使亂臣賊子懼，《春秋》中的
「義」無疑成為儒者所欲探知孔子深意的目標，所以傳統儒者莫不努
力地希望詮解出《春秋》中的「義」。董仲舒（西元前179-前104）則
進一步指出《春秋》這本經典在傳義上的特殊性：

仲尼之作《春秋》也，上探正天端王公之位，萬民之所欲，下
明得失，起賢才，以待後聖。故引史記，理往事，正是非，見
王公。史記十二公之間，皆衰世之事，故門人惑。孔子曰：
「吾因其行事而加乎王心焉。」以為見之空言，不如行事博深
切明。[3]

《春秋》並非是一本抽象的論理之書，而是透過「事」來見「理」。[4]
於是歷來解經者莫不想由《春秋》中一件件具體的事中推見其「理」。
在《春秋》所記的眾事件中有一段關於衛靈公、蒯聵及輒的祖孫三代
故事，[5]因同時涉及君臣父子的倫理問題，甚至孔子與子路都曾參與其

2　〔宋〕朱熹撰：《孟子集注》，《四書章句集注》，卷6，頁272-273。

3　〔清〕蘇輿義證，鍾哲點校：〈俞序〉，《春秋繁露義證》（北京：中華書局，1992
　　年），卷6，頁158-159。

4　司馬遷亦有類似的說法：「我欲載之空言，不如見之於行事之深切著明。」見〔漢〕
　　司馬遷撰，〔宋〕裴駰集解，〔唐〕司馬貞索隱，〔唐〕張守節正義：〈太史公自序〉，
　　《史記》（北京：中華書局，1959年），卷130，頁3297。

5　典籍中「蒯聵」或作「蒯瞶」、「輒」或作「輙」，為使行文一致，後文均作蒯聵、
　　輒（或衛輒），不另註出。

中，所以引發歷來儒者的諸多討論。筆者擬透過觀察對比不同儒者的說法，整理分析其各自的立場，進而更了解他們的價值倫理。在章節安排上，《春秋》三傳無疑是了解《春秋》最初、最重要的起點，故於第二節中討論《三傳》及相關學者對《春秋》相關記錄的解釋。第三節則以程頤（1033-1107）以下的宋代理學家相關論述為主，[6]其中包含程頤及其學生劉絢（1045-1087）、楊時（1053-1135）、謝湜（生卒年不詳）三人外，還有南宋的胡安國（1074-1138）、楊時的弟子高閌（1097-1153）、朱熹（1130-1200）、朱熹的學生張洽（1161-1237）等人，用以論述與對比他們各自的特色及整體的取義趨向。最後一節則是對《三傳》與宋代理學家的解釋做一整體簡要的對比與論述。

在進行詳細論述前，有幾點要先行說明：1. 本文之所以選擇程頤以下的理學家，主要是因為理學為宋代學術的代表，程頤的《春秋傳》雖不完整，[7]但其後學卻多因此而有《春秋》的專門注解，其影響後世《春秋》學頗大，而且程頤的學說對後來諸多理學家亦有深遠的影響。所以對比《三傳》及程頤以下理學家諸說應可看出學術流變的軌跡。2. 就文獻而言，劉絢、楊時及謝湜對《春秋》都有專門注解，其書現雖均已不存，但其說仍保留在許多《春秋》的相關注解中，[8]所

6　其實宋代的孫復（992-1057）與劉敞（1019-1068）即注意到這個問題，孫復除了在《春秋尊王發微》中有所論述外，還特別寫了〈世子蒯聵論〉一文特別加以討論。孫旭紅曾為文論述了孫、劉兩人對於此事的看法，所以本文對孫、劉兩人的看法，只在必要處稍加提及，其餘詳見氏著：《居今與志古──宋代《春秋》學研究》（北京：中國社會科學出版社，2014年），頁238-249。

7　程頤的《春秋傳》並不是一本完整的書，其所自注的部分只到桓公九年冬而已，其餘是伊川的弟子集結師說而成。相關論述見劉德明：〈程伊川《春秋學》初探〉，《中央大學人文學報》第23期（2001年6月），頁47；齋木哲郎：〈程伊川的春秋學〉，收入姜廣輝主編：《經學今詮四編》（瀋陽：遼寧教育出版社，2004年），頁337-338。

8　如南宋的李明復（1174-1234）的《春秋集義》中即集中微引理學家的相關論述，尤其是對謝湜之說特別注意。關於這三人《春秋》著作的相關問題請參見金生楊：〈理學與宋代巴蜀《春秋》學〉，《四川師範大學學報（社會科學版）》第33卷第5期（2006

以本文在論述三人之說時，多是由其他書籍中引出。3.《春秋》中所
涵蘊「義」的內容究竟為何，一直被歷代的儒者不斷討論，在這過程
中解經者每提出一種說法，往往不是經典內容的最終答案，而是另一
個爭論的起點。所以本文主要的關注點並非在解釋「《春秋》大義」
的內容究竟為何？而是希望透過觀察歷來解經者的不同爭論，描繪出
這些儒者心中的「《春秋》大義」內容，藉以探知各時代不同儒者所
建構出的儒學價值世界。

二　《三傳》及相關學者的說解

　　《春秋》中與衛國蒯聵之事直接相關的記錄僅有五則，分別是定
公十四年「衛世子蒯聵出奔宋」，哀公二年「夏四月丙子，衛侯元
卒」、「晉趙鞅帥師納衛世子蒯聵于戚」、「冬，十月，葬衛靈公」，及
哀公三年「春，齊國夏、衛石曼姑帥師圍戚。」對於這五則簡短的記
錄，《三傳》各自有諸多解釋。其中《左傳》對於此事的前後敘述最
為詳細，《左傳》在定公十四年中記：

> 衛侯為夫人南子召宋朝。會于洮，大子蒯聵獻盂于齊，過宋野。
> 野人歌之曰：「既定爾婁豬，盍歸吾艾豭？」大子羞之，謂戲
> 陽速曰：「從我而朝少君，少君見我，我顧，乃殺之。」速曰：
> 「諾。」乃朝夫人。夫人見大子，大子三顧，速不進。夫人見
> 其色，啼而走，曰：「蒯聵將殺余。」公執其手以登臺。大子

年9月），頁134-135；劉德明：〈一本偽書的樣態——論《四庫全書總目》中的《春秋
道統》〉，載於張曉生主編：《儒學研究論叢》第3輯（臺北：臺北市立教育大學人文
藝術學院儒學中心，2010年），頁212-216，收入本書第8章；黃覺弘：《唐宋《春秋》
佚著研究》（北京：中華書局，2014年），頁145-146、160-167。

奔宋，盡逐其黨。故公孟彄出奔鄭，自鄭奔齊。大子告人曰：
「戲陽速禍余。」戲陽速告人曰：「大子則禍余。大子無道，使
余殺其母。余不許，將戕於余；若殺夫人，將以余說。余是故
許而弗為，以紓余死。諺曰：『民保於信』，吾以信義也。」[9]

蒯聵為衛靈公的太子，而南子則為靈公夫人。蒯聵因聽聞宋人在歌中
諷刺南子私通宋朝而深覺受辱，所以想派遣戲陽速殺掉南子。沒想到
戲陽速並沒有遵守約定，致使南子跑去向靈公求助。靈公則與南子一
起登上高臺表示支持，於是蒯聵於此年出奔至宋國。《左傳》在哀公
二年中又有相關的記錄：

初，衛侯遊于郊，子南僕。公曰：「余無子，將立女。」不對。
他日，又謂之。對曰：「郢不足以辱社稷，君其改圖。君夫人
在堂，三揖在下，君命祇辱。」夏，衛靈公卒。夫人曰：「命
公子郢為大子，君命也。」對曰：「郢異於他子，且君沒於吾
手，若有之，郢必聞之。且亡人之子輒在。」乃立輒。六月，
乙酉，晉趙鞅納衛大子于戚。宵迷，陽虎曰：「右河而南，必
至焉。」使大子絻，八人衰絰，偽自衛逆者。告於門，哭而
入，遂居之。[10]

大約在蒯聵出奔後不久，衛靈公對其庶子子南（即公子郢）說想立其
為太子，但公子郢一直沒有應允，甚至直接拒絕。在魯哀公二年時，

9 〔周〕左丘明傳，〔晉〕杜預注，〔唐〕孔穎達正義，浦衛忠等人整理，楊向奎審
定：《春秋左傳正義》（北京：北京大學出版社，2000年），卷56，頁1846-1847。

10 〔周〕左秋明傳，〔晉〕杜預注，〔唐〕孔穎達正義，浦衛忠等人整理，楊向奎審
定：《春秋左傳正義》，卷57，頁1861-1862。

衛靈公去世，夫人南子又向公子郢提及欲立其為君，並稱這是靈公的
遺命。但公子郢卻反駁說靈公死時並沒有明言要立公子郢為衛君。而
且太子蒯聵雖逃亡於外，但其子輒則仍在衛國，所以應立輒為衛君。
於是衛輒即位，是為衛出公。衛輒即位後，其父蒯聵則在晉國趙鞅的
幫助下，用計占領了衛國的戚地。[11]接下來，哀公三年《春秋》經文
記：「齊國夏、衛石曼姑帥師圍戚。」《左傳》僅有：「齊、衛圍戚，
求援于中山」簡短的記錄。[12]綜觀《左傳》對《春秋》這四則的說解
文獻，其重心在於記敘此事的前因後果，對於衛靈公、蒯聵及衛輒祖
孫三代並沒有任何直接的評語，也沒有對衛國石曼姑領兵圍困昔日的
太子、今日衛君之父——蒯聵有明確的評說。[13]這種情況十分符合
《左傳》「敘事解經」的特質。除此之外，《左傳》尚提供了一些此事
日後發展的記錄：在哀公十五年的傳文中記蒯聵威脅孔悝並與之結
盟，子路則因想保護孔悝而被殺，於是孔悝就立了蒯聵為衛君。在哀
公十六年的「續經」中，記有：「春，王正月，己卯，衛世子蒯聵自

---

11 承審查者指出，楊伯峻說：「以當時情勢言之，衛、齊諸國俱反趙鞅，趙鞅之納蒯
 聵，實欲衛順己，衛人拒趙鞅，自不得不拒蒯聵。」這是從當時諸侯間的勢力消長
 立論，可作為另一理解的視角。見楊伯峻：《春秋左傳注》（北京：中華書局，1995
 年），頁1613。

12 〔周〕左秋明傳，〔晉〕杜預注，〔唐〕孔穎達正義，浦衛忠等人整理，楊向奎審
 定：《春秋左傳正義》，卷57，頁1871。

13 承審查者指出：《左傳》雖沒有直接的評說，但不論是在定公十四年或哀公二年，都
 認為蒯聵是世子、太子，在繼位上有優先性。或也因為如此，所以孔穎達在哀公二
 年的疏中說：「世子者，父在之名。蒯聵父既死矣，而稱世子者，晉人納之，以世
 子告，言是正世子，以示宜為君也。」是發揮了《左傳》隱含之意。但杜預在哀公
 三年中言：「曼姑為子圍父，知其不義，故推齊使為兵首。戚不稱衛，非叛人。」則
 應是受到《公羊傳》及《穀梁傳》的影響而發，並非是由《左傳》的論述而得。分
 見〔周〕左秋明傳，〔晉〕杜預注，〔唐〕孔穎達正義，浦衛忠等人整理，楊向奎審
 定：《春秋左傳正義》，卷57，頁1860、1869。

戚入于衛。衛侯輒來奔。」[14]至此年，蒯聵終於得嘗所願成為衛君（衛莊公），而其子衛輒則被迫出奔至魯。

　　相對於《左傳》從「其文則史」的方向來詮解《春秋》，《公羊傳》及《穀梁傳》則對於「《春秋》大義」有頗多的發揮。因為《公羊傳》的內容較為複雜，所以先介紹《穀梁傳》的說法。《穀梁傳》僅在哀公二年「晉趙鞅帥師納衛世子蒯聵于戚。」及三年「春，齊國夏、衛石曼姑帥師圍戚。」中有所評斷：

> 納者，內弗受也。帥師而後納者，有伐也，何用弗受也？以輒不受也。以輒不受父之命，受之王父也。信父而辭王父，則是不尊王父也。其弗受，以尊王父也。[15]
> 此衛事也，其先國夏何也？子不圍父也。不繫戚於衛者，子不有父也。[16]

《穀梁傳》的內容可分為三點來看：1.《穀梁傳》專從《春秋》的書法、用字著手，解釋其之所以用字的緣由，以「義例」解經為其特色。[17] 2.《春秋》書「納」字是表示輒不接受蒯聵回國，而輒之所以

14　哀公十六年經文見〔周〕左秋明傳，〔晉〕杜預注，〔唐〕孔穎達正義，浦衛忠等人整理，楊向奎審定：《春秋左傳正義》，卷60，頁1944。關於孔悝相關之事的原文見同書，頁1944-1947，文長不錄。因為《公羊傳》及《穀梁傳》的《春秋》經文及傳文僅至哀公十四年「西狩獲麟」為止，僅《左傳》中的經文記至哀公十六年，傳文則記至哀公二十七年，所以比較《公羊傳》及《穀梁傳》提供了更為完整及豐富的內容。

15　〔晉〕范甯集解，〔唐〕楊士勛疏，夏先培整理，楊向奎審定：《春秋穀梁傳注疏》（北京：北京大學出版社，2000年），卷20，頁384。

16　〔晉〕范甯集解，〔唐〕楊士勛疏，夏先培整理，楊向奎審定：《春秋穀梁傳注疏》，卷20，頁385。

17　《春秋》學中的「義例」一詞常有不同的指涉，它可以同於「書法」的概念，廣泛的指稱《春秋》的所有書記方式，如張高評即將「書法」分為兩類，一是「側重思

不接受的理由在於輒受衛靈公之命而為衛君，所以輒是「尊王父」而「不受父之命」。3.對齊國夏與石曼姑圍戚之事認為「子不圍父」，所以先書國夏示貶；戚雖為衛地，但不書為「衛戚」是因為「子不有父」。依上下文意來看「子不圍父」指的是子不應圍父，而「子不有父」則為子不應統治父。而輒兩者兼為，所以《穀梁傳》認為在哀公三年的經文中，《春秋》在貶斥衛輒的行為。可是《穀梁傳》在哀公二年中明言輒不受其父蒯聵入衛的行為為是，是因輒應「尊王父」而「不受父之命」。若從事件的發展脈絡來看，因哀公二年輒先拒父蒯聵入衛，蒯聵於是居於戚，之後才會有哀公三年石曼姑伐戚之舉。《穀梁傳》於哀公二年主張以「尊王父」為先，哀公三年又主張「子不有父」，兩者似乎有些前後不一。

范甯（339-401）在注解《穀梁傳》時很敏銳的發現了其中的問題，於是對哀公二年《春秋》「晉趙鞅帥師納衛世子蒯聵于戚」的注解為：

> 鄭君曰：「蒯聵欲殺母，靈公廢之是也。若君薨，有反國之道，當稱子某，如齊子糾也。今稱世子如君存，是《春秋》不與蒯聵得反立明矣。」江熙曰：「鄭世子忽反正有明文，子糾但於公子為貴，非世子也。」[18]

想內容」，一是「側重修辭文法」。在此筆者所謂的「義例」採較狹義的定義，主要指的是《春秋》學中對於類似事件有類似的書記方式，某些解經者也相信可由此解讀出《春秋大義》，此即范甯在此的用法，也是後文《公羊傳》、謝湜、胡安國、張洽等人所指的意思。相關論述見張高評：〈黃澤論《春秋》書法——《春秋師說》初探〉，《春秋書法與左傳學史》（上海：上海古籍出版社，2005年），頁177。趙友林：《《春秋》三傳書法義例研究》（北京：人民出版社，2010年），頁17-19。

18 〔晉〕范甯集解，〔唐〕楊士勛疏，夏先培整理，楊向奎審定：《春秋穀梁傳注疏》，卷20，頁383-384。

范甯並沒有直接說明《穀梁傳》「輒不受父之命，受之王父」之說對或不對，但范甯分別引述了鄭玄及江熙兩人對這段的不同說解加以對照補充。鄭玄的看法近於《穀梁傳》，認為由《春秋》書法來看，國君已死則繼位之君應書「子」而非「世子」，所以「衛世子蒯聵」即是意味著蒯聵不當為衛君。但江熙的說法則否定了鄭玄之說，江熙認為齊國子糾原非世子，所以《春秋》莊公九年記「齊人取子糾殺之」之義例與此不同。與此較為相近的例子，應是桓公十五年書「鄭世子忽復歸于鄭」，《穀梁傳》明言於此書「世子」是在表示「反正也」。所以哀公二年書「世子」，也是用以表示蒯聵可以回國繼任衛君。如果是這樣，則江熙的意思應就如楊士勛所言：「則蒯聵合立，而輒拒父非是也。」[19]若從行文次序來看，范甯應該是不贊成《穀梁傳》「輒不受父之命，受之王父」的看法。范甯的態度在對後文《穀梁傳》「其弗受，以尊王父也」的解釋中表現得更加清楚：

> 甯不達此義。江熙曰：「齊景公廢世子，世子還國書篡。若靈公廢蒯聵立輒，則蒯聵不得復稱曩日世子也。稱蒯聵為世子，則靈公不命輒審矣。」此矛楯之喻也。然則從王父之言，傳似失矣。經云「納衛世子」，「鄭世子忽復歸于鄭」，稱世子明正

---

19 楊士勛對范甯之說有很詳細的說解，其云：「《公羊》云『君在稱世子，君薨稱子某，既葬稱子，踰年稱君。』范取《公羊》為說也。云『如齊子糾也』者，莊九年『九月，齊人取子糾殺之』是也。云『鄭世子忽反正有明文』者，桓十五年『鄭世子忽復歸于鄭』，傳曰『反正也。』。然則鄭世子忽反正，《春秋》不非稱世子，則蒯聵稱世子，亦是反正不非之之限，是其子糾稱子某，但於公子之中為貴，謂是右媵之子，非世子，與鄭忽、蒯聵不同。如熙之意，則蒯聵合立，而輒拒父非是也。」見〔晉〕范甯集解，〔唐〕楊士勛疏，夏先培整理，楊向奎審定：《春秋穀梁傳注疏》，卷20，頁384。楊氏言范甯「君在稱世子」的說法是取於《公羊傳》。嚴格來說此點稍有不確，因為這是鄭玄的說法而非范甯。

也。明正則拒之者非邪？[20]

范甯直接說「從王父之言，傳似失矣」、「甯不達此義」，婉轉表示不同意《穀梁傳》的說法。[21]其立論的重要基點仍在於《春秋》對蒯聵兩次書記「世子」之稱，若稱「世子」是「明正」，那麼輒拒蒯聵則就是「拒之者非」了。范甯之所以不從《穀梁傳》之說，大抵基於三種考慮：第一、從《春秋》中稱「世子」的慣例來判斷，其行文示義必須要能前後一致。若桓公十五年鄭忽復歸於鄭，稱其為「世子」是「正」。那麼在此處稱蒯聵為「衛世子」也應該表示蒯聵入衛為正。第二、若蒯聵入衛為正，那麼輒之拒父即為非。更何況正如日後顧炎武所言，若輒可以以王父靈公之命為藉口拒其父蒯聵，則表示「為子可得而叛也」。這就儒家倫理而言，實是無法接受。第三、范甯認為哀公三年《春秋》經文記「齊國夏、衛石曼姑帥師圍戚。」《穀梁傳》貶斥的意思十分明確，而范甯在注中也引江熙「子圍父者，謂人倫之道絕，故以齊首之。」[22]與《穀梁傳》之意相同。所以若將哀公二年的經文也理解為貶義，那麼對於衛輒不應拒蒯聵，前後原則一致。不會如《穀梁傳》般前文認為輒可拒父，隔年卻又認為不可圍戚，前後說法不同。相形之下，范甯以「子不得拒父」為單一原則，

---

20 〔晉〕范甯集解，〔唐〕楊士勛疏，夏先培整理，楊向奎審定：《春秋穀梁傳注疏》，卷20，頁384。

21 范甯並不接受《穀梁傳》主張輒應從王父命而不從父命之說是很明確的，顧炎武在《日知錄》〈漢人注經〉中即言：「惟范甯不私於《穀梁》，而公言三家之失……《穀梁》以衛輒拒父為尊祖，是為子可得而叛也。」並舉「《集解》中糾傳文者得六事」為例，其中即有哀公二年「晉趙鞅帥師，納衛世子蒯聵於戚。」一例。顧炎武認為這是范甯「糾正《傳》文之失」。〔清〕顧炎武著，黃汝成集釋，欒保群、呂宗力校點：《日知錄集釋》（上海：上海古籍出版社，2006年），卷27，頁1490-1492。

22 〔晉〕范甯集解，〔唐〕楊士勛疏，夏先培整理，楊向奎審定：《春秋穀梁傳注疏》，卷20，頁385。

可用以貫穿解釋這兩則記錄。

《公羊傳》在解釋這兩段經文時，不論「事」與「義」都有所不同於《左傳》與《穀梁傳》。首先對哀公二年「晉趙鞅帥師，納衛世子蒯聵于戚。」的解釋是：

> 戚者何？衛之邑也。曷為不言入于衛？父有子，子不得有父也。[23]

對哀公三年「春，齊國夏、衛石曼姑帥師圍戚。」的解釋則是：

> 齊國夏曷為與衛石曼姑帥師圍戚？伯討也。此其為伯討奈何？曼姑受命乎靈公而立輒。以曼姑之義，為固可以距之也。輒者曷為者也？蒯聵之子也。然則曷為不立蒯聵而立輒？蒯聵為無道，靈公逐蒯聵而立輒，然則輒之義可以立乎？曰可。其可奈何？不以父命辭王父命，以王父命辭父命，是父之行乎子也。不以家事辭王事，以王事辭家事，是上之行乎下也。[24]

《公羊傳》首先將問題焦點集中在：《春秋》為何是書「入于戚」而不是「入于衛」？《公羊傳》認為「父有子，子不得有父也。」這兩

---

23 〔漢〕公羊壽傳，〔漢〕何休解詁，〔唐〕徐彥疏，浦衛忠整理，楊向奎審定：《春秋公羊傳注疏》，卷27，頁680。

24 〔漢〕公羊壽傳，〔漢〕何休解詁，〔唐〕徐彥疏，浦衛忠整理，楊向奎審定：《春秋公羊傳注疏》，卷27，頁682-683。又承審查者指出：何休對《公羊傳》此段文字的說解，除了認為衛輒之行「雖得正，非義之高者也。」外，又引冉有問孔子「伯夷、叔齊何人也？」的問答予以補充說明。何休對於《公羊傳》這段的說明及其所涵蘊的內容，遠較《公羊傳》原本豐富。但限於篇幅，本文主要以討論《公羊傳》的說法為主。

句話應該如何理解，是整個問題的核心。如果依照《穀梁傳》「子不有父」句的理解來看，這意指衛輒不應統治其父蒯聵。但這樣的理解有兩個問題：第一、《穀梁傳》「子不有父」前有「不繫戚於衛者」句，指的是書「戚」而不書「衛戚」；而《公羊傳》的問題則是「曷為不言入于衛？」問的是為何不書「于衛」而書「于戚」？兩者問的問題看似相近，其實不同（說明見後）。第二、《穀梁傳》認為哀公三年將「齊國夏」書於「衛石曼姑」之前，是基於「子不圍父也」的緣故，也就是說圍戚之舉是錯的。但《公羊傳》卻認為這是「伯討」，石曼姑對蒯聵是「固可以距之也」。《公羊傳》接著又言「蒯聵為無道」，輒可立是因「不以父命辭王父命」。對比《公羊傳》與《穀梁傳》對圍戚的評價，兩者完全不同。若是如此，將哀公二年「子不得有父」理解為衛輒不應統治其父蒯聵，又與《公羊傳》在哀公三年所欲傳達的意思相互違背。於是，何休（129-182）對於哀公二年《公羊傳》之說有一複雜的解釋：

> 据弗克納未入國文，言納于邾婁，納者入辭，故傳言曷為不言入于衛。明父得有子而廢之，子不得有父之所有，故奪其國文，正其義也。不貶蒯聵者，下曼姑圍戚無惡文，嫌曼姑可為輒誅其父，故明不得也。不去國見絜者，不言入于衛，不可醇無國文。輒出奔不書者，不責拒父也。[25]

何休對《公羊傳》的解釋有四個重點：一、何休認為哀公二年蒯聵在晉趙鞅的幫助之下，不僅只入於戚，實際上是入於衛國的國都帝丘，而輒因拒父失敗而出奔。二、何休以《春秋》在文公十四年「晉人

---

25 〔漢〕公羊壽傳，〔漢〕何休解詁，〔唐〕徐彥疏，浦衛忠整理，楊向奎審定：《春秋公羊傳注疏》（北京：北京大學出版社，2000年），卷27，頁680。

納接菑于邾婁，弗克納。」的經文作為對照，認為哀公二年書
「納」後沒有書「弗克納」，即表示蒯聵實入於衛。而蒯聵在定公十
四年出奔時，何休即言「主書者，子雖見逐，無去父之義。」[26]蒯聵
當時已被靈公所廢，故今年蒯聵入衛實為非禮。也因如此，《春秋》
不言「于衛」，這是「奪其國文，正其義也。」三、衛輒因拒父蒯聵
爭國失敗，於是出奔。依《春秋》慣例，諸侯出奔必書，但於此不書
輒出奔的原因在於「不責拒父」，也就是說衛輒本即應稟靈公之命拒
父蒯聵，只是沒能成功，因此《春秋》並不依常例書記衛輒出奔。
四、因蒯聵不應為衛君，所以《公羊傳》在哀公三年記「曼姑圍戚無
惡文」，認為石曼姑實可依靈公之意拒蒯聵為衛君，這正如徐彥所
言：「傳所以曼姑解伯討者，推曼姑得距之，則國夏得討之明矣。」[27]

　　以上四點都基於一個共同的基礎——蒯聵不應回衛國爭立，因為
其父靈公已廢其太子之位，若用何休的話來說就是「父得有子而廢
之，子不得有父之所有。」這裡的「父」指的應是靈公，而「子」則
指蒯聵。也就是說，《公羊傳》所著重的父子關係是靈公與蒯聵，而
非《穀梁傳》的蒯聵與衛輒。這兩者的差別在於靈公不但具有「父」
的地位，他同時也是「君」。蒯聵則僅是「父」，而不是實際的
「君」。但何休接著又說《春秋》「不貶蒯聵」，這個說法不免有些令
人費解，何休在此的理由究竟是什麼？本來依何休上述的說法，應該
直接貶斥「蒯聵」。在此說「不貶蒯聵」，又似是要避免「輒誅其父」

---

26 〔漢〕公羊壽傳，〔漢〕何休解詁，〔唐〕徐彥疏，浦衛忠整理，楊向奎審定：《春
　秋公羊傳注疏》，卷26，頁670。

27 以上對何休意思的說解大部分是參考徐彥的注解。徐彥對何休的說法有很詳細的說
　解，如其言「《公羊》之意，以為戚與帝丘道塗非遠，但大同小異而已。今言于戚
　者，實是入于衛都……今此上言納衛世子蒯聵，下無不克納之文，則是入國之辭
　矣。」其餘文長不錄，參見〔漢〕公羊壽傳，〔漢〕何休解詁，〔唐〕徐彥疏，浦衛
　忠整理，楊向奎審定：《春秋公羊傳注疏》，卷27，頁680-681、682。

有完全的正當性。何休的這種說法看似矛盾，但實有其不得已的理由。因為一來《春秋》明書蒯聵為「衛太子」，必須考慮書「太子」義例的解釋。再者若依「父得有子而廢之，子不得有父之所有」的原則，那麼蒯聵是否也可以廢衛輒？清代公羊學家陳立（1809-1869）在解釋何休這段話時，即引述了類似的疑問：

> 《通義》云：「以蒯聵對輒言之，固父也，雖若得有其子之國。以蒯聵對靈公言之，則子也，靈公不以衛與蒯聵，即蒯聵不得而有衛也。」……丁履恆曰：「父有子者，蒯聵為父，輒為子，蒯聵似可有輒之衛。子不得有父者，蒯聵為子，靈公為父，蒯聵、靈公所逐，輒乃靈公所立，蒯聵不得有靈公之衛也。」[28]

對於蒯聵而言，其父為靈公，其子為輒。所以何休在論述父是否可以廢子時，不能只考慮靈公蒯聵，同時得兼顧蒯聵與衛輒也是父子，說解時不免要考慮這層關係。也因如此，何休雖然主張輒應「不以父命辭王父命」的同時也要兼顧「不貶蒯聵」。所以何休在《公羊傳》云「是上之行乎下也」的注中說：「是王法行於諸侯，雖得正，非義之高者也。」徐彥也說：「冉有所以疑之者，正以輒之立也，雖得公義，失於父子之恩矣。」[29] 由此可見，《公羊》家們對於如何評論這段史事，雖然主要的考慮是君臣的關係，但也無法完全不顧父子間的倫常，所以在論說時想同時兼顧國與家的兩方價值。

28 〔清〕陳立，《公羊義疏》（重編本《皇清經解續編》，臺北：漢京文化事業公司，1980年），卷73，頁4。《通義》指的是《春秋公羊通義》，陳立的引文同見於〔清〕孔廣森著，崔冠華校點：《春秋公羊通義》（北京：北京大學出版社，2012年），卷11，頁267。

29 〔漢〕公羊壽傳，〔漢〕何休解詁，〔唐〕徐彥疏，浦衛忠整理，楊向奎審定：《春秋公羊傳注疏》，卷27，頁683。

　　綜合以上《三傳》及相關學者對於《春秋》經文的說解，大致可以從「事」與「義」兩方面加以對比：

　　第一、就史事的內容來看，《三傳》之說即有不同：《左傳》記事最為豐富，對於蒯聵出奔的因由、輒如何成為衛君、蒯聵用計入戚等事都有詳細的記錄，甚至記至哀公十六年「衛世子蒯聵自戚入于衛，衛侯輒來奔。」尤其記錄了輒之所以成為衛君並非靈公親自任命，而是公子郢推拒之後，才由南子所立。與《左傳》不同的是，《公羊傳》及《穀梁傳》均認為衛輒之立是「受王父命」，也就是由衛靈公所任命，其中並沒有公子郢的相關記錄。《公羊傳》學者何休更提出在哀公二年夏「晉趙鞅帥師納衛世子蒯聵于戚」時，蒯聵即已入衛，而其子衛輒則出奔至他國，這與《左傳》相關的記載差異甚大。[30]

　　第二、在褒貶評價方面，《左傳》基本上僅有敘事，不太看得出來其對靈公、蒯聵及衛輒的評論。《公羊傳》與《穀梁傳》的論評主要集中在哀公二年「晉趙鞅帥師納衛世子蒯聵于戚。」及哀公三年「春，齊國夏、衛石曼姑帥師圍戚。」兩則。《公羊傳》及《穀梁傳》對定公十四年經文「衛世子蒯聵出奔宋」、哀公二年「衛侯元卒」、「葬衛靈公」都沒有說解。對於靈公，僅有何休在注「衛世子蒯聵出奔宋」時言：「主書者，子雖見逐，無去父之義。」提及，但此重點在於批評蒯聵不應輕易棄國出奔。其後徐彥雖說：「今主書此經者，一則譏衛侯之無恩，一則甚大子之不孝。」似乎認為《公羊傳》同時批評靈公與蒯聵，但其最後終言：「但衛侯爾時無殺子之意，是以蒯

<hr>

30 陳立在《公羊義疏》中說：「何氏不知何據？蓋亦公羊外傳諸書語，則公羊家以此年蒯聵即得國，輒即出奔矣。」認為何休的說法與《左傳》、《史記》等說不同，當有其他來源，但陳立也無法說明何休之說的來源為何。並言「如何氏義，則輒未嘗拒父矣。」並引〔清〕夏炘言：「輒非拒父者也，其拒蒯聵，君夫人南子為之，非輒意也。」見〔清〕陳立：《公羊義疏》（重編本《皇清經解續編》，臺北：漢京文化事業公司，1980年），卷73，頁4。

蒯聵出奔，書氏譏之耳。」則發揮何休主要在批評蒯聵的意思。[31]《公羊
傳》及何休都認為蒯聵不應回衛、衛輒可以拒父，而石曼姑因秉承靈
公之命，所以應該拒蒯聵，而齊國夏則應討伐蒯聵。《穀梁傳》認為衛
輒應拒其父蒯聵回國，但不應派石曼姑圍戚。更值得注意的是，《公
羊傳》言：「不以父命辭王父命」，《穀梁傳》言：「輒不受父之命，受
之王父也。」兩者都認為輒在「王父命」與「父命」之間應遵從「王
父命」。但何休等人也意識到一味的倒向「王父命」會「失於父子之
恩」，所以才有「不貶蒯聵」之說，稍稍強調父子親情的重要。但整
體而言，王父命（王事）的價值是優先於父命（家事）。而與《穀梁
傳》及其他人立場相異的則是范甯，范甯認為蒯聵是有資格回衛國，
所以不認為衛輒可以拒父，也反對圍戚。但范甯這個立場並沒有直接
明言，只引江熙「子圍父者，謂人倫之道絕」的話，認為身為人子的
輒不應拒父。范甯對靈公也沒有其他評論，僅在「葬靈公」條注云：
「七月葬，蒯聵之亂故也。」[32]單純對前後情事做說解。

三 理學家們的理解與評論

在宋明理學家中，大多將焦點放在四書的解釋，但也有一些理學
家對於《春秋》加以註解，尤其是受到程頤影響的儒者，如其學生謝
湜、楊時、劉絢都曾對《春秋》加以註解，而胡安國的《春秋》學更
是明言承繼伊川之說。楊時的弟子高閌及朱熹的弟子張洽也都有《春
秋》的專門註解。此外，朱熹雖然沒有《春秋》的專門註解，但因其

---

31 〔漢〕公羊壽傳，〔漢〕何休解詁，〔唐〕徐彥疏，浦衛忠整理，楊向奎審定：《春秋
公羊傳注疏》，卷26，頁670-671。

32 〔晉〕范甯集解，〔唐〕楊士勛疏，夏先培整理，楊向奎審定：《春秋穀梁傳注疏》，
卷20，頁385。

對於衛國這段父子爭國的歷史也多有論評，所以本文也將其相關論述納入一併討論。

　　如前所述，《公羊傳》與《穀梁傳》都把衛輒拒蒯聵一事放入選擇「王父命／父命」的思考架構中，認為衛輒理應遵從「王父命」。但自程頤以下的理學家們卻不這麼認為。程頤說：

> 蒯聵得罪於父，不得復立；輒亦不得背其父而不與其國，委於所可立，使不失先君之社稷，而身從父，則義矣。[33]

程頤認為蒯聵固然得罪於衛靈公而出奔，所以他不應成為衛君，但這不能成為衛輒拒父的理由。程頤主張衛輒應該將衛國君主的職位另託賢人，父子兩人都不應擔任衛國君主。程頤的這種處理方式頗為類似孟子回答桃應「瞽瞍殺人」問題的風格，[34]兩者都認為父子親情是最重要的倫理價值。由此，衛輒當然不可拒蒯聵，更不用說派兵去圍戚。程頤的弟子楊時大致承繼這種看法，楊時言：

> 蒯聵得罪先君，而輒乃先君之命，此其可疑……當是時聵以父爭，輒便合避位，國人擇宗室之賢者立之，乃善。[35]

楊時也認為衛輒不應拒父，所以避位成為唯一的合理選擇。但楊時對

33　〔宋〕程顥、程頤著，王孝魚點校：〈河南程氏外書〉，《二程集》（北京：中華書局，1981年），卷9，頁402。在《二程集》中這段話是出自〈《春秋》錄拾遺〉，並沒有明記是二程中誰說的。但依〔宋〕李明復所編的《春秋集義》中也錄有這段論評，並明言是伊川的話。今從之。見〔宋〕李明復：《春秋集義》，收入《景印文淵閣四庫全書》（臺北：臺灣商務印書館，1983年），卷49，頁5。

34　〔宋〕朱熹撰：《孟子集注》，《四書章句集注》，卷13，頁359-360。

35　〔宋〕李明復：《春秋集義》，卷49，頁6。

於《左傳》記立輒的過程有所懷疑，並對衛輒避位後產生衛君方式也
與程頤的看法有異。[36]程頤的另一個學生謝湜則認為：

> 蒯瞶未絕於衛，故稱「世子」。輒以君命拒父，故晉趙鞅納蒯
> 瞶於戚，王父之命不可違也。蒯瞶以親則父也，以位則世子
> 也，以義則未絕於國也。為衛國計者，使輒先以君命即位，次
> 以父恩遜位。輒既受位而後辭，則上不違先君顧屬之命，下不
> 傷父子先後之倫，衛之大事兩順而不逆矣。失此道，至使輒以
> 子拒父，而趙鞅有納世子之師，故蒯瞶納稱世子，以責衛之臣
> 子也。[37]

又說：

> 蒯瞶，齊為衛討也，衛事以齊首兵者，不以子討父也。晉圍彭
> 城書宋者，正彭城歸於宋也；齊圍戚不書衛者，不以子制父
> 也。父子，人之大倫也，大倫不正則人道墮矣。[38]

謝湜的看法較程頤、楊時複雜，他認為：一、《春秋》兩次均稱蒯瞶
為「世子」是有深意的，這表示蒯瞶雖出奔至宋，但沒有失去世子之
位。所以不論是從親、位及義三方面來考量，蒯瞶可以成為衛君。
二、衛輒在面對「王父命／父命」不同時，應該分段處理：先接受靈
公命（即王父命）成為衛君，然後再退位給蒯瞶，如此一來，君命與

---

36 在衛輒避位後，如何產生出新的衛君？楊時主張由「國人擇宗室之賢者立之」，而
　 程頤則認為由輒「委於所可立」即可，楊時的看法與程頤稍有不同。
37 〔宋〕李明復：《春秋集義》，卷49，頁6-7。
38 〔宋〕李明復：《春秋集義》，卷49，頁11。

父子之情兩順。三、謝湜正式提出父子關係是「人之大倫」，這是「人道」的根本。謝湜雖然較程頤、楊時多了許多細節上的論述，對於蒯聵是否能為衛君，也與程、楊的看法不同。這是因為謝湜認為《春秋》中有義例，而兩書「世子」正是承認蒯聵地位的表現。但在大方向上，我們仍可以清楚的看到謝湜同樣反對衛輒可以對抗其父蒯聵。

自認承續伊川《春秋》學，並對元、明兩代《春秋》學十分有影響力的胡安國，[39]對衛輒拒父一事提出了更細膩的批評與說解。胡安國在「事」上採取了《左傳》的記述，但就褒貶大義的發揮來說則有四個要點。

首先，胡安國認為此事追根究柢始於靈公無道，其言：

> 而靈公無道，不能正家，以危其國本，至使父子相殘，毀滅天理之所由著矣。[40]

因為衛靈公無法「正家」，所以才會讓蒯聵在羞憤之餘欲殺南子。之後靈公也沒有妥善處理，以致蒯聵在驚懼中出奔至宋，所以整件事始於靈公無道發生。

其次，胡安國認為蒯聵本身亦有罪，胡氏言：

---

39 胡安國自言其說《春秋》：「大綱本《孟子》，而微詞多以程氏之說為證云。」隱然有自許為伊川《春秋》學傳人之意。牟潤孫也認為胡安國之說取於伊川「較他家為多」。趙伯雄亦言胡氏的《春秋》學「是繼承了程氏的學統」。分見〔宋〕胡安國著，錢偉彊點校：〈述綱領〉，《春秋胡氏傳》（杭州：浙江古籍出版社，2010年），頁14。牟潤孫：〈兩宋春秋學之主流〉，收入《注史齋叢稿》（臺北：臺灣商務印書館，1990年），頁151、153。趙伯雄：《春秋學史》（濟南：山東教育出版社，2004年），頁500。

40 〔宋〕胡安國，錢偉彊點校：《春秋胡氏傳》，卷28，頁475。

以欲殺南子，故不能安其身至於出奔。是輕宗廟社稷之所付託，
而恣行矣。[41]

又說：

今趙鞅帥師以蒯聵復國，而書「納」者，見蒯聵無道，為國人
之所不受也⋯⋯人莫不愛其親，而志於殺；莫不敬其父，而忘
其喪；莫不慈其子，欲其子之富且貴也，而奪其位。蒯聵之於
天理逆矣，何疑於廢黜？[42]

綜合來看，胡氏認為蒯聵之罪可分為兩個方面：一方面蒯聵具世子的
身分時，本應以國家社稷為主要考量，但卻因為無法控制個人的情緒
而忘社稷之重任；另一方面蒯聵所行違反了父對子慈愛的人倫天理。
胡安國細數蒯聵有欲殺母、忘父喪及欲奪子之位等罪，所以衛國人也
不接受蒯聵為君，這都是因為蒯聵違反了這些人倫之道。

第三，胡安國認為衛輒之立並非親受於靈公，其言：

緣蒯聵出奔，靈公未嘗有命廢之而立他子，及公之卒，大臣又
未嘗謀於國人數聵之罪，選公子之賢者以主其國，乃從輒之所
欲而君之。[43]

前文已述及楊時認為衛輒之立是「先君之命」為「可疑」，胡安國則
更進一步明言衛靈公根本沒有正式廢蒯聵，而靈公死後立衛輒為君也

---

41 〔宋〕胡安國，錢偉彊點校：《春秋胡氏傳》，卷28，頁475。
42 〔宋〕胡安國，錢偉彊點校：《春秋胡氏傳》，卷29，頁483。
43 〔宋〕胡安國，錢偉彊點校：《春秋胡氏傳》，卷29，頁483。

非靈公的遺命，否則《左傳》中也不會記南子原先欲立公子郢而被拒之事，輒之立純粹是因「從輒之所欲」。胡安國的這種說法，相當程度消解了《公羊傳》及《穀梁傳》所謂的「王父命／父命」兩難抉擇的困境，因為輒之立根本不是「王父命」。所以胡氏說：「輒雖由嫡孫得立，然非有靈公之命，安得云受之王父辭命哉？」[44]由此衛輒是遵「王父命」以拒「父命」的說法就變得全無著落。也因此引出胡安國的第四點看法，認為衛輒拒父也是錯的：

> 蒯聵前稱「世子」者，所以深罪輒之見立不辭，而拒其父也。
> 輒若可立，則蒯聵為未絕。未絕，則是世子尚存，而可以拒
> 乎？[45]

胡安國也以《春秋》書蒯聵為「世子」的書例為理由，主張《春秋》是藉此在批評輒之拒父。[46]胡氏認為輒未受命於靈公，而其之所以能立是因為輒是「亡人之子」的身分。那麼蒯聵「世子尚存」，輒又怎麼能拒蒯聵呢？胡安國進一步說出更核心的理由：「然父雖不父，子不可以不子，輒乃據國而與之爭，可乎？」[47]認為縱使蒯聵之行違逆天理，但仍舊是輒之父，所以輒無論如何都不可與蒯聵爭國，也就是子在任何情況下都不可以「不子」。

　　當然我們可以進一步詢問：雖然衛輒之立並沒有「王父命」，但

---

44 〔宋〕胡安國，錢偉彊點校：《春秋胡氏傳》，卷29，頁485。

45 〔宋〕胡安國，錢偉彊點校：《春秋胡氏傳》，卷29，頁485。

46 這是指哀公二年「晉趙鞅帥師納衛世子蒯聵于戚」的經文。至於定公十四年「衛世子蒯聵出奔宋」，胡安國認為書世子是「兩著其罪」，一方面批評靈公無法「保世子」，一方面批評蒯聵不能「安其身」。見〔宋〕胡安國，錢偉彊點校：《春秋胡氏傳》，卷28，頁475。

47 〔宋〕胡安國，錢偉彊點校：《春秋胡氏傳》，卷29，頁483。

蒯聵爭立也沒有「父命」，蒯聵如今欲回衛爭國，在現實上應該如何是好？胡安國幫衛輒設想了一個巧妙的解決方案：「是故輒辭其位以避父，則衛之臣子拒蒯聵而輔之，可也。」[48]雖衛輒不能拒父，但衛國臣子則可以以受靈公之命為由而拒蒯聵。如此一來靈公之命也可以被忠實的執行。由此來看，胡安國之說不只承續了程頤等人的主調，而且透過對《左傳》的仔細閱讀，進一步消解了《公羊傳》所提出的難題，也明確的宣示其對儒家義理上的理解與堅持。稍晚於胡安國，楊時的學生高閌也有類似的說法：

> 蒯聵雖奔，靈公未有廢之之命，雖嘗欲立郢，亦不果也。今靈公卒，衛人以世子在外，遂立其子輒。使輒知己之所以得立者，以父為世子故，因逆其父而還以位，則子道得而亂皆息矣。奈何更待人納其父而反拒之耶？[49]

輒之所以立是因其父蒯聵為世子，若蒯聵已失去世子之位，則輒也就沒有繼立的正當性。胡安國與高閌都是從衛輒之所以能即位的「王父命」處入手，認為其父蒯聵是衛輒之所以能立的根源，失此根源，則衛輒亦無可立的理由。但高閌與胡安國不同的是，高閌進一步主張衛輒應該主動迎立其父蒯聵才是，衛輒抗拒蒯聵歸國根本失去為子、為君之道：

> 聖人惡輒貪國叛父，逆亂人倫，以滅天性……孔子而得政必將

---

48 〔宋〕胡安國，錢偉彊點校：《春秋胡氏傳》，卷29，頁485。胡安國將「衛之臣子」與輒分開處理的方式，可能是受何休「曼姑可為輒誅其父」之說的啟發。

49 〔宋〕高閌：《春秋集註》，收入張壽鏞輯刊：《四明叢書・第三集》（臺北：新文豐出版社，1988年），卷39，頁4。

復世子矣，奈何雖由而亦以為迂耶！國人于是拒世子，曰：
「先君之命也。」豈知君子之于國也，雖其先君之命苟為非
義，君子不從也。然輒已立矣，將若之何？曰：曉輒而後立世
子，不遂先君之失，而父子定，不愈于爭乎……聖人于蒯聵出
入皆正其世子之名，所以篤父子君臣之大經也。不然，貪國叛
父之人接踵于萬世矣。[50]

高閌認為孔子之所以答子路為政於衛時必以「正名」為先，[51]即是要
端正蒯聵與輒的父子關係，因為父子名分較不義的先君之命更為重
要。而《春秋》之所以兩書「世子」，意指應重新立蒯聵為君。高閌
的這個說法與程頤、胡安國不同，反而近於謝湜之說。但除去是否贊
成蒯聵可為衛君這個問題，高閌對輒起兵圍父的行為同樣給予極嚴厲
的譴責：

蒯聵不過以疑似之跡，奔逃于外，以待父之察爾，父子之恩未
絕也……今見蒯聵出奔在外，而遂以其父為罪人，則輒之為人
子已不免乎罪矣，況又據國而拒其父乎……夫曼姑以臣圍君，
為子圍父，逆亂人倫莫甚于此，天下豈有無父之國哉？不待貶
絕而罪惡可見。[52]

在此完全看不到高閌對於曼姑圍戚有任何諒解，他認為這是「逆亂人

---

50 〔宋〕高閌：《春秋集註》，卷39，頁5。

51 關於孔子與子路的這段問答，參見〔宋〕朱熹撰：《論語集註》，《四書章句集註》
（北京：中華書局，1983年），卷7，頁141。歷來對於這段文字的說解也頗有趣味，
但因本文主要集中在對《春秋》的解釋，在此不能詳細說明。

52 〔宋〕高閌：《春秋集註》，卷39，頁7-8。

倫莫甚于此」，相較《公羊傳》所謂「曼姑圍戚無惡文」之說，兩者
無疑是有極大的差異。

　　南宋大儒朱熹對此事則有更深刻的評述。首先在大方向上，朱熹
與前儒的看法大致相同，認為輒實不應該拒父：

> 或云：「以祭仲廢君為行權，衛輒拒父為尊祖，都不是。」
> 曰：「是他不曉事底見識，只知道有所謂『嫡孫承重』之義，
> 便道孫可以代祖，而不知子不可以不父其父。」[53]

朱熹認為雖有「嫡孫承重」之義，但「子不可以不父其父」之義無疑
更為根本及重要，所以他反對《公羊傳》及《穀梁傳》認為輒應以靈
公之命來拒蒯聵。朱熹在「王父命／父命」的抉擇上，較胡安國更為
明確。朱熹與其他諸儒不同的地方在於他對衛輒的存心，有一很精微
的討論：

> 竊謂蒯聵父子之事，其進退可否只看輒之心如何爾。若輒有拒
> 父之心，則固無可論；若有避父之心，則衛之臣子以君臣之義
> 當拒蒯聵而輔之。若其必辭，則請命而更立君可矣。設或輒賢
> 而國人不聽其去，則為輒者又當權輕重而處之，使君臣父子之
> 間道並行而不相悖，亦必有道。苟不能然，則逃之而已矣。義
> 至於此，已極精微，但不可有毫髮私意於其間耳。來喻以謂蒯
> 聵之來，諸大夫當身任其責，請命於天子而以逆命討之，是
> 矣……但又云「輒不與謀其事，避位而聽於天子」，則恐不免

---

53 〔宋〕黎靖德編，王星賢點校：《朱子語類》第四冊（北京：中華書局，1986年），
　　卷63，頁1555-1556。

有假手於大夫以拒父，而陰幸天子之與己之心焉。掩耳盜鐘，
為罪愈大。……又云：「遽然興師以脅其父，於人子之心安
乎？」自衛國言之，則興師以拒，得罪於先君，而不當立之世
子，義也。自輒言之，則雖己不與謀，而聽大夫之所為，請命
於天子而討之，亦何心哉？來喻本欲臣子之義兩得，立意甚
善。但推而言之，便有此病。似是於輒之處心緊要處看得未甚
灑落，所以如此。[54]

這是封朱熹寫給范伯崇的信，朱熹認為輒不應有「拒父之心」，因為
「子不可以不父其父」。但輒避父去位，並不意味著蒯聵即應當成為衛
君。朱熹認為蒯聵得罪靈公，所以也失去了繼位權。而衛國臣子若能
上請周天子之命來討伐蒯聵，就衛國的角度來看，是有其正當性。[55]
在這過程中，輒應退位而另立賢君。但若群臣因輒賢能而繼續擁戴衛
輒，則衛輒也不能放任衛國臣子自作主張討伐蒯聵，因為這又恐怕有
借刀殺人的嫌疑。而且身為人子，也無法親眼見其父落入這種情境。所
以朱熹認為輒「自始至終，自表至裡，只是一個逃而去之，便無一
事，都不見其他，方是直截。」[56]朱熹認為衛輒能否帶領衛國拒父的問
題，根本不需討論，因為這明顯是違反了儒家的價值次序。朱熹在此
試圖要回答的是：衛輒暫時放下君主的權力，而由臣子自主承續靈公
之命來抵抗蒯聵的這種解決方案是否可行？朱熹認為就算如此，衛輒

---

54 〔宋〕朱熹：〈答范伯崇〉，《晦庵先生朱文公文集》，收入《朱子全書》第22冊，卷
39，頁1770-1771。
55 承審查者指出：以衛國的角度來言，這是視君臣的倫理次序優先於父子親情。但朱
熹對此並沒有深論，他隨即又將焦點放在蒯聵與衛輒父子身上。
56 〔宋〕朱熹：〈答范伯崇〉，《晦庵先生朱文公文集》，收入《朱子全書》第22冊，卷
39，頁1771。

也很難說沒有一毫私意內藏在這看似公私兩全的方式。[57]朱熹的這個
看法較胡安國、范伯崇之說更注意到動心起念的問題，所以朱熹贊同
程頤「身從父」的主張，認為「逃之」是最直截的處理方式。朱熹甚
至認為靈公在公子郢不願出任衛君時，即不應將輒立為衛君：

> 問：「靈公既逐蒯聵，公子郢辭不立，衛人立輒以拒蒯聵。論
> 理，輒合下便不當立，不待拒蒯聵而後為不當立也。」曰：「固
> 是。輒既立，蒯聵來爭必矣。」[58]

與胡安國的說法相類，朱熹也認為從事理的發展來看，輒之所以能立
是因蒯聵的緣故，若是如此，輒立為君後，蒯聵必然會來爭位。所以
若要避免父子相爭的情況出現，最好的做法就是根本不要立輒。朱熹
接著說：「當是時，聵以父爭，輒便合避位，國人擇宗室之賢者立
之，乃善。」[59]朱熹認為最好的做法是蒯聵與輒兩人均不為衛君，由
宗室中的賢者出任即可避免父子相爭、天倫大亂的情況。[60]

---

57 黃信二亦曾撰文透過朱熹與陽明對蒯聵與衛輒一事的批評，論述朱、王二人對
「禮」的起源及道德的相關看法，其討論方向和重點與本文稍異。參見氏著：〈從朱
子與陽明論蒯聵與衛輒比較朱王之「禮」論〉，《哲學與文化》第41卷第5期（2014
年5月），頁54-60。

58 〔宋〕黎靖德編，王星賢點校：《朱子語類》第三冊，卷43，頁1100。

59 〔宋〕朱熹：《論語精義》，收入《朱子全書》第7冊，卷4上，頁261。朱熹另一段
說法與這段相似：「如蒯聵不當立，輒亦不當立，當去輒而別立君以拒蒯聵。」見
〔宋〕黎靖德編，王星賢點校：《朱子語類》第三冊，卷43，頁1100-1101。

60 朱熹在另一段文獻中言：「後世議者皆以為當立郢，不知郢不肯做。郢之不立，蓋
知其必有紛爭也。若使夫子為政，則必上告天子，下告方伯，拔郢而立之，斯為得
正。然夫子固不欲與其事也。」似乎認為公子郢是有資格為衛君的人選。但孔子當
時不願出面主持此事，而公子郢本人似乎也預見了當時的情勢複雜，所以朱子回答
叔器問「子郢不肯立，也似不是。」時說：「只立輒時，只是蒯聵一箇來爭。若立
它時，則又添一箇來爭，愈見事多。」也覺得立公子郢未必真能使衛國平定。朱熹

　　朱熹的說法不論從現實事理或動心起念處均有很深刻的看法，而他的學生張洽則另有不同的角度與說法。首先張洽認為《左傳》中所載蒯聵欲弒南子的事並非實際的情況，而應是南子誣陷蒯聵的謊言：

> 自古讒婦之誣其子多矣，故考二劉之言，足以知左氏所記，乃南子之讒言，而非當時之實錄也。不然《春秋》至趙鞅之納猶與以世子之名何哉！[61]

張洽的說法是承繼劉敞與伊川弟子劉絢而來，[62]依照張洽等人的看法，《春秋》之所以兩書「衛世子蒯聵」是因為蒯聵根本沒有要弒南子，蒯聵是被南子誣陷以至於要出奔。根據這個「事實」，張洽認為靈公對事件的起源難辭其咎。[63]更基於這樣的「事實」，張洽也認為

　　最後只能說：「如這一兩件大事，可惜聖人做不透。若做得透，使三綱五常既壞而復興，千條萬目自此而更新。聖人年七八十歲，拳拳之心，終做不成。」留下些許遺憾。分見〔宋〕黎靖德編，王星賢點校：《朱子語類》第三冊，卷43，頁1102、1101。

61　〔宋〕張洽：《春秋張氏集註》，收入《通志堂經解》（臺北：漢京文化事業公司，1985年），卷10，頁14。

62　劉敞認為：「予謂蒯聵雖不善謀，安有此事哉！且殺夫人，蒯聵獨得全乎？彼所羞者，以夫人名惡也。如殺其母，為惡愈矣，反不知可羞乎！蓋蒯聵聞野人之歌，其心慼焉，則以謂夫人。夫人惡其斥己淫，則啼而走，言太子殺余以誣之……不當如《左氏》所記。又蒯聵出乃奔宋，宋、南子家也。蒯聵負殺南子之名而走又入其家，使真有其事者，敢乎哉！此亦一證也。」見〔宋〕劉敞：《春秋權衡》，收入《通志堂經解》（臺北：漢京文化事業公司，1985年），卷7，頁12。劉絢也說：「蒯聵出奔，《春秋》不去其世子者，衛侯之辜也。南子之惡亦已甚矣。其欲去世子之意亦已明矣。如哀姜亂魯、驪姬亂晉，若此比者不鮮矣。而靈公聽南子之譖，謂蒯聵欲弒其母，不能為辨明，以致其出奔，豈非靈公之辜乎！」〔宋〕張洽：《春秋張氏集註》，卷10，頁14。

63　因為劉絢的《春秋傳》一書現已不存，現僅能就相關書籍中所殘存的些許文獻加以論述。而張洽之書首尾完整，所以在此僅以張洽之說為主。

輒沒資格成為衛君，更不該與父蒯聵爭國：

> 靈公惑于南子，左氏承訛言載之傳以為實，觀《春秋》再以世
> 子書之，則知蒯聵為無皋而被此名以出，故《春秋》正其名而
> 謂之世子，所謂與之繼世者也。輒據其位而與父爭立，若以衛
> 戚書，則是蒯聵不得有其國，故書戚而不繫之衛。《公羊》所
> 謂子不得有父者是也。[64]

張洽的判斷基本上是透過「《春秋》書法」的推定，他認為《春秋》
書「衛世子蒯聵」及不書「衛戚」都是用以表示蒯聵應繼靈公之位及
輒不得有國。在張洽的眼中，並不需要考慮輒應遵王父命或父命的問
題，因為王父命及衛輒繼位都因為南子誣陷而起的錯誤判斷——所以
靈公、衛輒兩人都該受到貶斥，而《春秋》透過書蒯聵為「衛世子」
還給他一個應有的公道。[65]

　　綜觀宋代理學家對於此事的評論，大致可以區分為三個部分：對
衛輒應不應拒蒯聵的判斷、對蒯聵的評價以及對整體事件的推因與解
決之道。自程頤以下的諸多理學家，他們對於衛輒為衛君是否為「王
父命」或多或少都有所質疑，如胡安國即直接認為衛輒並非靈公所
立，而謝湜雖然沒有正式提出衛輒非為靈公所立，但他也強調衛輒之
所以能立，實是因為蒯聵仍為「世子」的關係。高閌則從蒯聵被誣陷
入手，強調衛輒即位的合法性。凡此種種說法，都消減了輒可藉由
「王父命」對抗蒯聵的正當性。所以自程頤以下都一致認為輒不應與

64　〔宋〕張洽：《春秋張氏集註》，卷11，頁2。
65　張洽在此引《公羊》「子不得有父」以支持其說。但張洽在此顯然是誤解了《公羊
　　傳》的說法。因為《公羊傳》至少在對衛輒整體的評價上，其更支持衛輒應該拒
　　父，「子不得有父」並不是如張洽所言，僅指衛輒不應占有父之國而已。

蒯聵爭位，因為「子不可以不父其父」，這是宋儒在評論此事時共同的大方向。在這樣的判斷下，諸儒對於衛輒的批評即十分嚴厲，認為其行是「滅天理」、「逆亂人倫」。[66]理學家們分別從兩方面來論述：一是指出衛輒之立並非來自靈公，二則是認為「無父之人」不可以為人君。這樣的論評與《公羊傳》、《穀梁傳》等人的說法是大異其趣的。理學家們對於「王父命」與「父命」之間孰輕孰重的問題並沒有太多的遲疑，他們共同的看法是：對輒來說，叛父即是錯的，這是天理人倫的最基本原則，這中間沒有任何可以討論及迴旋的空間。

但在這個大方向之下，諸儒對於蒯聵的評價則是眾聲喧嘩，各自立說。其中有程頤、楊時與朱熹認為蒯聵「得罪於父不得復立」、「蒯聵不當立」，也有如張洽認為《左傳》中記蒯聵欲殺南子之事為誣言，而認為《春秋》仍是「與之繼世」。總的來看，因為受到《春秋》分別在定公十四年及哀公二年，兩次書記「衛世子蒯聵」的影響，主張《春秋》中有「例」的儒者，如謝湜、高閌及張洽都主張蒯聵仍可回國繼位。而楊時及胡安國，其雖然也認為書「衛世子蒯聵」是表示「深罪見立不辭，而拒其父」與「罪衛人之拒之」，但其仍然主張蒯聵不當立為衛君，這是因為輒拒父固然是「爭利其國」，而蒯聵去國也是因為「得罪於其父」，所以蒯聵也不當立為衛君。但總體而言，理學家對於蒯聵的批評較輕於衛輒，這其中也受了對此事件起源的推因判斷而致。

胡安國明確指出之所以會發生父子爭國的情況，起源於「靈公無道，不能正家。」高閌則說蒯聵的問題在於：「人子之處頑嚚則有道

---

66 若追本溯源，孫復即是如此主張：「蒯聵當嗣，惡輒貪國叛父，逆亂人理以滅天性。」見〔宋〕孫復：《春秋尊王發微》，收入《通志堂經解》（臺北：漢京文化事業公司，1985年），卷12，頁2。

矣,不至于以嫌見誣也,此亦蒯聵有以致之也。」[67]認為蒯聵在面對
頑嚚的靈公時不夠善巧,而張洽也認為「靈公惑于南子」是事件的根
源。這些看法,一方面減低了對蒯聵的批評,另一方面則將事由上推
因,認為靈公無法正家才是問題的真正起源。除此之外,自程頤以下
的解經者更分別提出了解決這困境的看法,其大致可分為兩種:一是
衛輒退位,讓蒯聵為衛君,如謝湜、高閌及張洽都如此主張。二是衛
輒「身從父」,輒與蒯聵都不為衛君,另立宗室的賢公子為君,如程
頤、楊時、朱熹。胡安國則獨樹一幟認為蒯聵不應為衛君、輒也不應
為爭國而拒父,但可接受衛國臣子自行拒蒯聵而輔佐他繼續為君。總
之,不論是將此禍歸因於靈公或代為設想解決困境的方案,都是《三
傳》所未曾提出的方向。

四 結 語

一般而言,論及儒家對於「公/私」的倫理衝突時,最常舉出來
討論的是《論語》中葉公對孔子言「其父攘羊,而子證之」,[68]及《孟
子》中桃應問「舜為天子,皋陶為士,瞽瞍殺人」的兩個例子。[69]但葉

---

67 〔宋〕高閌:《春秋集註》,卷38,頁9。高閌的這種說法可以上溯至劉敞:「世子蒯
聵,知以禮事其親,而不知幾諫見志之順而無隙也,使其母惡而逐之,羈旅於外。」
見〔宋〕劉敞:《劉氏春秋意林》,收入《通志堂經解》(臺北:漢京文化事業公司,
1985年,卷下,頁32。

68 〔宋〕朱熹撰:《論語集注》,《四書章句集注》,卷7,頁146。

69 如陳喬見在論及儒家公私領域的問題時,即首先討論這兩個例子。而黃俊傑在討論
東亞近世儒者論公私領域分際時,也以「瞽瞍殺人」為例討論。分見陳喬見:《公
私辨——歷史衍化與現代詮釋》(北京:生活・讀書・新知三聯書店,2013年),頁
247-263。黃俊傑:〈東亞近世儒者對「公」「私」領域分際的思考:從孟子與桃應的
對話出發〉,收入黃俊傑、江宜樺編:《公私領域新探:東亞與西方觀點之比較》
(上海:華東師範大學出版社,2008年),頁85-98。

公的問題十分簡短，並沒有明顯的歷史脈絡可循，而桃應所提更為假設性的問題。唯獨蒯聵與衛輒父子爭國之事，不但有相關的史事紀綠，而且孔子當時也曾在衛國停留，子路更牽涉其中，以至於喪命。所以歷來討論此事的儒者極多，但或因種種因素，現代學者對此事反而沒有太多討論，而本文僅能初步由《春秋》學的角度來論述此事。透過前文對比《三傳》學者與宋代理學家們對於此事的評論，可以從幾個方向來觀察：

一、從《春秋》解經方法的角度：《春秋》經文簡略，所以對經義的了解必須建立在詳實的史事上。對於此事的前後，《左傳》所記是後人理解經義的重要憑藉，宋儒的說解，也多建構在《左傳》的敘事之上。縱使如劉敞、高閌等人對蒯聵欲殺南子一事有所懷疑，但整體的大方向上仍是以《左傳》所記為主。相對的，何休的說法則幾乎無人採信。所以宋代儒者在解經時並不是將「《春秋》三傳束高閣」，這在事實上也不可能，他們仍是多採《左傳》史事加以論說。此外，「以例解經」常被視為《春秋》重要的解經方法，姑且不論反對《春秋》中有「義例」的說法，就算承認《春秋》中有「義例」，以「衛世子蒯聵」的例子來看，「以例解經」並無法完全解決《春秋》中的各種異說。首先，《公羊傳》與《穀梁傳》並不認為兩書「世子」代表特殊的意義，也就是說，兩書並沒將書「世子」視為「義例」。[70] 再者，雖然在范甯的引文中，鄭玄與江熙都認為書「世子」是有特殊意義，

---

70 這與朱熹也認為此書「世子」並沒有特別的意思不同，朱熹言：「若不如此書，當如何書之？說《春秋》者多穿鑿，往往類此。」見〔宋〕黎靖德編，王星賢點校：《朱子語類》第三冊（北京：中華書局，1986年），卷43，頁1102。《公羊傳》、《穀梁傳》認為《春秋》中有「義例」，只是在此「世子」一詞並非義例。又，朱熹反對《春秋》中存有孔子所定「義例」是十分明確的，許多研究朱熹《春秋》的人都共同指出了這點。相關論文參見趙伯雄：〈朱熹《春秋》學考述〉，《孔子研究》（2003年1月），頁65-66；丁亞傑：〈方法論下的春秋觀：朱子的春秋學〉，《鵝湖學誌》第38期（2007年6月），頁53-56。

但鄭、江兩人的看法卻又完全相反。最後，就宋儒而言，雖然大都視書「世子」是在責衛輒拒父與衛人拒蒯聵，但是對於蒯聵是否可以成為衛君，又有兩種截然不同的看法。也就是說，「世子」是不是「例」？就算有「世子」例，但它如何解釋與運用？這都存在著各種說法發揮的空間。從這個例子看來，就算承認「以例解經」這種方法得以運用在解釋《春秋》上，但其對於詮解經義卻沒有決定性的影響。所以我們不宜誇大強調「以例解經」的效力，事實上解經者就算以「例」來解釋，但其對經義的詮解仍有其他因素摻雜其間。

二、《三傳》學者較少論及在此事中對靈公褒貶，遲至唐朝的徐彥才在批評蒯聵不孝的脈絡下言「衛侯之無恩」。但胡安國認為衛靈公失德是此事的起因，尤其是在劉敞、劉絢及張洽等人說靈公受惑於南子的讒言致使太子出奔，而後才有種種事端，更直指靈公是整個事件失控的主因。理學家這種「慎始」及「窮究事理之源」的評論事件方式，不僅用於修德內省之中，在《春秋》學的詮釋史中更是獨特的思考評論方式。

三、在《公羊傳》及《穀梁傳》相關的解釋脈絡下，他們最重視的問題是「父命」與「王父命」的抉擇問題，這也可以說是「家私事和王事公法」的對比與選擇。[71]雖然《穀梁傳》與《公羊傳》最終都主張應以「王事公法」為先，認為輒應以「王父命」拒「父命」，[72]但

---

71 在此是借用鍾彩鈞所用的詞彙，見鍾彩鈞：〈劉逢祿公羊學概述〉，收入《第一屆清代學術研討會論文集》（高雄：中山大學中國文學系，1989年），頁167。而林義正則以「私恩」與「公義」指稱這一對概念，見林義正：《春秋公羊傳倫理思維與特質》（臺北：臺灣大學出版中心，2003年），頁100。鍾、林兩人的用詞不同但意義差別不大，所以以較早提出的說法為主。

72 這種看法在漢代應是主流，《漢書》中即記有雋不疑言：「昔蒯聵違命出奔，輒距而不納，《春秋》是之。」見〔漢〕班固：〈雋不疑傳〉，《漢書》（北京：中華書局，1964年），卷71，頁3037。

兩者都在輒如何面對蒯瞶時有所保留，仍然認為必須適度的考慮「父子之恩」：所以《穀梁傳》認為不應派石曼姑圍戚，而《公羊傳》則以石曼姑圍戚時瞶已出奔，試圖避開了這個難題。只是不論如何，這些說法仍然是在「公／私」兩者作為並列選擇中，選取了其中一個，而在盡可能的情況下，不要太過傷害另一領域的價值。范甯與眾不同的主張應以「家私事」的父子之倫為先，就某種程度而言可謂宋代理學家之說的先聲，但是范甯主要的思考仍是在避免江熙所說的「子圍父者，謂人倫之道絕」情況。相對的，宋代儒者從孫復開始就強調父子之倫的重要，認為失去父子之倫是「逆亂人理以滅天性」。而伊川以下的諸儒則更不將「家私事」和「王事公法」兩者放在同一層次上做對比選擇，他們一致強調衛輒絕不可拒父，謝湜所謂：「父子，人之大倫也，大倫不正則人道墮矣。」相當能呈顯理學家的看法。但強調「子不可以不父其父」並不代表他們沒有考慮「王事公法」，只是理學家們認為父子人倫為君國之本，沒有了父子天倫就無法安定國家社稷。胡宏的弟子張栻即言：「父子之義先亡，而國其可一日立乎？」[73]即很能代表這樣的看法。也就是說理學家在詮解此事時，是視「父子」的倫理較「君臣」更為基本。在理學家的眼中，這不是兩種不同方向的價值衝突或選擇，而是種「本／末」、「先／後」的價值次序的選擇，而程頤以下的理學家在詮經時，逐步將這種眾多價值體系收歸於一元的思考方式，實是一個重要特色。[74]

---

73 〔宋〕張栻：《癸巳論語解》，收入《景印文淵閣四庫全書》（臺北：臺灣商務印書館，1983年），卷4，頁7。又見於〔宋〕李明復：《春秋集義》，卷48，頁14。李明復「父子之義先亡，而可一日立乎？」少「其」、「國」二字。

74 程頤對漢代趙苞的評論，似可以當作理學家強調以「孝」為優先考慮的旁證：「東漢趙苞為邊郡守，虜奪其母，招以城降，苞遂戰而殺其母，非也。以君城降而求生其母，固不可。然亦當求所以生母之方，奈何遽戰乎？不得已，身降之可也。」見〔宋〕程顥、程頤：〈鄒德久本〉，《二程集》（北京：中華書局，1981年），卷24，頁314。

　　四、對比《三傳》與宋代理學家們的解經內容，可以發現《公羊傳》、《穀梁傳》及何休、范甯的解經文字多集中在對各個人物的褒貶評價。孫復的說解也主要在發揮《春秋》譏刺的深意。劉敞開始有為石曼姑、衛輒設想，如何說服國人、說明欲讓位於蒯聵之義。而程頤則在簡短的評論中，即幫衛輒構築其應「委於所可立」、「身從父」等理想行為。之後楊時、謝湜、胡安國至張洽等人，紛紛提出其認為最理想的解決方案。朱熹甚至從動心起念處，考慮各種決定是否會摻雜分毫私意，用以論定衛輒的出處進退。這種論述方式似也有一脈相承處。程頤即曾自言：「讀史到一半，便掩卷思量，料其成敗」的讀史方式，[75]而後呂祖謙所謂：

　　　　觀史當如身在其中，見事之利害，時之禍患，必掩卷自思，使
　　　　我遇此等事，當作如何處之？[76]

兩人的最後判斷方向雖有不同，但他們的方法與目的卻是一致，《春秋》對他們而言，不僅是孔子表達褒貶大義的典籍，而是每一位讀經者，都必須將自身的生命投置在當時歷史情境中，藉以練習做出最好的價值選擇，這是讀經對於他們具有的重要意義與價值。

75　〔宋〕程顥、程頤：《二程集》，卷19，頁258。
76　〔宋〕呂喬年輯：《麗澤論說集錄》，收入黃靈庚、吳戰壘主編：《呂祖謙全集》第2
　　冊（杭州：浙江古籍出版社，2008年），卷8，頁218。

儒家兄弟親親之道的個案探究[*]
——以《三傳》及宋代理學家對季友的述評為核心

一 前言

　　一般而言，儒學對家庭倫理十分強調與重視，有子說：「孝弟也者，其為仁之本與！」雖然程頤有「仁之本」與「行仁自孝弟始」的區分，但朱熹總括而言：「所謂孝弟，乃是為仁之本。」[1]由此可知對孝悌之道的重視，此亦為儒家倫理學說的重要特色。也因如此，所以許多對儒家倫理的討論，也多集中於此。在孝悌之道中，最引人注目的當是對於「父子互隱」的討論，這可由郭齊勇所主編的《儒家倫理爭鳴集——以「親親互隱」為中心》可見一隅。[2]而《春秋》的內容記魯國十二公，二百四十二年之事，其中亦含有許多值得發掘的內涵。孟子說：「世衰道微，邪說暴行有作，臣弒其君者有之，子弒其父者有之，孔子懼，作《春秋》。」[3]也就是說，《春秋》之作與孔子

* 本文係科技部研究計畫「MOST 103-2410-H-013」之部分成果。本文初稿曾以「宋代理學家對季友的評價研究」為題，發表於「宋明清儒學的類型與發展 III」學術研討會（桃園：中央大學儒學研究中心、中央研究院明清推動委員會合辦，2016年10月20-21），後正式刊登於《清華中文學報》第18期（2017年12月），頁51-100。

1 〔宋〕朱熹：《四書章句集注・論語集注》（北京：中華書局，1983年），卷1，頁48。

2 相關討論的內容參見郭齊勇主編：《儒家倫理爭鳴集——以「親親互隱」為中心》，武漢：湖北教育出版社，2004年。

3 〔清〕焦循撰，沈文倬點校：《孟子正義》（北京：中華書局，1987年），卷13，頁452。

欲端正君臣父子等倫理關係有關。在《春秋》所記的諸多事件中，身歷魯國莊公、閔公、僖公的季友，不僅在魯國歷史發展中有十分重要的地位，其因處理魯國政權而對於兄弟間的相處之道，所引發的倫理探討也十分引人注意。如《禮記》中言：「大夫強而君殺之，義也，由三桓始也。」[4]即點出季友之事的兩個重點：一為春秋末期魯國有所謂的「三桓」當政。而「三桓」的先祖分別是公子慶父、公子牙及公子友，他們都是魯桓公之子、魯莊公之兄弟。二則是對於大夫與君主權力緊張關係的論述，在莊公晚年，公子慶父的權力極大，甚至可決定閔公與僖公君位與存亡，在君權與權臣緊張的拉鋸中，公子友（即季友）同時身為臣子及兄弟，實為一關鍵人物，而其面對與處理公子慶父、公子牙的方式，也成為歷來儒者討論的焦點。如楊樹達在《春秋大義述》中提舉「《春秋》親親」之義的第一個例子，即是以季友為說。[5]

其實，對於起於莊公二十五年「冬，公子友如陳」，終於僖公十六年「三月壬申，公子季友卒。」的這段史事，《三傳》不僅在史實的記載有不同，對於季友的評論亦多有差異，其中又以《公羊傳》多次提及的「親親之道」更是相關討論的焦點。所以本文即以季友諸事為主，對比並論述由《三傳》而至宋代理學家的相關論述，尤其是關於季友的評價問題。這是基於兩點考慮：一、現今學界對於季友的討論多只集中在《公羊傳》的內容，[6]並未將《三傳》之中的相關論述

4　〔漢〕鄭玄注，〔唐〕孔穎達疏，龔抗雲整理，王文錦審定：《禮記正義‧郊特牲》（北京：北京大學出版社，2000年），卷25，頁908。

5　楊樹達：《春秋大義述》（上海：上海古籍出版社，2007年），頁206。

6　對於《三傳》中季友的相關討論主要見於張端穗：〈《公羊傳》與《穀梁傳》親親觀比較研究——以君王對待世子、母弟之道為探索焦點〉，《東海大學文學院學報》第50卷（2009年7月），頁1-46。與陳壁生：〈《春秋》經「親親相隱義」〉，《國學學刊》2009年第1輯。網址：http://www.confucius2000.com/admin/list.asp?id=4305，查詢時

做較深入的對比與討論。二、宋代理學家雖在天道性命等論題上，極大地擴展了儒學相關的內涵，但在另一方面，他們仍承續先秦儒學中特重人倫關係的特點。本文希望透過對季友相關的討論及評價，可以對比其與《三傳》的異同，亦可見其獨特的看法。

此外，在行文前要先行說明的是：一、宋代理學家的諸多說法並非憑空而生，其中有漸進的過程，如朱子即言：

> 理義大本復明於世，固自周、程，然先此諸儒亦多有助。舊來儒者不越註疏而已，至永叔、原父、孫明復諸公，始自出議論……理義漸欲復明於世故也。[7]

同樣的，宋代理學家對於季友的某些評說亦可上溯至唐代啖助、趙匡、陸淳，宋代的孫復、劉敞及孫覺等人。但為了使論述的焦點集中，本文論及宋代理學家諸說多由程頤開始，這是因為程頤的《春秋傳》雖未完成，但其對日後理學一脈的《春秋》解經則有相當大的影響。至於其說若可上溯至啖助、趙匡、孫復、劉敞及孫覺等人，盡量在附注中說明，一來不使失焦，二來亦同時可使讀者能上溯其源。二、本文中所謂的「宋代理學家」，泛指的是學脈傳承與理學家關係密

間：2016年11月14號。兩文最為詳細。陳文由《論語》父子相隱而論及《春秋》中「親親相隱」之義，其中提及了季友、公子慶父之事。但其僅以《公羊傳》立論。而張文的第四節「兩傳對魯國公子季友事蹟之立場」（頁17-26）論及了《公羊傳》與《穀梁傳》對季友的不同評價。但一來此文並沒論及《左傳》與《公羊傳》史事述敘相異處。二來筆者對《穀梁傳》解「公子友如陳，葬原仲」及《公羊傳》對公子慶父殺子般後，季友有沒有奔陳的看法也與張氏有所不同。至於浦偉忠：〈論《春秋穀梁傳》的親親之義〉《齊魯學刊》1991年第3期（1991年6月），頁56-58。則主要在做倫理原則的探討，而非針對季友相關的專門討論。

7 〔宋〕黎靖德編，王星賢點校：《朱子語類》第六冊（北京：中華書局，1994年），卷80，頁2089。

切者,其中包括:程頤（1033-1107）、楊時（1053-1135,程頤弟子）、
謝湜（？-？,程頤弟子）、高閌（1097-1153,楊時弟子）、胡安國
（1074-1138,私淑程頤）、朱熹（1130-1200）、張洽（1161-1237,朱
熹弟子）。這些儒者,他們都受到程頤說《春秋》的影響,而且除朱熹
外,他們也原都有《春秋》專門的注解,可惜的是其中有些著作現已
不傳於世。所幸他們的部分看法在宋代李明復（1174-1234）所編著的
《春秋集義》及元代王元杰（1341-1370）所編著的《春秋讞義》中,
尚得以見到一些相關看法。故本文在引述時,若已無專著可尋,則以
此兩書的內容為主。三、雖然《左傳》並未將季友之行事視為「親親
之道」的呈顯。但是宋代理學家們在論及對季友的評價時,其敘事基
礎則多建立在《左傳》對季友相關記載之上。簡單來說,若解釋《春
秋》有「事」及「義」兩個方面,「義」大致上是建立在其對「事」
的理解上。而《左傳》對季友之事的諸多記載,大部分都成了宋代理
學家評論季友的基礎。故而在對比諸家對「親親之道」的看法前,必
須先行釐清《三傳》對季友的相關論述及評價。四、本文雖以諸儒對
季友的「親親之道」作為討論核心,但因這些討論都是在《春秋》學
史的脈絡中論述這個問題,所以本文在內容上自不僅止於對「親親之
道」的討論,其中自然亦會涉及《春秋》解經的諸多問題。

二 《春秋》及《三傳》對季友的論述及評價

在《春秋》中,對於季友直接的記載不少,從莊公二十五年「冬,
公子友如陳」開始,而後在莊公二十七年記「秋,公子友如陳,葬原
仲」、閔公元年「秋八月,公及齊侯盟于落姑。季子來歸」、僖公元年
「冬十月壬午,公子友帥師敗莒師于酈,獲莒挐」、僖公三年「冬,
公子友如齊涖盟」、僖公七年秋「公子友如齊」、僖公十三年「冬,公

子友如齊」，最後在僖公十六年「三月壬申，公子季友卒。」共有八條經文記載其人之事。[8]以《春秋》記事之簡省而論，對於季友的載記算是十分豐富。其中主要的因素應是，季友在魯莊公臨死前及死後，對魯國君位歷經公子般、閔公、僖公三君的諸多紛擾，而終至底定的過程，有著十分決定性的影響力。對於這段過程，《左傳》與《公羊傳》、《穀梁傳》不論在史事的記載及評論上，均有十分豐富的內容。

在進行相關討論之前，先對「親親」一詞的意義略加說明。在《論語》中並不見「親親」之說，但有近似的意思，如記有周公對伯禽言：「君子不施其親，不使大臣怨乎不以。」提醒伯禽不要遺棄親族。[9]至孟子則明確提出「親親」一詞，孟子說：「孩提之童，無不知愛其親者；及其長也，無不知敬其兄也。親親，仁也；敬長，義也。」指出「親親」及「敬長」都是人的共通情感。孟子並主張君子應「親親而仁民，仁民而愛物。」[10]認為君子應由親愛親人做起，逐步擴大其關懷的範圍。在《左傳》中則有五次言及「親親」，[11]據其上

---

8 關於這八條記季友的《春秋》經文，《三傳》小有不同，如閔公元年之「落姑」，《公羊傳》及《穀梁傳》均記為「洛姑」；僖公元年之「酈」，《公羊傳》作「犂」，《穀梁傳》則作「麗」；僖公三年《公羊傳》及《穀梁傳》「泲」字均作「涖」，而《穀梁傳》又將「公子友」記為「公子季友」。本文所引基本上以《左傳》之經文為準，若在釋義上有所影響，則另行注明。分見楊伯峻：《春秋左傳注》（北京：中華書局，2000年），頁231、235、256、277、285、315、343、368；〔漢〕公羊壽傳，〔漢〕何休解詁，〔唐〕徐彥疏，浦衛忠整理，楊向奎審定：《春秋公羊傳注疏》（北京：北京大學出版社，2000年），卷9，頁222、卷10，頁237、246；〔晉〕范甯集解，〔唐〕楊士勛疏，夏先培整理，楊向奎審定：《春秋穀梁傳注疏》（北京：北京大學出版社，2000年），卷6，頁119、卷7，頁125、頁131。

9 朱熹認為此「施」字應依陸氏本作「弛」，為「遺棄」的意思。〔宋〕朱熹：《四書章句集注·論語集注》，卷9，頁187。

10 〔宋〕朱熹：《四書章句集注·孟子集注》，卷13，頁353、363。

11 分別為隱公十一年君子批評息侯伐鄭是「不度德，不量力，不親親，不徵辭，不察

下文意，主要在強調應對有血緣關係的國家要特別親近及照顧，並不
專用於兄弟之間。而《公羊傳》全書則有四次言及「親親」，全部都
與季友之行事相關。《穀梁傳》則有三次，分別用以論述兄弟、父子
之間的關係。[12]綜合孔、孟與《三傳》之說，「親親」一詞的運用範圍
很廣，從父子、兄弟以至於有親族關係的國家都屬於「親」的範圍。
雖然「親」的範圍很廣，但他們都同樣認為，對於「親」應該有不同
於一般人的特殊對待方式，所以「親親」不僅是人的自然情感的發
用，同時也展現在對個人或政治道德的規範上。本文因以季友為討論
核心，所以文中所謂的「親親」，主要用以指稱對兄弟的特殊對待原
則為主。

關於季友的第一個爭議點在於對莊公二十七年記「秋，公子友如
陳，葬原仲」的解釋。莊公二十五年「冬，公子友如陳」一事，《三
傳》均沒有多做說明，因為在此年春天時，「陳侯使女叔來聘」。所以
在冬季時，季友至陳國，應是回報陳國之聘問。但二十七年季友至陳
參加陳國大夫原仲的葬禮，《左傳》說：「非禮也。原仲，季友之舊
也。」認為原仲雖是季友的舊識，但此次會葬並非是魯莊公之命，而

有罪」；僖公二十四年富辰因周襄王「將以狄伐鄭」，富辰諫言曰：「大上以德撫
民，其次親親，以相及也」，並認為「庸勳、親親、暱近、尊賢，德之大者也」。周
襄王應「扞禦侮者，莫如親親，故以親屏周」；昭公十三年，晉因相信邾、莒的說
法，因此與魯國有隙，而扣留了季孫意如，魯之子服惠伯則私底下遊說晉之荀吳，
認為晉應「親親、與大，賞共、罰否，所以為盟主也」。分見楊伯峻：《春秋左傳
注》，頁78、420、424、425、1361、1362。

12 隱公元年認為鄭莊公應對其弟段：「緩追逸賊，親親之道也」、文公二年因文公「躋
僖公」而言：「君子不以親親害尊尊」；成公元年，晉敗周天子於貿戎，但《春秋》
僅言「王師敗績於貿戎」，《穀梁傳》認為這是因為《春秋》有「為尊者諱敵不諱
敗，為親者諱敗不諱敵」的「尊尊親親之義」。分見〔晉〕范甯集解，〔唐〕楊士勛
疏，夏先培整理，楊向奎審定：《春秋穀梁傳注疏》，卷1，頁5、卷10，頁186、卷
13，頁243。

是季友私自的行動，根據「卿非君命不越竟」的原則，季友此行為「非禮」。[13]但在《公羊傳》的解釋中，季友此行背後則有更複雜的因素：

> 原仲者何？陳大夫也。大夫不書葬，此何以書？通乎季子之私行也。何通乎季子之私行？辟內難也。君子辟內難，而不辟外難。內難者何？公子慶父、公子牙、公子友皆莊公之母弟也。公子慶父、公子牙通乎夫人，以脅公。季子起而治之，則不得與于國政；坐而視之，則親親，因不忍見也。故於是復請至于陳，而葬原仲也。[14]

《公羊傳》認為此次至陳表面上看來是季友私自的行為，但季友之所以如此，是因有其不得不然的原因。魯莊公有公子慶父、公子牙及公子友三個兄弟，[15]其中慶父與莊公夫人哀姜私通，威脅到莊公的地位。季友因為未能掌握國政，所以無法處理此事，但又不忍坐視兄弟彼此相殘，所以才會私自至陳國參加原仲之葬禮，想藉此避難。依《公羊傳》的說法，季友此次之行，自有其不得已的苦衷，所以不能以一般的「非禮」視之。而《穀梁傳》則將此義表達得更加顯豁：「不葬而曰葬，諱出奔也。」認為《春秋》例不記他國大夫之葬，而此處之所以特記此事，是因為要幫季友隱諱其出奔的事實，楊士勛即

---

13 楊伯峻：《春秋左傳注》，頁235-236。

14 〔漢〕公羊壽傳，〔漢〕何休解詁，〔唐〕徐彥疏，浦衛忠整理，楊向奎審定：《春秋公羊傳注疏》，卷8，頁203-204。

15 依《公羊傳》之言，公子慶父為莊公「母弟」，但杜預在《春秋》莊公二年經文「公子慶父帥師伐餘丘」下的解釋言：「莊公時年十五，則慶父，莊公庶兄。」見〔周〕左丘明傳，〔晉〕杜預注，〔唐〕孔穎達正義，浦衛忠等人整理，楊向奎審定：《春秋左傳正義》（北京：北京大學出版社，2000年），卷8，頁251。《公羊傳》所載與杜預對慶父與莊公長幼的說法不同。

依此進而發揮，認為《春秋》記此為：「明其無罪，故知辟難也。」[16]
也就是說，若僅以季友「非禮」來詮解《春秋》此則的記載是皮相之
見，則未能真正了解季友面臨國君遭難及欲「親親」而不可得的困境。

　　《公羊傳》接下來對於季友在君臣、兄弟之間的抉擇頗有闡發，
其對莊公三十二年「秋，七月，癸巳，公子牙卒。」經文有十分深入
的解釋：

> 何以不稱弟？殺也。殺則曷為不言刺之？為季子諱殺也。曷為
> 為季子諱殺？季子之過惡也。不以為國獄，緣季子之心而為之
> 諱。季子之過惡奈何？莊公病，將死，以病召季子。季子至而
> 授之以國政。曰：「寡人即不起此病，吾將焉致乎魯國？」季
> 子曰：「般也存，君何憂焉？」公曰：「庸得若是乎？牙謂我
> 曰：『魯一生一及，君已知之矣。』慶父也存。」季子曰：「夫
> 何敢？是將為亂乎？夫何敢！」俄而牙弒械成。季子和藥而飲
> 之，曰：「公子從吾言而飲此，則必可以無為天下戮笑，必有
> 後乎魯國。不從吾言而不飲此，則必為天下戮笑，必無後乎魯
> 國。」於是從其言而飲之，飲之無儐氏，至乎王堤而死。公子
> 牙今將爾，辭曷為與親弒者同？君親無將，將而誅焉。然則善
> 之與？曰：然。殺世子母弟直稱君者，甚之也。季子殺母兄，
> 何善爾？誅不得辟兄，君臣之義也。然則曷為不直誅而酖之？
> 行諸乎兄，隱而逃之，使托若以疾死然，親親之道也。[17]

---

16 〔晉〕范甯集解，〔唐〕楊士勛疏，夏先培整理，楊向奎審定：《春秋穀梁傳注疏》，
　　卷6，頁110。
17 〔漢〕公羊壽傳，〔漢〕何休解詁，〔唐〕徐彥疏，浦衛忠整理，楊向奎審定：《春秋
　　公羊傳注疏》，卷9，頁214-218。

一般而言，《公羊傳》少有對事件過程的詳細記載，這是《公羊傳》中少數記事完整的例子，其較《左傳》更為豐富，《左傳》對此事僅言：

> 公疾，問後於叔牙。對曰：「慶父材。」問於季友。對曰：「臣以死奉般。」公曰：「鄉者牙曰『慶父材』。」成季使以君命命僖叔，待于鍼巫氏，使鍼季酖之。曰：「飲此，則有後於魯國；不然，死且無後。」飲之，歸，及逵泉而卒。立叔孫氏。[18]

《公羊傳》相較於《左傳》的解釋有兩個重要的不同：一、就此事的前後發展來看，雖《左傳》與《公羊傳》都言公子牙因為支持公子慶父，而不支持莊公之子般繼立，所以引起了莊公的猜忌，並在季友的威脅下而服毒自盡。但《公羊傳》明言在此年莊公因病而召季友回魯，並「授之以國政」，這與前文言季友是出奔至陳的說法相應。而《左傳》則對季友當時的地位並沒有特別的說明。更重要的是，在《公羊傳》中特別提及「俄而牙弒械成」，認為公子牙不僅不支持子般，而且在實際行動上已進行叛亂準備，所以季友才會逼其飲藥自盡。相對的，《左傳》則由對話後直接轉至季友催逼公子牙服毒，並沒有公子牙已經預謀造反的說法。二、《左傳》僅記此事前後，並沒有說明《春秋》對季友、公子牙的評斷。相對的，《公羊傳》對「《春秋》大義」的說明則豐富許多。《公羊傳》首言公子牙雖是被迫自殺，但《春秋》記「公子牙卒」似無他故，既不記「弟」更不記「刺」或「殺」，[19]這是因為想幫季友隱諱。之所以如此，是因為公子

---

18 楊伯峻：《春秋左傳注》，頁254。

19 如宣公十七年記「公弟叔肸卒」則記「弟」。《春秋》不稱「弟」當有貶義，如昭公元年稱「陳公子招」，《公羊傳》言：「此陳侯之弟招也，何以不稱弟？貶。」至於《春秋》中記「刺」之例為僖公二十八年「公子買戍衛，不卒戍，刺之。」《公羊

牙之死，並非透過國法明正典刑，而是季友私下相逼。《公羊傳》認
為公子牙既有篡逆之行，則即與「親弒者同」，季友在「誅不得辟
兄」的原則下，用毒殺的方式逼死公子牙，使其有若罹病而亡，這實
是兼顧「君臣之義」與「親親之道」的具體展現。季友在道德上並無
可議之處，所以《春秋》不書此事以「善之」。

　　但公子慶父的野心並沒有隨著公子牙的死亡而消失，在同年八月
莊公「薨于路寢」之後，《春秋》隨即記「冬十月己未，子般卒。」
而後「公子慶父如齊。」依《左傳》的記載是慶父在莊公死後兩個
月，鼓動之前與子般有隙的圉人犖，在黨氏殺了子般，而季友只好出
奔至陳。而慶父則立了哀姜之娣叔姜之子為閔公。[20]《公羊傳》則在
閔公元年「春，王正月」的經文下大發議論：

> 公何以不言即位？繼弒君不言即位。孰繼？繼子般也。孰弒子
> 般？慶父也。殺公子牙，今將爾，季子不免。慶父弒君，何以
> 不誅？將而不免，過惡也。既而不可及，因獄有所歸，不探其
> 情而誅焉，親親之道也。惡乎歸獄？歸獄僕人鄧扈樂。曷為歸
> 獄僕人鄧扈樂？莊公存之時，樂曾淫于宮中，子般執而鞭之。
> 莊公死，慶父謂樂曰：「般之辱爾，國人莫不知，盍殺之矣。」

傳》云：「刺之者何？殺之也。殺之，則曷為謂之刺之？內諱殺大夫，謂之刺之
也。」分見〔漢〕公羊壽傳，〔漢〕何休解詁，〔唐〕徐彥疏，浦衛忠整理，楊向奎
審定：《春秋公羊傳注疏》，卷22，頁544、卷12，頁299。

20　分見楊伯峻：《春秋左傳注》，頁250-251、253-254。子般與圉人犖有隙是因為：
「初，公築臺，臨黨氏，見孟任，從之。閟。而以夫人言，許之，割臂盟公。生子
般焉。雩，講于梁氏，女公子觀之。圉人犖自牆外與之戲。子般怒，使鞭之。公
曰：『不如殺之，是不可鞭。犖有力焉，能投蓋于稷門。』」此外，《左傳》對此年
「公子慶父如齊」的經文沒有解釋，但杜預言：「慶父既殺子般，季友出奔，國人
不與，故懼而適齊，欲以求援。」見〔周〕左丘明傳，〔晉〕杜預注，〔唐〕孔穎達
正義，浦衛忠等人整理，楊向奎審定：《春秋左傳正義》，卷10，頁340。

使弒子般，然後誅鄧扈樂而歸獄焉。季子至而不變也。[21]

《公羊傳》在公子慶父弒子般一事上，前後敘述大致與《左傳》相同。但其提出了一個很特別的說法：季友殺公子牙，是因為要防止其協助慶父篡位。但慶父教唆鄧扈樂（《左傳》記為「圉人犖」）弒君後，季友之所以沒有追究慶父的責任，因為子般既然已被慶父殺死，這時再殺慶父也無法挽回此事。而且慶父已將弒君的責任推給了鄧扈樂，讓其承擔弒君之罪，所以基於「親親之道」，季友不宜深究慶父之責。《公羊傳》除了讚揚季友處理兄弟親情十分有節外，其對於當時魯國情況判斷也與《左傳》有所不同：《左傳》記慶父弒子般後，季友即出奔至陳。而《公羊傳》則沒有記季子出奔。也就是說，《左傳》認為子般死後，是慶父在主掌魯國之政。而《公羊傳》則是認為掌政的仍為季友，所以何休說：「慶父雖歸獄鄧扈樂，猶不自信於季子，故出也。」[22]反而認為慶父害怕季友的勢力，因而出奔至齊國。至於《穀梁傳》對這段史事的看法則十分簡略，僅言子般之卒為被慶父所弒，而對慶父「如齊」則言：「此奔也，其曰如，何也？諱莫如深，深則隱。苟有所見，莫如深也。」認為慶父不書出奔為「為國隱諱」。至於季友當時在魯國的地位及公子牙被殺之事，則完全沒有提及，范甯認為：「《穀梁》不見季子歸魯之文，亦無鴆牙之事，則叔牙被殺以不，不可知也。」因為《穀梁傳》不知季友何時回魯，亦不知公子牙被殺一事，故無從評說。[23]或許也因史事上的缺遺，所以《穀

---

21 〔漢〕公羊壽傳，〔漢〕何休解詁，〔唐〕徐彥疏，浦衛忠整理，楊向奎審定：《春秋公羊傳注疏》，卷9，頁221-222。

22 〔漢〕公羊壽傳，〔漢〕何休解詁，〔唐〕徐彥疏，浦衛忠整理，楊向奎審定：《春秋公羊傳注疏》，卷9，頁220。

23 〔晉〕范甯集解，〔唐〕楊士勛疏，夏先培整理，楊向奎審定：《春秋穀梁傳注疏》，卷6，頁118-119。

梁傳》在其他事件中雖也有「緩追逸賊，親親之道也」的看法，但卻沒有將之用來說解此事。

　　也由於《左傳》與《公羊傳》對子般死後，對魯國究竟是誰在主政的看法不同，以至於兩者對《春秋》閔公元年：「秋，八月，公及齊侯盟于落姑。季子來歸。」及「冬，齊仲孫來。」的經文解釋差異更大。《左傳》認為：

> 秋八月，公及齊侯盟于落姑，請復季友也。齊侯許之，使召諸陳，公次于郎以待之，「季子來歸」，嘉之也。[24]

此時季友雖出奔在外，但因季友素有賢名，所以閔公在即位後，即與齊桓公在落姑會盟，希望能將季友自陳召回魯國。而齊桓公也同意了，於是季友才得以回魯。《左傳》認為《春秋》此書「季子」而不書「公子友」是寓有嘉勉的褒意。[25]而後在此年冬天，齊桓公又派「仲孫湫來省難」，而仲孫回齊後，對齊桓公說出：「不去慶父，魯難未已」的觀察，並言：「魯不棄周禮，未可動也。君其務寧魯難而親之。」建議齊桓公不可趁機侵魯。[26]而《公羊傳》雖然也認為《春秋》書「季子」而不書「公子友」，是以變換書例方式表示「賢也」，但其在史事上與《左傳》有兩點不同：一、由於《公羊傳》不記季友出奔，所以此次在落姑會盟的目的，何休認為是：「時慶父內則素得權重，外則出奔彊齊，恐為國家禍亂，故季子如齊聞之，奉閔公託齊桓為此盟。」[27]

24　楊伯峻：《春秋左傳注》，頁257。

25　杜預言：「季子忠於社稷，為國人所思，故賢而字之。」見〔周〕左丘明傳，〔晉〕杜預注，〔唐〕孔穎達正義，浦衛忠等人整理，楊向奎審定：《春秋左傳正義》，卷11，頁345。

26　楊伯峻：《春秋左傳注》，頁257。

27　〔漢〕公羊壽傳，〔漢〕何休解詁，〔唐〕徐彥疏，浦衛忠整理，楊向奎審定：《春

因慶父出奔於齊，季友怕慶父得到齊國的支持，所以奉閔公與齊桓公會盟，用以阻斷慶父求取外援的機會。二、《公羊傳》進一步指出，「齊仲孫」其實即是「公子慶父」，並非是齊國大夫。也就是說，《公羊傳》認為落姑之盟雖允許慶父回魯，但《春秋》之所以不明書為「慶父」則是因為「外之」，即已將慶父視為非魯國之人，也同時是《春秋》預為閔公日後被慶父所弒並為季友失責而諱，這是「《春秋》為尊者諱，為親者諱，為賢者諱。」書法的展現。[28]《左傳》與《公羊傳》最大的不同點在於對此時魯國權政的掌握描述不同：《左傳》認為大權在慶父手中，季友則是因眾人期盼，並透過齊桓公協助由陳回魯。而《公羊傳》則以為是季友掌握了主要權力，其之所以一直容忍慶父，則是顧及親親之道，所以從「議親之辟」，並沒有彰明慶父之惡，但這也隨即導致閔公被弒。至於《穀梁傳》對此段的解釋仍是十分簡省，其對書「季子」也同意是「貴之也」，書「來歸」則是「喜之也」。至於書「齊仲孫」，言「外之也」，則與《公羊傳》相同。但對季友是否有出奔至陳，則沒有特別說解。[29]

閔公二年，《春秋》經記：「秋八月辛丑，公薨」、「九月，夫人姜

秋公羊傳注疏》，卷9，頁222。關於子般死後，季友是否留在魯國主政？事實上《公羊傳》並沒有明言。何休言季友主政，其至齊是「奉閔公託齊桓為此盟」，是承《公羊傳》在前主張季友沒有追究慶父弒子般之責，其後《公羊傳》又認為「齊仲孫」為公子慶父，兩者相串接而成，故才認為季友此時在魯掌政，並與齊桓公會盟。此外，何休後又言「主書者，起託君也。」徐彥則解釋為：「謂主書此盟，又下文即書『季子來歸』者，欲起季子託君于齊侯矣。不書公至自洛姑者，桓之會不致故也。」主張閔公亦沒有親自出席此會。

28 何休認為所謂為尊者、親者、賢者諱，分別是基於：「為閔公諱受賊人」、「為季子親親而受之」、「以季子有過牙不殺慶父之賢」見：〔漢〕公羊壽傳，〔漢〕何休解詁，〔唐〕徐彥疏，浦衛忠整理，楊向奎審定：《春秋公羊傳注疏》，卷9，頁224。

29 至於范甯言：「季子賢大夫，以亂故出奔，國人思之，懼其遂去不反，今得其還，故皆喜曰：『季子來歸。』」應是採《左傳》之事用以解《穀梁傳》。〔晉〕范甯集解，〔唐〕楊士勛疏，夏先培整理，楊向奎審定：《春秋穀梁傳注疏》，卷6，頁119-120。

氏孫于邾。公子慶父出奔莒。」依《左傳》，此年慶父重施故計，「共
仲使卜齮賊公于武闈」，派遣與閔公傅有隙的卜齮殺了閔公，故而季
友帶著閔公兄弟申逃至邾國。[30]但慶父最終未能掌握魯國的政權，故
隨即出奔至莒。於是季友又帶著申回魯國，並立其為僖公。季友回魯
後，便「以賂求共仲于莒，莒人歸之。」希望透過賄賂，讓莒人把慶
父送回魯國正法。慶父被送至魯國密地時，慶父派公子魚請求季友赦
免其罪，但未被允許，於是慶父「乃縊」。而與慶父共謀的哀姜也在
失敗後逃至邾，但隨後被齊桓公下令殺掉，並將遺體送回魯國。《公
羊傳》對閔公薨的解釋是：

> 公薨何以不地？隱之也。何隱爾？弒也。孰弒之？慶父也。殺
> 公子牙，今將爾，季子不免。慶父弒二君，何以不誅？將而不
> 免，過惡也。既而不可及，緩追逸賊，親親之道也。[31]

認為《春秋》雖不明書閔公為慶父所弒，但其透過「不地」的書例，
實際上表達出此意。至於慶父之死，則見於其對僖公元年經文：
「冬，十月，壬午，公子友帥師敗莒師于酈，獲莒挐。」的解釋：

> 莒挐者何？莒大夫也。莒無大夫，此何以書？大季子之獲也。
> 何大乎季子之獲？季子治內難以正，禦外難以正。其禦外難以
> 正奈何？公子慶父弒閔公，走而之莒，莒人逐之，將由乎齊，

---

30 季友之所以會「以僖公適邾」，依《左傳》所記是因為季友生時即有「有文在其
　手」，又有季友日後會「在公之右；間于兩社，為公室輔」的預言。僖公之母成風
　聽說季友這個預言後，「乃事之，而屬僖公焉，故成季立之。」相關原文分見楊伯
　峻：《春秋左傳注》，頁261-264、276。
31 〔漢〕公羊壽傳，〔漢〕何休解詁，〔唐〕徐彥疏，浦衛忠整理，楊向奎審定：《春
　秋公羊傳注疏》，卷9，頁227。

齊人不納。卻，反舍于汶水之上，使公子奚斯入請。季子曰：
「公子不可以入，入則殺矣。」奚斯不忍反命于慶父，自南
涘，北面而哭。慶父聞之曰：「嘻！此奚斯之聲也。諾已。」
曰：「吾不得入矣。」於是抗輈經而死。莒人聞之曰：「吾已得
子之賊矣。」以求賂乎魯，魯人不與，為是興師而伐魯。季子
待之以偏戰。[32]

相較於《左傳》，《公羊傳》的說法有幾不同點：一、《公羊傳》中沒
有閔公被弒後，季友出奔邾而後旋即又回魯的複雜過程，季友應是一
直在魯國掌政。二、《公羊傳》也沒有賂莒以求慶父的情節。而是慶
父弒閔公後逃至莒國被逐，又不見納於齊國，最後想回魯國。但季友
警告慶父不得回魯，否則就要殺掉他。慶父是在走投無路情況下自
殺，並非如《左傳》所言是莒國受了魯國之賂而追捕慶父。三、雖然
《左傳》、《公羊傳》都認為僖公元年魯、莒之戰的原因是「莒人來求
賂」，但魯國不給，於是兩國相戰。兩說看似相近，但實大有不同。
《左傳》的說法是魯人先答應付賂以換取慶父，其後反悔或莒人貪得
無厭，所以兩國相戰。而《公羊傳》則是魯國根本沒有答應過要給莒
人賄賂，是莒人一廂情願想以慶父換取好處，於是才與魯戰於酈。[33]

---

32 〔漢〕公羊壽傳，〔漢〕何休解詁，〔唐〕徐彥疏，浦衛忠整理，楊向奎審定：《春
秋公羊傳注疏》，卷10，頁237-238。

33 《左傳》對此戰的看法見楊伯峻：《春秋左傳注》，頁278-279。此外《穀梁傳》對此
則有一完全相異於兩傳的說法，其言：「內不言獲，此其言獲，何也？惡公子之
紿。紿者奈何？公子友謂莒挐曰：『吾二人不相說，士卒何罪？』屏左右而相搏，
公子友處下，左右曰：『孟勞！』孟勞者，魯之寶刀也。公子友以殺之。然則何以
惡乎紿也？曰，棄師之道也。」將此戰歸於季友與莒挐兩人的個人恩怨，並言季友
雖單挑莒挐，但在不敵時，卻用了魯國的寶刀「孟勞」殺了莒挐。《穀梁傳》認為
季友不但是欺騙的行為，而且置軍隊的安危於不顧，是「棄師之道」。《穀梁傳》的
說法有些匪夷所思，所以范甯引江熙之言曰：「季友，令德之人，豈當舍三軍之

四、《公羊傳》秉持一貫稱讚季友有「親親之道」，認為慶父既已弒閔公，所以縱使殺掉慶父也於事無補，所以「緩追逸賊」讓慶父得以順利出奔至他國。而《左傳》則是對慶父何以能自魯出奔沒有著墨。

五、《公羊傳》對於季友的評價極高，認為季友「治內難以正，禦外難以正」，《左傳》的評價則不明顯。

在此之後，《三傳》對於《春秋》記季友相關事蹟即少有評述，不論是僖公三年的「公子友如齊涖盟」或僖公七年及僖公十三年的「公子友如齊」，或只解釋「涖」的字義，或根本沒有任何說解。就連僖公十六年記「三月，壬申，公子季友卒。」《左傳》也都沒有任何評述，《公羊傳》則云：「其稱季友何？賢也。」《穀梁傳》則云：「大夫日卒，正也。稱公弟叔仲，賢也。大夫不言『公子』、『公孫』，疏之也。」[34]認為《春秋》書「季」及「公子」，分別表示季友為與魯君十分親近的賢公子。

整體而言，《穀梁傳》對季友的事蹟敘述最少，在獲莒挐一事上，其說又十分可疑。對季友雖有不錯的評價，但多與《公羊傳》相近，較顯不出其有獨特的意思。而《左傳》對季友的相關史事記述頗多，也曾兩次褒揚季友，[35]但對於季友在慶父之亂中其所承擔的責任僅止浮泛的稱讚。而《公羊傳》則不但詳記季友在莊公末年至僖公元年的諸多事蹟，其中與《左傳》有頗多不同之處，並多次稱讚季友能

整，佻身獨鬭，潛刃相害，以決勝負者哉？」懷疑此事的真偽。但楊士勛則認為「經傳文符」，《穀梁傳》之說為可信。見〔晉〕范甯集解，〔唐〕楊士勛疏，夏先培整理，楊向奎審定：《春秋穀梁傳注疏》，卷7，頁125-126。

34 分見〔漢〕公羊壽傳，〔漢〕何休解詁，〔唐〕徐彥疏，浦衛忠整理，楊向奎審定：《春秋公羊傳注疏》，卷11，頁274。〔晉〕范甯集解，〔唐〕楊士勛疏，夏先培整理，楊向奎審定：《春秋穀梁傳注疏》，卷8，頁156。

35 分別在閔公元年書「季子來歸」，為「嘉之也」；僖公元年「獲莒挐」，為「嘉獲之也。」分見楊伯峻：《春秋左傳注》，頁257、279。

行「親親之道」。《公羊傳》所謂的兄弟「親親之道」約可分兩種情況：一是在與君臣之義相衝突時，雖應大義滅親，但仍要盡可能的維持兄弟的名譽及其家族權利。二則是在亂事已成之後，或不予深究，或應「緩追逸賊」，使其有一線生機。《公羊傳》的說法，在漢代有頗深的影響。如東漢廣陵王劉荊欲叛亂，漢明帝派樊儵等人審理，樊儵建議將劉荊殺掉，明帝言：「諸卿以我弟故，欲誅之，即我子，卿等敢爾邪！」樊儵則言：「春秋之義，『君親無將，將而誅焉』。是以周公誅弟，季友鴆兄，經傳大之。」[36]即是引用季友毒殺公子牙之事，認為若親族有可能混亂國家，則縱使是兄弟之親，亦必須予以處置。尤值得注意的是，樊儵還將季友之行與周公誅管、蔡事相類比，即是就《公羊傳》所言的第一種情況而行。[37]但在西漢景帝時，梁王殺了袁盎，鄒陽幫梁王策謀免禍，於是遊說王長君，其中即有言：

> 夫仁人之於兄弟，無臧怒，無宿怨，厚親愛而已，是以後世
> 稱之。魯公子慶父使僕人殺子般，獄有所歸，季友不探其情而
> 誅焉；慶父親殺閔公，季子緩追逸賊，《春秋》以為親親之道
> 也。[38]

除了引用《孟子》之說外，也引用《公羊傳》的相關評論，盛讚季友對於慶父兩次弒君均不加嚴懲，用以說明「親親之道」的重要，則是

---

36 〔劉宋〕范曄：《後漢書・樊宏陰識列傳》（北京：中華書局，1965年），卷32，頁1123。

37 樊儵的說法並不是特例，如東漢末年審配寫給劉譚之信中亦言：「苟圖危宗廟，剝亂國家，親疏一也。是以周公垂涕以斃管、蔡之獄，季友歔欷而行叔牙之誅。」見〔劉宋〕范曄：《後漢書・袁紹劉表列傳下》，卷74下，頁2414。

38 〔漢〕班固撰，〔唐〕顏師古注：《漢書・賈鄒枚路傳》（北京：中華書局，1964年），卷51，頁2355。

就《公羊傳》所述的第二種情況加以發揮。由此亦可見《公羊傳》之說在兩漢政治上的影響力。

三　宋代理學家對季友的評價

在本節中，筆者擬就程頤、謝湜、胡安國、高閌、朱熹、張洽等與理學家關係密切的《春秋》學家，對於《春秋》中季友相關記錄的評價，做一整理與論述。因為所述者眾多，所以擬分為四個段落，分別論述。

（一）莊公二十七年「秋，公子友如陳，葬原仲」

對於此事，宋代理學家之說相當一致，自程頤起即承自《左傳》之說，認為季友此行為非禮：

> 公子友如陳葬原仲，人臣之禮無外交，大夫非君命不越境。公子友違王制、委國事，私會他國大夫之葬，其譏可見也。[39]

程頤弟子謝湜言：「專命僭制，不待貶絕而自見矣。」另一弟子楊時（1053-1135）亦言：「《春秋》書之，所以著其罪也。」[40] 都認為《春秋》記此是在貶斥季友不應私自至陳參加原仲的葬禮。而宋代《春秋》學最著名的胡安國也有類似的說法：

> 何以通季子之私行而無貶乎？曰：《春秋》端本之書也，京師諸

---

39 程頤此說未收入《二程集》中，而見於〔宋〕李明復：《春秋集義》，收入《景印文淵閣四庫全書》（臺北：臺灣商務印書館，1983年），卷16，頁4-5。

40 謝湜與楊時之說，分見〔宋〕李明復：《春秋集義》，卷16，頁5及6。

> 夏之表也。祭伯以寰內諸侯而來朝，祭叔以王朝大夫而來聘，
> 尹氏以天子三公來告其喪，誣上行私，表不正矣。是故季子違
> 王制，委國事，越境而會葬⋯⋯《春秋》深貶王臣，以明始亂，
> 備書諸國大夫無譏焉，則以著效也。凡此皆正其本之意。[41]

胡氏對季友會葬的看法與程頤一致，但其提出一個《春秋》解釋上的
問題：若是《春秋》譏貶季友，那麼為什麼在書記此事的時候，沒有
在文詞上有所變換，讓讀者更能清楚譏貶季友之意？胡安國認為這是
因為在春秋時期，自周天子以下即不遵守禮法，如隱公元年「祭伯
來」，胡安國即以「人臣義無私交，大夫非君命不越境」批評周王之
卿士祭伯。[42]而季友此次私自離魯會葬，其實只是當時上行下效中諸
多事證的一例，所以《春秋》沒有變換書法。而張洽則將《春秋》此
則批評的對象擴大：

> 公子友如陳葬原仲，無以異於葬諸侯之使，則友之行，莊公使
> 之，非私行也。故劉氏曰：「⋯⋯君不行使乎大夫，君行使乎大
> 夫，內失正也。大夫不交諸侯，大夫而交乎諸侯，原氏失正也。
> 內失正，原氏失正，季子可以已矣，則是從命也，參譏之。」[43]

張洽與胡安國相同，注意到《春秋》此則在書法上沒有特異之處。但
其與《左傳》及程、胡等人不同的地方在於，張洽引述並綜合劉敞之

---

41 〔宋〕胡安國，錢偉彊點校：《春秋胡氏傳》（杭州：浙江古籍出版社，2010年），
　　卷9，頁126-127。

42 〔宋〕胡安國，錢偉彊點校：《春秋胡氏傳》，卷1，頁5。

43 〔宋〕張洽：《春秋張氏集註》，收入《通志堂經解》（臺北：漢京文化事業公司，
　　1985年），卷3，頁14。

說，[44]認為季友此行是「莊公使之，非私行也。」原仲為陳大夫，本不應與莊公有私交。此次會葬原應由莊公自行前往，而莊公卻派季友代替。所以原仲、莊公均有違禮之處。而季友明知此事違禮，但又遵命前往，所以《春秋》才一併譏貶。

綜合而言，程頤以下的理學家們對於季友至陳會葬原仲一事，大多都採用《左傳》之說，認為這是表示對季友與他國大夫有私交的譏貶。雖然胡安國與張洽都注意到《春秋》在書例並無異詞的問題，但他們都不願意採取《公羊傳》「辟內難」、「不忍見」而出奔的說法，而用「正本」、「非私行」來解釋這個現象。[45]也就是說，胡安國與張洽仍堅持《春秋》在此是對季友有所譏貶。

(二) 莊公三十二年，「秋，七月，癸巳公子牙卒」至「冬十月，己未，子般卒。公子慶父如齊」

因為季友參加原仲之葬並非出奔，所以其會葬後旋即回魯。對「公子牙卒」之事的過程，《左傳》與《公羊傳》均有詳細的記錄，尤其《公羊傳》認為季友在其間同時兼顧了「君臣之義」與「親親之道」。理學家對此各有不同的看法，其中最特別的應屬高閌，因為他對於《三傳》所記「公子牙卒」及「子般卒」兩事，提出了懷疑：

　　《左氏》具載季友殺叔牙之事，攷之于經，全不寓微意。且公

---

44 劉敞對《春秋》此條的說法原本不一，在《劉氏春秋傳》中言「參譏之」，但在《春秋權衡》中則言：「季友為受命而行，非自行也，何以得貶之？」分見〔宋〕劉敞：《劉氏春秋傳》，收入《通志堂經解》（臺北：漢京文化事業公司，1985年），卷4，頁6、〔宋〕劉敞：《春秋權衡》，收入《通志堂經解》（臺北：漢京文化事業公司，1985年），卷3，頁11-12。

45 因胡安國與張洽都堅持以書例解《春秋》的方式，所以他們都注意到了依《春秋》書例，「公子友」並非貶辭，所以才會衍生出「正本」及「非私行」之說。

既有子，何必問後？正使問後，而叔牙輒以慶父對，若公以為
不當立，則自不立爾，何至于殺叔牙耶？殺叔牙而反使慶父執
國政，此又何理耶？況此去公薨尚遠，豈公臨終之事耶？
《公》、《穀》謂將弒莊公，此又無謂之甚者。以此言之，公子
牙蓋自卒爾。牙卒，其子乃公孫茲……皆執魯國之政者，是以
聖人謹志其卒。[46]

又言：

《三傳》皆以為慶父所弒，攷之于經，全不寓微意，而所書正
與子野同……《春秋》別嫌明微而深辨乎，疑似之際，豈有實弒
其君而全不寓微意，乃區區曲為叔牙、季友諱乎？必不然也。[47]

高閌所疑的出發點在於：《春秋》記此二事「無異辭」，所以認為「全
不寓微意」。這種提問的方式與前述胡安國、張洽類似，認為「公子
牙卒」、「子般卒」兩則是《春秋》的書法常例，並沒有特別之處。尤
其是「子般卒」，就如同襄公三十一年記「子野卒」一般，子野並非
被弒而亡，那麼子般也不應是被弒。若子般被弒，則其應如文公十八
年文公太子惡被東門襄仲所弒一般而書「子卒」。高與胡、張兩人所
不同者在於，胡安國、張洽著重在對褒貶的解釋，而高閌則是直接否
定《三傳》中史事的記載。高閌以《春秋》以書例為基礎的提問十分
具有說服力，無怪乎連學術立場偏於漢學的四庫館臣都會說：「如以

---

46 〔宋〕高閌：《春秋集註》，收入〔清〕張壽鏞輯刊：《四明叢書・第三集》（臺北：
　　新文豐出版社，1988年），卷12，頁11-12。
47 〔宋〕高閌：《春秋集註》，卷12，頁12-13。

子般卒為善終……亦皆足以備一解。」[48]除書例外，高閌又進一步提
出：莊公為何要詢問叔牙繼位問題？就算叔牙支持慶父，為何又一定
要殺掉叔牙？殺掉叔牙後反使慶父執政，這能算是成功的政治操作
嗎？高閌於是將《三傳》之說以「無謂之甚」一筆帶過，認為《春
秋》之所以記「公子牙卒」，純是因為公子牙的後人為魯國三桓之
一。高閌這個說法，等於是鉤消了《三傳》的豐富史事，也同時消弭
了《公羊傳》關於「親親之道」的說法。

　　除了高閌不同意《左傳》及《公羊傳》所述史事外，其餘儒者大
致都認為季友因公子牙支持慶父而逼其服毒致死之說可信。不但如
此，理學家們也多同意《公羊傳》對季友的評說，認為在公子牙一事
上，季友的作為是合理的，如謝湜即言：

> 牙以公子為公室患，稱公子，著其骨肉相殘也。世子未立，牙
> 欲廢子立弟，季友不以國法肆之市朝，而以君命命之飲酖而
> 死，親親之道也。故書卒。[49]

季友殺死公子牙雖是骨肉相殘，但因牽涉到魯國傳位的問題，而理學
家們又十分信守嫡長的繼承制度，所以認為季友行此是滿足了「君臣
之義」與「親親之道」。胡安國除引用《公羊傳》「誅不得避兄，君臣
之義」外，更引述陸淳之言：「季子恩義俱立，變而得中，夫子書其
自卒，以示無譏也。」認為陸淳的評論是「得之矣。」[50]而張洽也同

48　〔宋〕高閌：《春秋集註‧提要》，頁2。文淵閣本的〈提要〉則作：「如以子般卒為
　　善終……考核精詳，亦非漫然立異者。」正面意思更強。見《景印文淵閣四庫全
　　書》第140冊，（臺北：臺灣商務印書館，1983年），頁2。
49　〔宋〕李明復：《春秋集義》，卷16，頁22。
50　〔宋〕胡安國，錢偉彊點校：《春秋胡氏傳》，卷9，頁133。陸淳的原文為：「季子
　　愛義俱立，變而得中。故夫子書其自卒，以示無譏也。」見〔唐〕陸淳：《春秋集

樣引用陸淳「恩義俱立」來盛稱季友。若從這些評斷來看，謝湜等人的說法主要是承續了《公羊傳》的看法。但值得注意的是，《公羊傳》中提及「俄而牙弒械成」的行動描述，在理學家們的解經中似乎不怎麼被重視，他們幾乎都未曾提及這點。[51]也許對他們而言，只要公子牙有「無將之心」，季友早為之所的殺兄之舉都是可以被接受的。

　　理學家除了一致認為季友是「恩義俱立」外，他們對子般之死多另出新意，對此事提出新的問題與看法，張洽言：

> 或謂：季友雖殺叔牙，而無補于後日子般、閔公之禍。是蓋不然。自文姜以來，胎養亂本至此已成，若於此時不誅叔牙，則莊公之薨，濟以叔牙，雖有季子之忠、秉禮之俗，亦無所措其手矣。故叔牙之誅，乃魯國存亡之幾，慶父成敗之決。《春秋》取其過惡救亂，能先事而誅之，所以原其心而為之諱也。[52]

張洽文中的「或謂」的疑問與高閌的質疑基本上是一致的：認為就算季友殺了公子牙，但其仍然無法阻止慶父弒君。若是如此，季友殺兄不就是勞而無功嗎？張洽的回應是：若季友不行殺兄之事，則魯國的情況會更壞。因為「自文姜以來，胎養亂本至此已成。」認為此事的因由應上溯到莊公之母文姜。胡安國則把這個看法表述得十分清楚：

> 昔舜不告而娶，恐廢人之大倫以懟父母，君子以為猶告也。莊

　　傳微旨》，收入《景印文淵閣四庫全書》（臺北：臺灣商務印書館，1983年），卷上，頁35。與胡安國所引文字略有差異，但大意相同。

51 就筆者所見，僅有朱熹在論述時特別提及此事，詳見後文。

52 〔宋〕張洽：《春秋集注》，收入《通志堂經解》（臺北：漢京文化事業公司，1985年），卷3，頁16。

公過時越禮，謬於《易》基〈乾〉、〈坤〉、《詩》始〈關雎〉，大
舜不告而娶之義甚矣。而子般乃孟任之所出也，胡能有定乎？
雖享國日久，獲終路寢，而嗣子見弒，幾至亡國，有國者可不
以為戒哉！[53]

莊公之母文姜與其兄齊襄公亂倫，以致魯桓公被殺，莊公在十三歲時
即位，但其一直到莊公二十四年，年過三十五歲方才迎娶哀姜，胡安
國認為這是因為：「蓋為文姜所制，使必娶于母家，而齊女待年未
及，故莊公越禮不顧。」胡安國認為莊公這樣的行為是「不孝甚
矣」，[54]所以胡安國才會引《孟子》中舜不告而娶之說來批評莊公。又
莊公雖曾許諾孟任為夫人，但實際上哀姜才是莊公之夫人，因此胡安
國認為子般的地位本就不穩，因此也才有莊公與公子牙的對話，以及
慶父的野心。這種推因於莊公行止不當的說法，並非止於胡安國一
人。較早的謝湜即說：

莊公驕佟怠荒久矣……故前則喪師敗績于齊，後則叔牙、慶父
之難起，而世子不得保其身，繼以閔公遇禍。[55]

其後的張洽也認為：

莊公主魯之社稷，而君道不立。上不能正其母，使出入淫縱，
配耦不早立，是致家嗣之位不足以自定……《易》曰：「閑有
家，悔亡。」《傳》曰：「欲治其國者，先齊其家。」莊公反

---

53 〔宋〕胡安國，錢偉彊點校：《春秋胡氏傳》，卷9，頁133-134。
54 〔宋〕胡安國，錢偉彊點校：《春秋胡氏傳》，卷9，頁121。
55 〔宋〕李明復：《春秋集義》，卷16，頁24。

此，使淫亂肆行，雖其身免篡弒之禍，而及其二子。[56]

理學家們眾口一辭，認為子般之弒，在莊公生前即已埋下禍端，所以要負最大的責任。相較之下，季友能做的並不太多，至多只能讓魯國當時惡劣的情況稍做和緩，不使最壞的情況發生。

但不論如何，最終慶父仍然殺了子般而至齊國。《春秋》不記季友出奔，但《左傳》則言季友出奔至陳，《公羊傳》則以「既而不可及」為由，言季友不深究慶父之罪是「親親之道」。就此，理學家們都採取《左傳》的說法，認為季友是被迫而出奔於外，胡安國言：

> 自外至者為歸，是嘗出奔矣，何以不書？莊公薨，子般弒，慶父主兵，勢傾公室，季子力不能支，避難而出奔，恥也……《春秋》欲沒其恥，故不書「奔」。[57]

胡安國以閔公元年，經文書「季子來歸」反推，認為季友確實在子般被弒後出奔。[58]而《春秋》之所以不書記此事，是因為這對季子而言本是可恥之事，《春秋》不書記此事，實是因為季友情有可原。高閌及張洽也都認為子般之死並不應歸罪於季友。高閌言：

> 凡奔云者，負罪以出，迫逐而不遑暇之辭也。今魯國連喪二君，當凶禍艱難之際，季子以貴戚之重，違而去之，是之謂全身遠害，求援以庇國。[59]

---

56 〔宋〕張洽：《春秋集注》，卷3，頁16。
57 〔宋〕胡安國，錢偉彊點校：《春秋胡氏傳》，卷10，頁138。
58 程頤即有此說，其言：「莊公既薨，子般被殺，魯國方危而慶父未討，公子友賢而在齊。」見〔宋〕李明復：《春秋集義》，卷17，頁3。
59 〔宋〕高閌：《春秋集註》，卷13，頁2。

張洽則言:「季友遏惡於初萌,子般之亂,力不能討而遂去之,非其辠也。」[60]如前所述,理學家們認為當時之事,之所以終至糜爛不可言,主要是莊公的責任。若是如此,對季子出奔一事自然不必苛責,因此《春秋》不記此事。在這樣的理路下,「慶父如齊」便不是如《公羊傳》所言的出奔。胡安國認為:

> 子般之卒,慶父弒也,宜書「出奔」,其曰「如齊」,見慶父主兵自恣,國人不能制也……而卒書「公薨」、「子般卒」、「慶父如齊」,以見其出入自如,無敢討之者。[61]

因為《左傳》並沒有述及慶父為何在弒子般後即「如齊」,胡安國則上承杜預之說,認為《春秋》不書「出奔」而書「如齊」,是因慶父為了繼續在魯掌握實權,所到齊國欲得到齊桓公的認可與協助,高閌與張洽的看法也與胡安國相近。[62]

(三)閔公元年,「公及齊侯盟于落姑,季子來歸。」

雖然《左傳》與《公羊傳》對於季友是否有出奔陳看法不一,但兩者均都因《春秋》書「季子」而認為這是「嘉之」之辭。宋代理學家對此的看法則可分為兩種:一是贊同二傳所言,如程頤即言:

---

60 〔宋〕張洽:《春秋集注》,卷3,頁17。

61 〔宋〕胡安國,錢偉彊點校:《春秋胡氏傳》,卷9,頁134。

62 高閌言:「乃知此非出奔也。蓋莊公既薨,子般又卒,繼嗣未定,慶父雖有僥倖之心,而身為國卿,加以公子之貴,寧有嫌疑之避,于是如齊告難。蓋以桓公始霸,謀定其君,及自齊歸魯已立閔。」張洽則言:「今雖弒子般,而尚未能取國,非特季子之黨未順,亦見魯俗秉禮,人心未盡從也。故因閔公之立告於霸主,以為自託之計。」分見〔宋〕高閌:《春秋集註》,卷12,頁13-14。〔宋〕張洽:《春秋集注》,卷3,頁17。

> 莊公既薨，子般被殺，魯國方危而慶父未討，公子友賢而在
> 齊，國人思得以安社稷，故公為落姑之盟以請復而來歸。書曰
> 「季子」而不名，異其文以嘉之也。[63]

認為《春秋》於此不書「公子友」而書「季子」，是表示季友深為魯
國之人所愛戴，所以透過閔公與齊桓公會盟讓季友能回到魯國。謝湜
言：「觀落姑之盟，思得季友以寧魯國，則國人倚賴季友之心可見
矣。」[64]或張洽之言：「特字之而書『來歸』，所以著季子足以為國之
輕重，而敘魯人喜其來歸之情也。」[65]也都是類似的看法。而胡安國
則在這個傳統的說法上，又添加了一層新的意思：

> 其曰「季子」，賢之也。其曰「來歸」，喜之也……欲旌其賢，
> 故特稱「季子」，聖人之情見矣……其不稱「公子」，見季友自
> 以賢德為國人所與，不緣宗親之故也。堯敦九族，而急親賢，
> 退嚚訟；周厚本支，而庸旦、仲，黜蔡、鮮。義皆在此，而親
> 親之殺，尊賢之等著矣。此義行，則內無貴戚任事之私，外無
> 棄親用羈之失，而國不治者，未之有也。此《春秋》待來世之
> 意。[66]

其對「季子」、「來歸」的說法為承續《三傳》及程頤等人，但胡安國
另起一義：認為在此不稱季友為「公子」，是表示季友之能得魯人之
望，並非由其為「公子」的身分，而是因其賢德。胡氏並進一步說明

---

63 〔宋〕李明復：《春秋集義》，卷17，頁3。
64 〔宋〕李明復：《春秋集義》，卷17，頁3。
65 〔宋〕張洽：《春秋集注》，卷3，頁17。
66 〔宋〕胡安國，錢偉彊點校：《春秋胡氏傳》，卷10，頁138。

由此可見孔子對「親親之殺，尊賢之等」的看法。胡安國此說，顯然是與《公羊傳》言「親親之道」的脈絡不同，胡氏反對在施政時以親族關係作為優先考量，反而強調尊賢才是重要的價值。胡安國認為《春秋》嘉季子是在表示：為政者用人當不以親疏為由，而必須以尊賢為首出的施政原則。

　　相對於完全集中以「季子」作為襃揚的說法，高閌則將解釋重點擴展至「季子來歸」四字，其言：

> 友，名也。季，字也。子者，男子之通稱也。凡人臣出奔而反國則書曰「歸」，或曰「復歸」……其書「來歸」者，所以變乎「歸」之文，又變乎「復歸」之文也。既歸而遂以國政付之，是其委任亦不輕矣。惟其委任之重，所以沒其去國之因，而責其後效。聖人特字之而不名，又不稱公子者，見季子自以賢德為國人所與，不緣宗親之故，則所以望于季子者重矣。然季子既歸，乃託親親之故，卒不能平姜氏之亂、討慶父之惡，致使二人卒弒吾君。明年書「公子慶父出奔莒」、「夫人姜氏孫于邾」，以著季子徒然來歸，無補于急難，大失國人之望，是以變文書「來歸」者，亦所以責之。[67]

高閌之說的重點有三：一、高閌同樣認為《春秋》書字而不名，不稱「公子」，是因為季友本身的賢德，而非因其為宗室，這與胡安國相同。二、高閌認為書「來歸」而不書「歸」或「復歸」，是因為魯國人對季友「委任之重」，深盼其能回魯平定亂事。但由其回魯後所發生的事來看，閔公被弒，慶父及哀姜出奔，季友並沒能滿足原先的期

67　〔宋〕高閌：《春秋集註》，卷13，頁2-3。

盼。所以高閌認為這是責備季友的意思。三、季友之所以未能平定魯國，高閌認為是因為季友太過於重視「親親」，所以不能防止慶父、哀姜兩人串連作亂。至此，「親親」成為一負面意義的評價，認為季友日後的過失實源於此。總的來看，高閌的看法是根據相關史事的結果來立說，因為從季友回魯之後，隔年閔公即被弒，也就是說，季子並未能真正使魯國安定下來。若是如此，又怎能見其「賢」？《三傳》、程頤、胡安國等人，考慮《春秋》書「季子」的書例，所以盛讚其季友之賢。但高閌則以施政結果為說，認為季友身為執政大臣不能安邦定國，所以將說解重點轉至「來歸」二字發揮，批評季友因「親親」而誤國。而朱熹則因其不受《春秋》書法的限制，較高閌走得更遠，而對季友有更多的批評：

> 《春秋》書「季子來歸」，恐只是因舊史之文書之，如此寬看尚可。若謂「《春秋》謹嚴」，便沒理會。或只是魯亂已甚，後來季友立得僖公，再整頓得箇社稷起，有此大功，故取之，與取管仲意同。然季子罪惡與慶父一般，《春秋》若褒之，則此一經乃淪三綱、斁九法之書爾！當時公子牙無罪，又用藥毒殺了。[68]

朱熹基本上不同意以書例來解釋《春秋》的褒貶，所以不以「季子來歸」的文詞來斷定季友之賢與不肖。朱熹認為若就季友整體成就而言，其立僖公、整頓魯國，對魯國確有大功，但這不是道德義的「賢」，其頂多只與管仲有功於齊一般，也就是只有「仁之功」。朱熹認為這並不能成為《春秋》稱讚季友的理由，因為若是僅以事功大小

---

68 〔宋〕黎靖德編，王星賢點校：《朱子語類》第六冊，卷83，頁2163。

來定賢德與否,則《春秋》即無法堅持三綱、九法的原則。[69]朱熹特別提及「公子牙無罪,又用藥毒殺了」一事,這顯然是採《左傳》的記事而發論,而不採《公羊傳》中「牙弒械成」之說,認為季友毒殺其兄純是政治鬥爭,當然更談不上有什麼「隱而逃之」的「親親之道」。也就是說,朱熹認為由季友殺無罪的公子牙、未能防範閔公被弒等事來看,並不見其「賢」。因而推斷《春秋》之所以書「季子來歸」,是因「況他世執魯之大權,人自是怕他。史官書得恁地,孔子因而存此,蓋以見他執權之漸耳。」[70]將之歸因於原魯國史官受季友子孫權勢影響而書記為「季子」,而孔子將之留於《春秋》中,也只是想讓後人得見此事的發展軌跡。

(四)閔公二年,「秋,八月,辛丑,公薨」、九月「公子慶父出奔莒」、僖公元年,「冬,十月,壬午,公子友帥師敗莒師于酈,獲莒挐。」

　　正如高閌所言,季友回魯後並不能壓制慶父的野心,於是閔公被弒,而後公子慶父出奔,季友立僖公。隨後因為慶父的問題,季友帥師與莒挐戰於酈。於這段史事,理學家對季友的評價又可分為三個小部分:閔公被弒而後慶父出奔、立僖公與獲呂挐。

　　對於閔公二年「公薨」及「公子慶父出奔莒」,程頤的看法是:「遇難故不地,賊不討故不書葬。」[71]及「慶父雖縊,不以國法正其

69　關於朱熹對《春秋》中「行仁」與「仁之功」的區別,參見劉德明:〈「王霸之辨」在《春秋》解經中的運用與反省——以朱熹及張洽的觀點為核心〉,《中正漢學研究》2016年第1期(總第27期),2016年6月,頁117-142。

70　〔宋〕黎靖德編,王星賢點校:《朱子語類》第六冊,卷83,頁2156。

71　〔元〕王元杰:《春秋讞義》,收入《景印文淵閣四庫全書》(臺北:臺灣商務印書館,1983年),卷4,頁5。

罪而絕之，與賊不討同也。」[72]認為《春秋》雖不明書慶父弒閔公，
但由「不地」可知，此說承自《公羊傳》。至於不書閔公之葬，則是
因為「賊不討」。程頤認為雖然慶父在出奔後自殺，但因魯國臣子
「不以國法正其罪而絕之」，所以視同於「賊不討」。也就是說，對於
季友不以國法正慶公弒君之罪，有所譏貶。程頤的說法與《公羊傳》
讚揚季友「緩追逸賊」是「親親之道」的看法有極大的不同，認為於
此不應有講求「親親之道」空間，而理學家多承襲程頤之說發揮。如
謝湜言：

> 慶父通國母、弒二君，季友力未能討，故慶父出奔。《公羊》
> 謂：「緩追逸賊，親親之道。」誤矣！慶父國之大逆，慶父雖
> 縊，不以國法正其罪而絕之，與賊不討同。[73]

便是反對《公羊傳》中言季友縱放慶父是「親親之道」，認為季友不
但不應縱放慶父，更應將其繩以國法而正其罪。也就是說，他們反對
縱放已弒君的兄弟是「親親之道」的表現。高閌更是直斥季友之
非，其言：

> 季子專魯國之政，足以有為，今已踰年。既不能防閑其君母，
> 稱治慶父之罪，而反召弒君之禍，又不能率魯國之眾以討弒君
> 之賊，乃縱之使逸，故此書「夫人姜氏孫于邾，公子慶父出奔
> 莒」者，非特著姜氏、慶父之罪，又以見季子孤國人之望也。

---

72 〔元〕王元杰：《春秋讞義》（臺北：臺灣商務印書館，1983年），卷4，頁5。
73 此外謝湜也說：「遇難故不地，賊不討故不書葬。」與程頤之說完全相同。分見
〔宋〕李明復：《春秋集義》，卷17，頁12、頁15。

> 或謂《春秋》不責季子不能全閔公，而嘉其能立僖公。嗚呼！
> 是不忠于前君，而自結于後君也，豈賢者之所為乎？又謂：
> 「緩追逸賊，親親之道。」是尤不然。人臣之義，莫大乎為君
> 討賊，故曰「大義滅親」。今季子于慶父，親也；而于閔公，
> 則親而又尊者也。慶父弒閔，彼尊尊親親之義已絕矣，苟能誅
> 之，則尊尊親親之義兩得之；舍慶父而忍乎閔公，是尊尊親親
> 之義兩失之也。棄兩得而從兩失，賢者之所為，果如是乎？[74]

高閌在解釋「季子來歸」時，即已指出《春秋》變其辭以貶斥季友。
此又對季友有更多層次的批評，指出季友所行非但不是「親親之
道」，而是「尊尊親親之義兩失」。高閌除了指責季友治國能力不足，
以至於辜負了魯人的期望外，還說：「反召弒君之禍」，認為閔公原為
慶父所立，其後之所以旋即被慶父所弒，實與季友回魯脫不了關係。
因為季友將「緩追逸賊」視為「親親之道」本即是個錯誤，認為「大
義滅親」才是大臣本分所當為之事。而且深一層來看，季友不願追究
弒閔公的慶父，而直接立僖公為君是「不忠于前君，而自結于後君」
的行徑。高閌對季友的治理魯國的能力、縱放慶父的倫理判斷及立僖
公的政治選擇都有所批評，基於這三個理由，高閌認為季友並不是所
謂的「賢者」。

　　高閌對季友的批評較程頤、謝湜等人更為強烈且全面，其不只是
如何處理慶父的問題，還涉及了治理魯國及扶立僖公的問題。關於這
三個問題，理學家們在反對縱放慶父是「親親之道」上的看法最為一
致。其餘兩個問題則是有不同的看法，如謝湜即言：

---

74 〔宋〕高閌：《春秋集註》，卷13，頁4-5。

不能速討逆賊，固有責矣。然去叔牙、奉子般以正國嗣，立僖公，逐慶父以安社稷，友之力也。[75]

即是在治理魯國上肯定季友，而批評其縱放慶父。而胡安國在防止慶父弒閔公的看法上，也較高閌寬容：

> 公子出奔，譏失賊也……慶父主兵日久，其權未可遽奪也；季子執政日淺，其謀未得盡行也。設以聖人處之，期月而已可矣，季子賢人而當此，能必克乎？及閔公再弒，慶父罪惡貫盈，而疾之者愈眾；季子忠誠顯著，而附之者益多。外固強齊之援，內協國人之情，正邪消長之勢判矣。然後夫人不敢安其位，慶父不得肆其姦，此明為國者，不知圖難於其易，為大於其細，雖有智者，亦不能善其後矣。[76]

胡安國認為慶父弒閔公的責任不應歸在季友的身上，因為政治權力的轉換並非一朝一夕可成。子般被弒後，季友雖在眾人期盼中回魯，但慶父仍有掌有強大的勢力，這可由慶父至齊後又回魯可見。但至其弒閔公後，慶父即出奔而無法回魯，由此可見季友對增加魯國正面力量的貢獻。胡安國認為致使慶父出奔確實為季友之力，但胡氏同時也主張，縱放慶父並非是合理的「親親之道」。

朱熹針對季友立僖公一事的態度較接近高閌，認為其所秉持的行事原則可議：

> 「季子來歸」，以為季子之在魯，不過有立僖之私恩耳，初何

有大功於魯！又況通於成風，與慶父之徒何異？[77]

朱熹不受限於「季子」書例，又採信《左傳》中，僖公之母成風聽說
季友日後為「在公之右，間于兩社，為公室輔」的預言，因而「乃事
之，而屬僖公焉，故成季立之。」的說法。認為季友之所以立僖公是
因其早就受託於僖公之母，這也是高閌所謂「自結于後君」的意思。
若更深一層設想，這也可能是季友坐視閔公被弒的原因。朱熹認為季
友之所以立僖公並非是僖公當立，而是因為個人利益的關係。也因如
此，朱熹才會說：「縱失慶父之罪小，而季子自有大惡。」[78]認為其兩
次縱放慶父弒君，根本不是為了照顧兄弟的「親親之道」，而是必須
如此才能使僖公上位，所以季友完全沒有秉持忠君的原則。

　　至於季友師帥敗莒於酈並獲莒挐一事，理學家們的看法可以分為
兩個層次：一是就與莒興兵的原因與評價，二則是就季友「獲莒挐」
的評價。《三傳》對於莒興兵的原因有所不同，其中沒有理學家採取
《穀梁傳》的說法。至於《左傳》與《公羊傳》之說，則各有理學家
採用，如胡安國即引用《公羊傳》的說法，認為是莒人藉由慶父的因
緣而強索賄賂於魯。[79]而高閌則採取《左傳》的說法：

見其擁兵得眾，而不能明大義以討慶父之罪，反以賂求于莒，
而卒至于興師以毒鄰國無辜之民也。[80]

認為季友不以正當的方式追討慶父之罪，反而透過賄賂莒國以求將慶

77　〔宋〕黎靖德編，王星賢點校：《朱子語類》第六冊，卷83，頁2148。
78　〔宋〕黎靖德編，王星賢點校：《朱子語類》第六冊，卷83，頁2162。
79　〔宋〕胡安國，錢偉彊點校：《春秋胡氏傳》，卷11，頁147。
80　〔宋〕高閌：《春秋集註》，卷14，頁5。

父送回魯國，以至於兵戎相見。但不論是採何種說法，理學家們都一致認為莒國興兵是應以譏貶的，如謝湜言：

> 慶父，魯之逆臣。莒人以慶父之賂興師，不義之大也。出不以義，進不量力⋯⋯大夫師敗而身獲于人，不智之大也。[81]

即認為莒國貪求慶父之賂而興兵，最後終兵敗而且大夫被俘，是不智不義的結果，所以《春秋》書「獲」以罪莒。又如胡安國亦言：「罪在莒也」。[82]就連屢屢對季友有負評的高閌，也認為：「夫莒受亂不執⋯⋯又復責賂不已，信有罪矣。」[83]理學家們有這樣的看法，實在意料之中，因為不論是依《左傳》或《公羊傳》記錄，莒國因索慶父之賂而興兵，很難有道德上的正當性，所以理學家們都一致認為莒國有罪。

但較令人意外的是，理學家們對於季友此戰獲莒挐卻也多以予負面的評價，大異於《公羊傳》「大季子之獲」及杜預「嘉季友之功」[84]的評價。細究理學家們深責季友的理由，大約可歸納為三說：第一、季友不應「獲」他國大夫，如謝湜言：「列國大夫，皆王臣也，以戰為事而獲人之卿，公子友之罪也。」[85]認為《春秋》書「獲」即表示責備之意。第二、理學家們認為此戰之所以起，莒的不智不義當然是主要原因，但次要原因則在於季友無法說服莒國罷兵。高閌言：

---

81 〔宋〕李明復：《春秋集義》，卷18，頁9。

82 〔宋〕胡安國，錢偉彊點校：《春秋胡氏傳》，卷11，頁147。

83 〔宋〕高閌：《春秋集註》，卷14，頁5。

84 〔周〕左丘明傳，〔晉〕杜預注，〔唐〕孔穎達正義，浦衛忠等人整理，楊向奎審定：《春秋左傳正義》，卷12，頁366。

85 〔宋〕李明復：《春秋集義》，卷18，頁9。

公子友既不能喻以辭命，使知不縮而退，乃遽出師以敗之，又
獲其大夫以償之。……《春秋》以季友主此戰，特謹而日之，
所以深責之也。……凡獲人之君與其大夫，及其見獲者，均為
有罪。[86]

高閌的這個說法，除了來自於「獲」字的書例外，大約還承自孟子
「《春秋》無義戰」之說而起，認為爭戰並非單一方的責任，尤其是
此戰因季友沒能正確的處理慶父，所以更應該受到貶責。第三、此戰
季友之所以能擒獲莒挐，是因季友使用詐術，胡安國言：

抑鋒止銳，喻以詞命，使知不縮而引去，則善矣。今至於兵刃
既接，又用詐謀擒其主將，此強國之事，非王者之師，《春秋》
之志。[87]

胡安國也如高閌一般，認為季友應對莒「喻以辭命」，說服莒國退兵，
季友非但無法如此，「又用詐謀擒其主將」，所以胡安國對季友有所貶
抑。但胡安國沒有交代季友用詐謀而獲莒挐的說法是從何而來？《左
傳》沒有說明此戰獲勝的因由，而《公羊傳》則言：「季子待之以偏
戰」，何休解釋「偏戰」是「各居一面，鳴鼓而戰，不相詐。」所以何
休認為《公羊傳》：「善季子忿不加暴，得君子之道。」[88]稱許季友勝
得正大光明。相對而言，胡安國則直接指控季友使用詐謀，雖然胡氏

---

86 〔宋〕高閌：《春秋集註》，卷14，頁5。
87 〔宋〕胡安國，錢偉彊點校：《春秋胡氏傳》，卷11，頁147。
88 分見〔漢〕公羊壽傳，〔漢〕何休解詁，〔唐〕徐彥疏，浦衛忠整理，楊向奎審定：
　　《春秋公羊傳注疏》，卷5，頁112及卷10，頁238。

此說沒有交代根據，但日後張洽也援用其說來評價季友，[89]可見其影響之大。

最後，關於僖公十六年，《春秋》記「公子季友卒」，謝湜、胡安國與張洽的看法都相當一致，謝湜認為：「魯以公子友有社稷功，故生賜以氏，俾世其職。友卒書氏，志魯之變法也。」[90]認為一方面表示魯因季友有功而「生賜以氏」，使其子孫世職其位，另一方面則是記魯國制度的一大改變。這種改變，由日後來看，實是肇亂之所由，胡安國也言：

> 季者，其字也；友者，其名也，大夫卒而書名，而曷為稱字？聞諸師曰：「春秋時，魯卿有生而賜氏者，季友、仲遂是也。」生而賜氏者何？命之世為卿也。季子忠賢，在僖公有翼戴之勤；襄仲弒逆，在宣公有援立之力。此二君者不勝私情，欲以異賞報之也，故皆生而賜氏，俾世其官。經於其卒各以氏書者，誌變法亂紀之端，貽權臣竊命之禍，其垂戒遠矣。[91]

胡安國之說大體與謝湜無異，但其更加詳密。謝湜、胡安國的季友「生而賜氏」之說，應源於程頤之說。[92]都是認為《春秋》記此，除表示季友當時在魯的聲望之高外，更重要的是標記了一個新的權力家族的誕生，認為日後魯國國君地位會日益下降，三桓逐漸掌握實權，都是由此而起。張洽所謂「故特書其氏，以著待大臣不以禮法，為陰

---

89 〔宋〕張洽：《春秋集注》，卷4，頁2。

90 〔宋〕李明復：《春秋集義》，卷21，頁14。

91 〔宋〕胡安國，錢偉彊點校：《春秋胡氏傳》，卷12，頁172-173。

92 汪克寬言：「愚案：劉質夫傳亦謂季友、仲遂生而賜氏，命之世為卿。蓋其說同出於程子也。」見〔元〕汪克寬：《春秋胡傳附錄纂疏》，收入《景印文淵閣四庫全書》（臺北：臺灣商務印書館，1983年），卷12，頁18。

始凝之戒。」[93]也都是在表達同一個意思。

四 對比與觀察

綜合對比《三傳》及宋代理學家對季友的相關論述，可以有四個對比及觀察點：

一、就季友相關的史事記錄而言：《三傳》中，《穀梁傳》的記述最少，尤其是對於公子牙之死與子般被弒後的魯國政局完全沒有記載，其餘則大多同於《公羊傳》。唯有對季友敗莒獲莒挐一事上，記述大異於其他兩傳，但連范甯與江熙都認為可疑。至於《左傳》與《公羊傳》的記述則豐富許多，《公羊傳》與《左傳》最主要的差異點有三：第一、是公子牙表態支持慶父後，《公羊傳》記「牙弒械成」，不但有逆反之意，而且還付諸行動。而《左傳》則完全沒有這樣的記載。第二、子般被慶父所殺後，《公羊傳》認為是慶父出奔至齊，而季友掌政。稍後季友代表閔公與齊桓公會盟，雖允許慶父回魯，但因已絕其親，所以書之為「齊仲孫」；《左傳》則說是季友出奔至陳，慶父仍然執掌魯國立閔公，其曾至齊但並非出奔，而是為了要取得齊桓公的支持。閔公與齊桓公在落姑會盟後，允許季友回魯。而「齊仲孫」為齊之大臣，是齊桓公派其至魯觀察魯國的情況。第三則是關於慶父弒閔公後，《公羊傳》認為季友即立僖公，並沒有積極追捕慶父。慶父逃至莒後，曾想回魯，但季友拒絕，所以慶父就自殺了。《左傳》則是記季友先帶僖公逃至邾，而慶父也隨即出奔至莒。所以季友又帶僖公回魯即位，並賄賂莒國將慶父送回魯國，至密地時，慶父請公子魚代為求赦，季友不允，所以慶父就自盡而亡。

---

93 〔宋〕張洽：《春秋集注》，卷4，頁10。

　　宋儒對這段史事的說法大多上都是依循著《左傳》立說，少有逸出《左傳》的說法。[94]其中僅有高閌以《春秋》在書例上並無異辭為由，否定了《左傳》及《公羊傳》關於季友毒殺公子牙及慶父弒子般兩事，但高閌的說法並沒有得到其他理學家的支持。理學家們多以《左傳》的敘述為主軸，再對比《公羊傳》的敘事，補足《左傳》述事上的不足處。如張洽說落姑之盟以迎回季友的原因為：「季子之黨未順，亦見魯俗秉禮，人心未盡從也。」這是對《左傳》莊公三十二年至閔公元年間事的補充說明。但若依《左傳》所述，在情理上亦頗有令人費解處：若慶父殺了子般而立閔公，季友隨即出奔，而慶父也得到了齊國的支持。那麼在隔年，八歲的閔公怎麼可能在慶父與哀姜的主政下，與齊桓公在落姑會盟而迎回季友？於是張洽說明這是因為雖然慶父主掌魯國國政，但在魯國優良的政治傳統及支持季友的勢力下，逼得慶父不得不允許季子回魯。胡安國所謂：「國人思得季子以安社稷」，也是類似的補充說明。事實上，對這段歷史，《公羊傳》的說法實較《左傳》有可取之處：子般被弒後，慶父隨即出奔至齊，而季友掌魯國政事，但其執政之日短，所以無法拒絕齊將慶父送回，而後才發生慶父弒閔公之事。但由於《公羊傳》（《穀梁傳》亦同）將「齊仲孫」指為慶父之說太過突兀，連帶使得《公羊傳》對這段歷史的說法未被採信。由此可以說，宋代理學家們在詮解《春秋》時，他

---

94 在《三傳》之後的《史記》中也記有此事，但內容十分簡省，記有莊公三十二年季友鴆殺公子牙之事，並記「慶父使圉人犖殺魯公子斑於黨氏。季友奔陳。」但沒有記閔公元年魯與齊桓公會盟一事，而直接跳至閔公二年，慶父與哀姜聯手殺了閔公，「季友聞之，自陳與湣公申如邾」。而後慶父、哀姜出奔，「季友以賂如莒求慶父」，終至使慶父自殺。大體而言，《史記》所記與《左傳》相同，而與《公羊傳》有異。或許這也是宋代理學家們採取《左傳》之事的原因。見〔漢〕司馬遷撰，〔宋〕裴駰集解，〔唐〕司馬貞索隱，〔唐〕張守節正義：《史記》（北京：中華書局，1959年），卷33，頁1531-1534。

們幾乎都以《左傳》的敘事作為主要的框架，縱使在此事上《公羊傳》的資料較《左傳》更為豐富細緻，但他們仍大都「自然」採取了《左傳》的說法，而不以《公羊傳》的敘事為主，最多兼採《公羊傳》中不與《左傳》相衝突的部分為補充，並為《左傳》敘事銜接不足處，做出一些想像及說明。[95]

二、就季友的評價問題：大致而言，《三傳》上對季友的評價頗高，《左傳》除了批評季友至陳葬原仲是「非禮」外，其餘或直述季友之行，或因《春秋》書以「季子」而不書「公子友」，加以讚揚。《穀梁傳》與《公羊傳》的評價相類，尤其是《公羊傳》對季友因忠於莊公而殺了公子牙，但因顧念兄弟之情而隱匿其罪、兩次緩追慶父所展現的「親親之道」，都予以很高的評價。連帶的對季友私下至陳葬原仲，都認為其為公義私情衝突下的無奈之舉，是情有可原的。相較之下，理學家們對季友的評價則相對嚴格了許多。他們對季友因要支持子般而毒殺公子牙一事上，認為是季友是「恩義俱立」予以較高的評價。對閔公元年「季子來歸」一事，因受《春秋》書例的限制，所以大多認為是「《春秋》賢之」。但就算如此，高閌在解釋上另立「來歸」書例，以及依日後的結果批評季子並非如前人所言之賢，甚至是「大失國人之望」。總的來說，理學家們對季友的批評大致可分為四個方向：一是私自非禮之行，如莊公二十七年私自至陳葬原仲。二是質疑其治國能力，認為魯國因季子之賢而喜迎其回魯，但日後閔公仍不免被慶父所弒。其中雖然不應全歸咎於季友，但季友在這段歷

---

95 若從《春秋》學史的發展來看，啖助以及孫復等人對於《三傳》的批評，多先集中在對《春秋》的義例及大義說解的批評，對於史事則因史料所限，並沒有太多置喙的空間。四庫館臣即言：「夫孫復諸人之棄傳，特不從其褒貶義例而已。」在這樣的脈絡下，《左傳》無疑是較其他兩傳更具優勢，整體而言較容易取得宋儒的信任。見〔清〕紀昀等著：《欽定四庫全書總目》（北京：中華書局，1997年），卷30，頁387。

史中，實際發揮的作用僅有不使魯國變的更糟之消極意義。三則是則是批評他未盡臣子之責去追討弒君之人，尤其是對其慶父弒閔公後，季友以「親親之道」緩追逸賊，更是所有理學家一致批評季友之行為不可取。其四則是認為對莒國的對應未能盡理，季友身為魯之執政大臣，卻無法「抑鋒止銳，喻以辭命」，避免與莒的戰爭，甚至要並以詐道取勝有所不滿。由此可見，宋代理學家對理想政治人物典型的想像與期待，遠遠大於《三傳》。其對《春秋》的論述方向，亦由《公羊傳》及《穀梁傳》的「為賢者諱」，轉而成為「責備賢者」。其間尤其特別的是，高閌已提出季本在閔公被弒、扶立僖公之際，有「不忠于前君，而自結於後君」的嫌疑，但因受限於「季子」的書例，僅評其「尊尊親親之義兩失之」，言季子並非如一般所言的賢能。朱熹則因不受《春秋》書「季子」書例的影響，據《左傳》季子受託於僖公之母成風，毒殺公子牙但卻不積極追究慶父之罪，推想出季友根本是處心積慮的想讓原與君位無緣的僖公上位，同時滿足自己的政治野心。若說《三傳》基本上視季友為賢德兼具的治政家，胡安國等人則已指出季友在品德上的不足處。但在朱熹的詮解下，季友卻成為一陰謀政治家，與連弒二君的慶父沒有實質上的差異。也就是說，季友的形象由《三傳》評價極高的賢德者，一路下滑，至朱熹而成為陰險狡詐、只顧私恩而不忠於君的小人，其間的差異不可謂不大。值得注意的是，這些不同評價所據的史事材料差別並不大。若是如此，為何在人品評價上會有如此大的不同？這必須進一步由解經方法端來觀察。

三、就解經方法而論：《三傳》之說各有其來源及傳承，尤其是在此事上，《左傳》與《公羊傳》二傳，不論在史事與書例上都各自有其論述。《左傳》大部分都是直書其事，但對季友如陳則言「非禮」，對書「季子」則言「嘉之」，明顯是以常禮及書例來解釋《春秋》。而《公羊傳》在相關史事的敘述豐富度也不遑多讓，但在書例

的解釋上則更為細密，除「如陳」與「季子」兩事外，如其對公子牙為何書「卒」而不書「刺」與「弟」？閔公何以「不言即位」？何以不書「慶父弒君」？何以稱慶父為齊仲孫？閔公之薨「何以不地」？凡此種種《春秋》在書記文字上的特點，《公羊傳》都提出疑問，並借以進一步表述其所認為的《春秋》大義。就此來看，《公羊傳》透過書例來說明《春秋》褒貶之義確實為其一重要特色。

　　而宋代理學家雖在敘事上多採《左傳》之說，但對於書例的重視與說解細膩上並不亞於《公羊傳》，除「如陳」、及「季子」兩通例外，如胡安國即以慶父不書「出奔」而書「如齊」，見「慶父主兵自恣，國人不能制」。而程頤也由閔公薨但「不地」而言其被弒，更是上承《公羊傳》而來。但程頤以「賊不討不書葬」來說明《春秋》為何不書閔公之葬，便與《公羊傳》的說解不同。事實上，《公羊傳》也有「《春秋》君弒賊不討，不書葬，以為無臣子也。」的書例，[96]但慶父弒子般、閔公二君，而季友則因其為兄弟所以不討其罪，《公羊傳》在此完全不以「無臣子」貶責季友。究其原由，即在於《公羊傳》對於季友的評價主要集中在其「緩追逸賊，親親之道」，而非在追究季友不討賊而失臣子之責。相反的，宋代理學家們皆認為對弒君之人不應有「緩追逸賊，親親之道」，所以其在使用書例時，多集中在以「不書葬」為由，責備季友行事差池。也就是對「親親之道」的看法不同，所以導致《公羊傳》與程頤、胡安國等人對於季友的褒貶評價有所不同。從這個例子來看，可讓我們對於以書例解《春秋》的效力與實際運用有更複雜的了解。

---

96 〔漢〕公羊壽傳，〔漢〕何休解詁，〔唐〕徐彥疏，浦衛忠整理，楊向奎審定：《春秋公羊傳注疏》，卷3，頁76。但《公羊傳》中提到這個書例時，常伴隨著「隱之也」、「譏也」的理由，說明《春秋》在這某些情況下為何不依常例而書。但對子般、閔公被弒的經文解釋中，完全不提這個書例。

　　書例確實對於詮解《春秋》有一定的規範效果，如「子般見弒而書卒者，諱之也」、閔公薨「不地」則是「遇難」、「弒也」。但是這種規範並非是絕對的，若解經者在釋義時有其他的考量，則透過書例而知經義的這種規範效果往往會有所變化。如《公羊傳》明明有「君弒賊不討，不書葬，以為無臣子也。」的書例，但其卻因重視「親親之道」而不將之運用於子般、閔公被弒兩事上，可見《公羊傳》在釋義時，書例只是其考量的一個重點而非全部。這種情況並不僅止於《公羊傳》，如程頤、謝湜、張洽與胡安國等人一致採信《左傳》對「公子友如陳，葬原仲」是「非禮」的貶義。但問題是，《春秋》在此書例上並沒有什麼特別之處。這對直書其事而使善惡自現的《左傳》來說並非是什麼問題。但這對堅持《春秋》中有一定書例的張洽、胡安國等人來說，則是一件令人十分困擾的情況。張洽、胡安國因為不願採《公羊傳》「辟內難」、「不忍見」之說，但又無法在書例上找到支持，所以他們或以不僅譏季友一人或「參譏之」用來勉強說解。

　　又如對「季子來歸」的解釋更能顯示這種情況：《三傳》及程頤、胡安國等人都一致認為《春秋》書「季子」是「嘉之」、「賢之」，其主要的根據是《春秋》不書「公子友」而改書「季子」。但因高閌對於季友的評價並不高，所以他雖然一方面承認書「季子」是表示「季子自以賢德為國人所與」。但是另一方面，高閌又在此另立「來歸」的書例，用以說明季友日後「大失國人之望，是以變文書『來歸』者，亦所以責之。」這則是高閌個人的特殊說法。因為《公羊傳》與《穀梁傳》都以「喜之也」來解釋「來歸」，而不認為是特別的書例，何休甚至言：「言歸者，主為喜出。言來者，起從齊自外來。」將「來」與「歸」分別釋義。[97]也就是說，以書例解經者，對

97　《春秋》中書「來歸」大致而言有兩種解釋：一是指饋贈物品，如隱公元年「天王使宰咺來歸惠公、仲子之賵。」另一種則是指出嫁之婦被遣而回歸父母之國，如文

於判斷何者是書例、要如何解釋書例的意義以及在實際釋經時要採用
哪個書例，解經者還是有一定的自由度，仍深受其整體所秉持的價值
系統的影響。甚至於，由高閌對「公子牙卒」及「子般卒」兩事的判
斷來看，以書例詮解《春秋》者，其所產生的影響並不僅止於釋義，
甚至會反過來對於《三傳》之記事真切與否提出挑戰。

　　最後，由張洽、胡安國等人將慶父之亂歸因於莊公的說法，我們
更可以發現這種說法並非單純由書例而得，甚至於也不是從單純的從
前後相關記敘而得，它更是「謹始」思考模式的展現。所謂的「謹
始」，其範圍很廣，如在《公羊傳》及《穀梁傳》即言《春秋》中有
「謹始」之義，但由楊樹達所歸納的「謹始」之例來看，其多著意在
於《春秋》對首次出現非禮之事的記述。[98]漢代董仲舒雖有「今《春
秋》之為學也，道往而明來者也……使莊公早用季子……豈直免弒
哉！」的感嘆，但其主要在強調莊公應任賢，並非指莊公為禍亂之
源。[99]而宋代理學家們則習於運用窮究事物之本源的思考模式：一方
面在存心上，他們主張「端本清源之教」，認為君主要注重自己的品
德。[100]在另一方面則追溯史事的發展脈絡，他們指出若非莊公之前不
孝、失德，也不會演變成子般地位不穩。所以他們對於不守禮制之事，
多懷戒慎之心，莊公之事如此，對季友生而賜氏之事亦是如此。《三

公十五年「齊人來歸子叔姬」。《公羊傳》說：「大歸曰來歸」，何休言：「大歸者，廢
棄來歸也。」《穀梁傳》言：「禮：婦人嫁謂歸，反曰來歸。」都是指用於婦人的
「來歸」。分見〔漢〕公羊壽傳，〔漢〕何休解詁，〔唐〕徐彥疏，浦衛忠整理，楊向
奎審定：《春秋公羊傳注疏》，卷8，頁205、卷9，頁223。〔晉〕范甯集解，〔唐〕楊
士勛疏，夏先培整理，楊向奎審定：《春秋穀梁傳注疏》，卷1，頁13、卷6，頁120。
98　楊樹達：《春秋大義述》，卷3，頁124-130。
99　〔清〕蘇輿撰，鍾哲點校：《春秋繁露義證‧精華》（北京：中華書局，1992年），
　　卷3，頁96-98。
100　伍煥堅：〈中唐啖助學派與宋代理學家在《春秋》學說上的相通點——以胡安國為
　　中心〉，《淡江中文學報》，第33期（2015年12月），頁193-226。

傳》對季友的相關評論中並沒有看到類似的現象，這些是宋代理學家們的獨特說法。也就是說，他們除了季友、慶父等人的褒貶評價外，也十分注重對禍亂之源的思考，對於何以事至如此有更深一層的反省。

四、就兄弟「親親之道」的看法：《公羊傳》在論述季友的「親親之道」時有兩種內涵：一是公子牙在明顯對君主有威脅時，季友暗中毒殺公子牙，以掩其惡；另一則是對慶父已弒君之後，季友則緩追逸賊，不對兄弟趕盡殺絕。程頤、胡安國等人盛讚前者為「恩義俱立」，但對後者則責季友不討弒君之賊，完全反對《公羊傳》的主張。從歷史發展上，我們可以透過兩個觀察面向予以觀察對比：一、張壽安已指出，由先秦至唐、宋，「親親」若與「君權」（尊尊）相互衝突時，對君權綱紀的維護確實逐漸壓倒了以父子親族為優先的主張。[101]這可由郭店竹簡中〈六德篇〉猶言：「為父絕君，不為君絕父。」以父為優先的服喪制度可見其端倪，而後有孫權宣示「故為忠臣，不得為孝子」等說法，可見其日益向君權傾斜的發展。二則是若「親親」不與「尊尊」的君權相衝突時，國家律法反而越來越能允許由「親親」而生的容隱。如韓樹峰言：「在漢初法律中，告發、揭露親屬犯罪行為既是權利，更是義務。」但在漢宣帝地節四年，頒布詔令：「自今子首匿父母，妻匿夫，孫匿大父母，皆勿坐。其父母匿子，夫匿妻，大父母匿孫，罪殊死，皆上請，廷尉以聞。」但此時「隱匿親屬仍然只是權利而不是義務」，而且僅限於直系親屬。後至東晉中後期，才將容隱「擴大到期親以上」。[102]到唐代《名例律》中則明確的定有「親屬相隱」制，除了謀反、謀大逆等「十惡」之罪

---

101 張壽安：《十八世紀禮學考證的思想活力——禮教論爭與禮秩重省》（臺北：中央研究院近代史研究所，2001年），頁151、160-163。

102 韓樹峰：〈漢魏無「親親相隱」之制論〉，收入《中國古代法律文獻研究》第六輯（上海：社會科學文獻出版社，2013年），頁225-226、228、230、233。

外,「凡是大功以上親屬及某些雖大功以下但關係親密者(如外祖父母、外孫、孫婦、夫之兄弟、兄弟妻、同財共居者),有罪相互隱匿可不負刑事責任。」[103]宋代的法律「《宋刑統》遵《唐律疏議》的原則:親親相容隱。」[104]由此可見,唐、宋時的國家法律,在不對君權造成威脅時,確較漢代更容許親親相容隱的發生。若以上兩者作為對照參考,《公羊傳》的「親親之道」對於君權與親族間的衝突時,對照顧兄弟親族尚保留著一定的道德正當性:公子牙要「弒械成」而後才被迫自殺、慶父沒有「立即」對君位有威脅時,則不必趕盡殺絕。但理學家們則認為,一旦有可能會對君權造成威脅,不論事前或事後,「親親」一律失去了道德的正當性。所以他們並不著意於公子牙是否有謀反的行為,反而言「牙有無將之心」或「牙以公子為公室患」,季友即應將之除去。而且,理學家們也一致認為「緩追逸賊」的「親親之道」並不適用於兄弟,主張作為臣子即應追討弒君之賊,不應因有兄弟關係而有不同的處理方式。

五 結論

一般「親親之道」的討論中,多將焦點放在父子互隱,而較忽略兄弟關係,材料上則多以《論語》、《孟子》為主。本文則透過對比《春秋》三傳及宋代諸多理學對季友的討論,以《春秋》學的視角,一方面提出更多的討論內容,另一方面也希望反省及豐富《春秋》學的內容。總的來看,本文大致有四個結論:

一、《左傳》與《公羊傳》對慶父、季友的記錄未盡相同,各有優缺。宋代理學家們在史事上大多依從《左傳》之說,但他們也透過

---

103 丁凌華:《五服制度與傳統法律》(北京:商務印書館,2013年),頁221。
104 薛梅卿:《《宋刑統》研究》(北京:法律出版社,1997年),頁111。

《公羊傳》的敘事對比，提出了對《左傳》記事不盡合理處的補充說明。

二、《三傳》對季友的評價頗高，尤其是《公羊傳》透過季友發揮其兩種「親親之道」的內涵。而程頤、胡安國、高閌、張洽等人，則對季友有較多批評，而朱熹更將季友貶為與慶父同類型的政治人物。其間主要受到三個因素的影響：對理想政治人物的想像、對《春秋》書例的接受與運用及對「親親之道」的合理性判斷。

三、以書例解釋《春秋》是《公羊傳》以至於程頤、胡安國等人的特色。這種方式有一定的客觀性，也會限制解經者任意詮說經義。但在實際運用時，則會因解經者要選擇何種書例予以解說而造成不同。更會因為解經者所持的價值體系，而影響了其對書例的運用。從對比中可以發現，解經者所持的價值體系（如重「謹始」）並不是由書例本身所以提供而成。

四、《公羊傳》的「親親之道」可分為兩種內涵，宋代理學家贊同為忠君而殺兄並掩其惡，許此為「恩義俱立」。但反對「緩追逸賊」，而主張只要是弒君之賊，雖為兄弟亦必要追討到底。由此可見，在當君權與親情衝突時，《公羊傳》尚為兄弟親親之情留下一小部分的道德空間，但在程頤、胡安國等人的論述中則完全消失而不存。

高閌對《春秋》中災異的說解與相關問題[*]

一　前言

在儒家傳統典籍中，相傳與孔子關係最深的典籍當推《春秋》一書。《春秋》全書現僅約一萬六千餘字，卻記載了魯國十二公、二百四十二年間的史事，其內容簡省可想而知。在《春秋》學史上，儒者推測孔子在修訂《春秋》時選擇何事應載入書中有許多的說法，其中最有名的當屬「不書」的原則：認為《春秋》有「不告不書」及「常事不書」兩個原因。[1]《三傳》主張《春秋》之所以有「不書」的原則，主要在說明兩個問題：一是《春秋》所記之事為何如此簡少？並由此進而推證《春秋》是經書而不是史書。這是關於《春秋》的性質問題。二則是由此說明凡《春秋》中所書記的事件，其背後均深含

[*]　本文係國科會研究計畫NSC 101-2410-H-134-048部分研究成果。本文曾刊登於程水金主編：《正學》第六輯（2018年10月），頁47-67。

[1]　《左傳》在隱公十一年有：「凡諸侯有命，告則書，不然則否。」《穀梁傳》則在莊公十一年言：「外災不書」。認為其他諸侯之事若不赴告，則《春秋》不書。《公羊傳》則在桓公四年言：「常事不書，此何以書？譏。」主張《春秋》不書常事，若常事書於《春秋》，則必有譏貶之義。這兩種說法都是用以說明《春秋》內容簡少的現象。分見：楊伯峻：《春秋左傳注》（北京：中華書局，1995年），頁78。〔晉〕范甯集解，〔唐〕楊士勛疏，夏先培整理，楊向奎審定：《春秋穀梁傳注疏》（北京：北京大學出版社，2000年），卷5，頁90。〔漢〕公羊壽傳，〔漢〕何休解詁，〔唐〕徐彥疏，浦衛忠整理，楊向奎審定：《春秋公羊傳注疏》（北京：北京大學出版社，2000年），卷4，頁93。

「大義」，故而理解《春秋》的重點在於，說明孔子欲透過書記這些
事件想表達出什麼「大義」。

在《春秋》所記的諸多事件中，除「其事則齊桓晉文」、「臣弒其
君者有之，子弒其父者有之」[2]等歷史人物事件外，最中引人矚目的
當推《春秋》中存有許多「自然災異」的記錄。歷來解經者對於如此
多的災異記錄，大致都有一些共同的疑問：為什麼《春秋》要記錄這
些事？孔子記錄這些事件的背後所欲傳達的「大義」又是什麼？

關於這些問題，自漢代起即有不少學者予以討論、說解。而筆者
則選擇了高閌的《春秋集註》作為研究宋代《春秋》災異說的起點，
主要是基於兩個理由：一、現代學者對「災異」的研究成果，多集中
在研究漢代儒者對《春秋》災異說的相關論述。相形之下，較少將焦
點放在宋代對「災異」看法的研究。就筆者所見，僅有數篇論文專門
討論宋代對「災異」的看法，其中論述最為詳細的當推楊世文的〈瑞
異理論與宋代政治〉、小島毅的〈宋代天譴論的政治理念〉及侯道儒
的〈天人感應說在宋代的政治作用：以程頤為主軸〉三篇論文。[3]這
幾篇論文大致上都專注在災異理論在宋代政治上所發揮的作用，兼而
論及「災異」說思想特質。就實際政治而言，「災異」說確實有很大

2　〔清〕焦循撰，沈文倬點校：《孟子正義》（北京：中華書局，1987年），卷16，頁
　　574、452。

3　楊世文：〈瑞異理論與宋代政治〉，收入四川聯合大學古籍整理研究所、四川聯合大
　　學宋代文化研究中心編：《宋代文化研究》第6輯（成都：四川大學出版社，1996
　　年）。頁71-85。小島毅：〈宋代天譴論的政治理念〉，收入溝口雄山、小島毅主編，
　　孫歌等譯：《中國的思維世界》（南京：江蘇人民出版社，2006年），頁281-339。侯
　　道儒：〈天人感應說在宋代的政治作用：以程頤為主軸的討論〉，《清華中文學報》
　　第11期（2014年6月），頁213-260。以上三篇之論較為詳密，此外尚有數篇則較為簡
　　略。如楊曉紅：〈災異對宋代社會的影響〉，《雲南社會科學》（2007年第5期），頁122-
　　125。張俊峰：〈災異說與王安石變法的失敗〉，《信陽農業高等專科學校學報》第19
　　卷第1期（2009年3月），頁29-30、90。

的影響力。但不可忽略的是，「災異」說的起源與發展實與《春秋》學十分密切。但學界至今沒有從《春秋》學的角度去探討宋代「災異」說。二、由張載、二程等人所發展出的理學，是宋代學術十分顯目的特色，而理學家們亦自覺其說上接孔、孟，與漢代以下諸儒有所不同。其中程頤也曾欲撰述《春秋》的注解，但其《春秋傳》僅止於桓公九年冬，並未完成全書。程頤的弟子楊時、劉絢、謝湜等人在當時雖也都有《春秋》的注解，但因時代變遷等等緣故，這些著作於今皆不復存於世間。[4]高閌則為楊時的弟子，其《春秋集註》一書可謂現今可見最早屬於程頤學脈的《春秋》學著作。綜合以上兩點，筆者選擇高閌的《春秋集註》中的災異觀作為主題，一方面從《春秋》學的角度，論述其對《春秋》中「災異」的相關看法。另一方面，則欲作為研究宋代理學家們災異觀的起點。

　　高閌（1097-1153），字抑崇，號息齋，明州鄞縣人。高閌年少時即深慕程頤之說，而後拜入二程高弟楊時（1053-1135，龜山）門下。《宋史》記：

　　　　閌少宗程頤學。宣和末，楊時為祭酒，閌為諸生。胡安國至京師，訪士於時，以閌為首稱，由是知名。[5]

依照這個記載，高閌在《春秋》學上的造詣，無疑是受到楊龜山高度的看重，故將高閌推薦給當時以《春秋》學名世的胡安國（1074-1138）。

4　關於程頤及其弟子的《春秋》學著作，請參見劉德明：〈程頤學脈對齊桓公的評價——以程頤、謝湜與胡安國為核心〉，《成大中文學報》第56期（2017年3月），頁1-3。

5　〔元〕脫脫等著：《宋史・列傳・儒林三》（北京：中華書局，1977年），卷433，頁12858。

　　高閌師承伊川、楊龜山，對於《春秋》一書十分用心，在其罷官
之後便專心著書，在《宋元學案》中有一段相關的記錄：

　　　　是時有蔣處士璿字季莊者，隱居慈溪，力排王氏新經，獨窮遺
　　　　經，不入城市。先生每積所疑如干條，則造訪之。季莊不輕與
　　　　人相接，聞先生至，倒屣迎之，小廬促膝，竟夕不倦。先生告
　　　　辭，則季莊送之數里而遙，論者交重之。[6]

由此可見，高閌對《春秋》一書用功之勤，也深得當時學者蔣季莊的
重視。這其中當然也隱含著對於王安石廢考《春秋》的不滿與不安，
深怕《春秋》一書就此不被儒者所重，所以有志於此者莫不以獨任斯
道為己任。但高閌的《春秋集註》一書在明朝初年之後卻逐漸失傳，
以致少有學者能讀到此書。現今所見《春秋集註》為四十卷本，是四
庫館臣所復輯而成：

　　　　原書久佚，惟散見《永樂大典》中。謹按次排比，薈萃成編。
　　　　其《永樂大典》原闕者，則採各書所引閔說補之。首尾完備，
　　　　復為全帙。[7]

四庫館臣除了將《春秋集註》「復為全帙」外，又因「篇頁繁重，析為

6　〔清〕黃宗羲原著，全祖望補修：《宋元學案‧龜山學案》（北京：中華書局，1982
　　年），卷25，頁968。
7　〔宋〕高閌：《息齋春秋集註‧四庫全書提要》，收入張壽鏞輯刊：《四明叢書‧第三
　　集》（臺北：新文豐出版社，1988年），頁2。附帶說明本文所用版本，《春秋集註》
　　雖為四庫館臣重新復輯而成。但文淵閣本的《春秋集註》錯漏頗多，所以本文的頁
　　碼採用《四明叢書》第三輯，1935年張氏約園刊本的《息齋春秋集註》。但為免煩
　　瑣，仍稱此書為《春秋集註》。

四十卷」，將其由原來的十四卷重新分為四十卷，於是此書復行於世。[8]

　　本文在章節的安排上，第二節先討論高閌如何理解《春秋》記載「災異」相關事件的意義。也就是說，作為一位解經者，他如何觀察、說明孔子之所以記載「災異」，《春秋》本身的記載傳達出什麼意思？第三節討論高閌對於災異事件的起因、意義的理解為何。第四節則希望透過一些問題的討論，綜觀二、三節的意義闡釋。

二　高閌對災異的界定及《春秋》書記原則

　　「災異」二字連言大約始於漢代，在先秦的文獻中，多將天文及萬物異象稱之為「災」或「變」。在《春秋》三傳中，「惟有《公羊傳》將『災』與『異』二類同時提出，成為分類之專名。」[9]而後董仲舒在《春秋繁露》中，正式提出「災異」一詞，言：「天地之物有不常之變者，謂之異，小者謂之災」，並言「災異以見天意」，主要用之於論述《春秋》中的相關義理，[10]由是災異之說逐漸成為漢代學術的重要標誌。

　　但若論《春秋》中哪些事項可以視之為「災異」，不同的儒者間因其各自的標準不同，所以在判斷時亦各有差異。如宣公三年「郊牛之口傷」等事，劉向將之視為災異現象，而董仲舒、何休則不以災異

8　關於《春秋集註》的成書、版本及輯佚等問題，參見陳威睿：《高閌《春秋集註》研究》（新竹：國立新竹教育大學中國語文學系碩士班中文組，2014年），頁25-35、185-216。

9　黃啟書：《春秋公羊災異學說流變研究》（臺灣大學中國文學研究所博士論文，2003年），頁12-13。

10　在《春秋繁露》中有六次提及「災異」一詞，分別在〈竹林〉一次、〈二端〉兩次、〈必仁且智〉三次，分見〔清〕蘇輿撰，鍾哲點校：《春秋繁露義證》（北京：中華書局，1992年），頁49、155-156、259-260。

視之，其中最重要的標準在於認為這些事件是否具有「譴告色彩」。[11]
也就是說，《春秋》中的「災」有兩種：一種是一般義的「災」，一種
則是具有譴告義的「災」。這種區分，雖適合用以論述某些嚴格區分
這兩種「災」的儒者。但是也有些學者並未用「災異」來指稱《春
秋》中相關記錄，而是用了其他的表述方式來記述《春秋》中的「災
異」事件，如清代顧棟高在《春秋大事表》中的〈春秋天文表〉中記
日食三十六次、星變五次，〈春秋五行表〉中則記地震、水火災等事
有七十五則，兩者合計共一百一十六則。顧氏即不用「災異」一詞來
表述相關的事件，而其收入其中的項目又與何休的一百三十四則有
異。[12]而高閌在《春秋集註》中對於災異的判定也有與前人不同處。

　　首先，在《春秋集註》中，高閌並沒有界定「災」字只能使用於
與上天譴告有關之事，高閌固然主張在《春秋》中有許多災異之事都
是含有譴告之意（後詳），但其亦認為有一些未具有譴告義而使人民
受害之事為「災」，孔子將其記入《春秋》中，實另有他義，如其對
隱公五年記「螟」言：

> 國以民為本，民以食為天，螟食苗心，為民食害，凡害及物者
> 為災，非常者為異，故《春秋》書螟，記災也。[13]

高閌認為《春秋》中書「災」與「異」有其各殊的意思：「凡害及
物」為「災」，而「非常」之事則為「異」，其中並不一定要含有譴告
之意。如今年之所以記「螟」，即為蟲食苗心以至於使民生受害，並

---

11 黃啟書：《春秋公羊災異學說流變研究》，頁151-154。

12 〔清〕顧棟高輯，吳樹平、李解民點校：《春秋大事表》（北京：中華書局，1993
　　年），頁2201-2237。何休對《春秋》中的災異表列則見黃啟書：《春秋公羊災異學說
　　流變研究》中的附表，頁461-481。

13 〔宋〕高閌：《春秋集註》，卷2，頁9。

不是上天透過螟而欲傳達其他意思。又如對桓公五年書「秋，大雩」，言：

> 大雩于上帝用盛樂也，諸侯雩于境內之山川耳，此禮自伏羲以
> 來未之有改也……故夫子曰：「魯之郊禘，非禮也，周公其衰
> 矣。」此其意可見矣。大雩，歲之常祀，當在建巳之月，故無
> 六月雩者，雖不旱亦祭焉，蓋常事也。因其遇災，非時而雩則
> 書之，所以見旱太甚且志其僭也。《春秋》大雩二十，凡不月
> 者，雩而不雨也。[14]

高閌認為在此記「大雩」有兩層的意思：一是「大雩」之禮，原本僅
有天子才能行之，而魯只為諸侯，本不應行此祭。二則是雩祭正常應
在六月，不論有無旱災都應舉行的例行常事，所以《春秋》中不記六
月之雩。這次的雩祭則是在秋天舉行，可見為旱災十分嚴重。所以高
閌主張書雩，是因為「旱太甚且志其僭」。在以上兩個例子中，書
「螟」與「雩」都是「災」，但高閌並不認為《春秋》記這兩種
「災」是在表達上天某種譴告，而是認為《春秋》是在表示對人民所
受傷害的關切及對為政者越禮表示不滿。此外，高閌雖有「凡害及物
者為災，非常者為異」的說法，認為「異」只是「非常」而不為災。
但核諸《春秋集註》內容，這兩者的區分並非絕對，如高閌對成公五
年「梁山崩」的說解是：

> 夫先王之制，名山大川不以封，梁山雖屬于韓，而非諸侯正受
> 封之地，故《春秋》書梁山崩而不繫之國者，為天下記異，是

---

14 〔宋〕高閌：《春秋集註》，卷5，頁4-5。

以不言晉也。夫國主山川豈特晉國當之哉？[15]

高閌認為梁山雖然在晉國境內，但名山大川並不專屬於任何諸侯，所以書「梁山崩」而不書「晉梁山崩」。《春秋》之所以書記此事，也並不是因為梁山崩塌造成了人民什麼傷害（雖可推想應有人受災），而只是純粹「為天下記異」，即是典型的不為災而僅是「非常者為異」。此外，《春秋》中也有記「異」而為災的例子，如莊公十七年記「冬，多麋。」高閌言：「麋多而害五稼，故以多為異。」[16]此年麋鹿過多為「異」，而過多的麋鹿亦同時對農作造成了災害。又如《春秋》分別在隱公九年、桓公八年及僖公十年三次書「雨雪」。[17]高閌對隱公九年的說法是：

> 大雨雪者，甚言乎其雪也。雨自上下者，凡稱大者，皆非常之辭。夫天反時為災，人反德為亂。[18]

將此次歸為「災」，但對另外兩次則言：「建酉之月，未霜而雪，書異也」、「非大雨雪之時也，故以此為異。」[19]也就是說「雨雪」，高閌有時將之視為災，有時又將之視為異。又如其對定公元年「冬，十月，隕霜殺菽」的解釋為：「建酉之月，隕霜殺菽害于民食，是異而且災也。」[20]此年十分寒冷，連菽草都被凍死了，更何況一般的作物，故此

15　〔宋〕高閌：《春秋集註》，卷25，頁1。

16　〔宋〕高閌：《春秋集註》，卷10，頁6。

17　雖然桓公八年僅書「雨雪」與其他兩次書「大雨雪」不同，但高閌將此三次歸為同一類，其言：「《春秋》書大雨雪者三：隱以日書，桓以月書，此以時書。」見：〔宋〕高閌：《春秋集註》，卷15，頁19。

18　〔宋〕高閌：《春秋集註》，卷3，頁5。

19　分見〔宋〕高閌：《春秋集註》，卷5，頁10及卷15，頁19。

20　〔宋〕高閌：《春秋集註》，卷36，頁3。

事是「異而且災」。由此可見，高閌雖有：「凡害及物者為災，非常者為異」作區分。但從其實際解經觀察，高閌對「災」與「異」兩者未必有作區分，「為災」與否並非絕對的條件。同樣的，如「雨雪」，高閌在不同條目下分別以「災」與「異」加以指稱。所以就高閌而言，「災」與「異」僅為大致上的區別，而不是兩種互斥不相容的類別。

其次，若將《春秋集註》中高閌所判定的災異事項，與何休視為災異的項目內容對比，亦可發現兩人的歸類互有增減。高閌共減少三條，其並沒有將文公十一年「叔孫得臣敗狄于鹹」、成公十六年「甲午晦，晉侯及楚子、鄭伯戰于鄢陵」、昭公五年「叔弓帥師敗莒師于蚡泉」三條視之為災異，而是將以「狄敗不曰師，賤之也」及「蚡泉，我地也」解釋，視之為《春秋》經中一般的表述內容。[21]至於增加的部分則共有六條，高閌將桓公三年「有年」、文公十三年「世室屋壞」、宣公三年「郊牛之口傷，改卜牛，牛死」、宣公八年「葬我小君敬嬴，雨，不克葬」、宣公十六年「大有年」、哀公元年「鼷鼠食郊角，改卜牛」都視為災異，並予以特別的說解。高閌所增列的六條災異又可分為兩類：第一類是「世室屋壞」、「郊牛之口傷，改卜牛，牛死」與「鼷鼠食郊角，改卜牛」三條，何休雖未將之視為災異之列，但在《漢書·五行志》中則將此三條亦視為災異之列，並分別為其感應之由做出解釋，[22]由此可見，高閌對於《春秋》中何事應納入災異，實是參照了照董仲舒、何休、劉向及《漢書》中的相關看法。第二類則是桓公三年

---

21 高閌對於成公十六年「甲午晦」沒有任何說解，視為常態性的記日。分見〔宋〕高閌：《春秋集註》，卷19，頁4、卷27，頁2、卷31，頁11-12。

22 《漢書·五行志》對此三條的解釋分別為：「近金沴木，木動也」、「劉向以為近牛禍也」及「天意汲汲於用聖人，逐三家，故復見戒也。」分見〔漢〕班固撰，〔唐〕顏師古注：《漢書·五行志》（北京：中華書局，1964年），卷27，頁1375、1447、1373。其中文公十三年高閌依《公羊》經文作「世室屋壞」，《漢書·五行志》則依《左傳》經文作「大室屋壞」，兩者稍有不同。

及宣公十六年的「有年」、「大有年」與宣公八年「葬我小君敬嬴，雨，
不克葬」三條。這三條不但董仲舒、何休不視為災異，連《漢書・五
行志》及顧棟高也不以災異視之，這是高閌獨特的判斷。[23]

在《春秋集註》中，高閌提出他認為《春秋》記災異的三個準則：

一、《春秋》記災異以魯國之事為主，他國之事僅偶爾記之。高
閌在莊公十一年「秋，宋大水」下言：

> 此何以書？甚宋之災也。宋連年喪師，加以大水害于粢盛，故
> 《春秋》志之。是時天下之災異多矣，《春秋》悉書之，則不
> 可勝紀，故聖人惟日食與內災則詳而書之，外災或舉其一二，
> 于齊、宋、陳、鄭，則天下之災異可得而見矣。[24]

在春秋二百四十二年之間，各諸侯國均有不少災異之事，若要全部記
載，則《春秋》不勝其繁，所以孔子對是否書記於《春秋》的原則
是：除日食外，若為魯國的「內災」，則盡量詳細記錄，而魯國之外
他國的「外災」則舉其大者而記錄在冊，[25]這可謂為「內其國而外諸
夏」的一種展現。

二、《春秋》書記災異的第二個準則是：「以災故書」。這個說法
主要見於前文所引對隱公五年「螟」的解釋，這是《春秋》首次的
「為災」記錄。因為螟會「蛀食稻莖之髓部」，[26]而致使糧食歉收、人
民生活困苦。《春秋》之所以要書記此類事情，正是因為重民生的緣

---

23 高閌對於「有年」的兩則獨特解釋承繼自程伊川，詳見後文論述。

24 〔宋〕高閌：《春秋集註》，卷9，頁11。

25 高閌又言：「故凡災、異內悉書之，外則書其大國之甚者爾。」也是類似的意思。
　　見《春秋集註》，卷10，頁10。

26 楊伯峻：《春秋左傳注》，頁41。

故。其餘如「多麋」、「大雨雪」也是類似的情況。有意思的是,高閌也觀察到《春秋》「為災」書記的標準似也有古今的不同,其言:

> 《春秋》書螽者三:隱二、莊一;書蟲者十:桓一、餘皆僖公之後。蓋螟食苗心,蟲無所不食,故其為災也,螟輕而蟲重。春秋之初,災之輕者亦書之。及其久也,輕者不勝書,書其重者耳。不然,豈隱、莊之後二百年間,魯無螟耶?[27]

高閌注意到《春秋》僅在隱公、莊公時有螟為災的記錄,之後只有記蟲為災而沒有螟災。高閌認為這是因為自僖公之後,蟲災更常出現而且較螟為禍更烈,故《春秋》在莊公之後僅記蟲而不書螟。

　　三、書災異以示警戒:高閌認為在《春秋》中之所以會記許多災異之事,主要是因為要警戒有權者,其在莊公二十年「夏,齊大災」中言:

> 凡世之人凌蔑天下,勢張權盛,人不可奈何者,必有天災以及之,《春秋》之為書,託已往之事為將來之戒。故凡災、異,內悉書之,外則書其大國之甚者爾。[28]

掌握世間權勢者,往往自認為無所畏懼,旁人對其倒行逆施亦無可奈何。但世間之事「吉凶無常,隨所行而成禍福」[29],只是一般人尚未體會到這個道理,所以《春秋》要書記這些事以為將來為政者的警戒。其言:

---

27 〔宋〕高閌:《春秋集註》,卷3,頁4-5。
28 〔宋〕高閌:《春秋集註》,卷10,頁9-10。
29 〔宋〕高閌:《春秋集註》,卷1,頁16。

> 不可委之天數之常，故聖人必以為譴異而書之，以警人君之或
> 怠。後世任數而不修德，德未修而禍未至，益以為天無心而數
> 有定也。[30]

一般人認為如日食等事是「天數之常」，所以就認為災異的發生自有
定數，與人的行為無關，因此也就會不務修德勤政。高閌認為《春
秋》之所以把災異之事書之於《春秋》，即是要用以警戒後世人君修
德，以《春秋》將德性與天數之間相連，暗示它們之間仍有某些內在
的關連。

這三條準則，其中前兩者是與《春秋》「書法」有關，第三條則
是關於「災異」之事的起因。高閌認為《春秋》記「災異」並不純粹
是記異而已，其中包含了孔子對「災異」起因的看法，及透過《春
秋》書記「災異」而欲呈顯的隱微之意。總而言之，高閌對於《春
秋》中災異的說解可分為兩個層面：一、說明《春秋》對「災異」起
因的看法。二、透過《春秋》書記「災異」文詞的不同安排，探知孔
子記災異所欲傳達的深意。也就是說，「災異」之起因固有其普遍
義，而書記災異之文詞同樣亦呈現其獨特的意義。下節中，先行對第
一個層面加以說明。

三　高閌對災異起因的說解

高閌認為災異之所以產生的第一個原因是政事不協而致使國家有
災。在《春秋集註》中，高閌認為某些災禍的起因為主政者沒能好好
治理國家而產生，如其對桓公十三年「大水」有一頗長的論述：

---

30 〔宋〕高閌：《春秋集註》，卷30，頁12。

> 九疇以五行為本，五行以水為本，是民一日非水不生也。自堯
> 有洪水之患，使禹治之，禹能疆理天下，正其經界，有畎、有
> 澮、有溝、有洫、有川、有遂，絕無水患，但有其利。故年之
> 豐凶一係農力，而水旱不能為之害，何者？經界既正，則畎、
> 澮、溝、洫、川、遂之屬徧乎阡陌，或天時久雨則由畎注澮、
> 由澮注溝、由溝注洫、由洫入川、由川入遂，以次疏導入河、
> 入江至于海，蓋以決之而不為災也。或天時久旱，則于溝、
> 澮、川、遂之間遞引其水以為灌溉，又得其利焉。春秋之時，
> 暴君汙吏壞其經界，使畎、澮、溝、洫之屬皆蕪平而不治，于
> 是遇大水而無以決、遇大旱而無以溉。民為兵戰所驅，無暇治
> 田畝。聖人書大水者，上痛禹跡之亡，下悼井田之廢，而生民
> 受其大患無以拯濟之也。[31]

高閌認為天之雨旱或無定數，而水、旱不齊亦本是自然界的正常變化，
但若有適當的水利設施與制度，則水、旱等天變未必會成為「災」。從
歷史上來看，自禹治水以下，國家有了畎、澮、溝、洫、川、遂種種
水利設施，也有了井田經界的畫定，這些都能在大雨或大旱時發揮功
用，農作不會完全被自然的雨旱所決定，而人民也因此遠離了災禍。
但在春秋之時，諸侯國君並不用心於國政，因而井田之制及諸多水利
設施荒廢，致使天降雨便成大水，妨害農作收成，加上國君好戰興
兵，農民更無暇耕作。君王失政即是大水為災的原因，所以孔子才會
在《春秋》中記「大水」。也就是說，《春秋》之所以記「大水」，除了
自然界的變化外，更重要的在表示執政者施政不協。高閌認為，若井
田制度沒有崩解，人民不必忙於戰事而可以用力整治水利相關設施，

---

31 〔宋〕高閌：《春秋集註》，卷6，頁8-9。

則大水、大旱亦未必為禍。反過來說，大水之所以為禍，有很大一部分是執政者所應負責，而這正是《春秋》透過書記「大水」一詞所予以貶斥的。[32]在《春秋》中，因政事不協而成災的例子不止「大水」一例，又如高閌對莊公二十八年「大無麥禾」的解釋為：

> 是歲未嘗有水、旱、螟蟲之災，而書大無麥禾，何也？見人力不盡，農事不修，魯不修其國政，非天災使然。[33]

「大無麥禾」是指當年穀物歉收，但高閌指出，在《春秋》今年的經文中並沒有「水、旱、螟蟲之災」的記錄，也就是說，農穀不收之原因並非水旱蟲咬，那麼唯一的可能就是莊公施政出了問題：由於施政失序，因而使農作歉收。對這一類災異的成因，並無其他的力量介於其間，完全都是因為施政者沒有完成應為政事，以至於無法防範水、旱與蟲災等天地之變。這類對於災異的說明，並沒有任何引入任何神祕力量，純粹是因為政事不協，諸事不豫的關係。

高閌認為《春秋》對災異之事起因的第二個說法係因政事失序感應而生。如其對莊公二十九年「秋，有蜚」的解釋為：

> 蜚之為物，行水水竭，行草草死，此非所宜有而有也。《春秋》書之，以紀物理之變。物理之變如此，則人事之變固有不

---

32 高閌對於莊公十一年「秋，宋大水」的解釋為：「此聖人痛井田之制，非特吾魯國壞之也，即宋亦然矣。一有時雨灌注則泛溢為災，是九河故道塞而不洩也，又治水之官廢間有如白圭者，孟子猶誚其用心之不博，而以鄰國為壑，則暴君污吏之慢其經界，又豈勝誅哉。」與此年的說法相類，可參看。見〔宋〕高閌：《春秋集註》，卷9，頁11-12。

33 〔宋〕高閌：《春秋集註》，卷12，5。

可量者，此亦戎狄居中國之象也。[34]

高閌認為蜚這種蟲災十分奇特，對於水或草都有很大的傷害，根本不應存於世間。《春秋》記此一方面是因其異常，另一方面則是要表達這是「戎狄居中國之象」。[35]認為蜚蟲「非所宜有而有」，就如同戎狄不應居中國而卻居中國，所以《春秋》書記「有蜚」是在表示蜚與戎狄兩者相應。與此類的又如宣公十五年記「冬，蝝生。」高閌言：「冬非蝝生之時，以是為異，此履畝之符也。」[36]認為冬天並非正常蝝生之時，此時有蝝生為異象。高閌認為出此異象，是因為當年魯國實施「初稅畝」的農地稅制改變，而這種改變是「非禮也」，[37]而且會使「民日從事于戰鬪，而井田之法漸廢。」[38]此年冬天有蝝，當是稅制不合禮更動的「應」。在《春秋》中許多災異都是因施政之失而使自然失序，除了蟲災之外，水、旱災之所以產生的原因亦與此相類。如其對宣公十年的「大水」的解釋即為：「兵役怨氣之所感也。」[39]又認為宣公七年的「大旱」產生的原因是：「軍旅之後必有凶年，蓋征役怨嗟之氣，感動天地而旱乾作矣。」[40]擴大來看，高閌甚至認為：「秋旱冬雹，皆人事所召」。[41]高閌說《春秋》中所記許多災異之事都是因「怨氣所感」。認為施政不協以至召感災異之事，是從施政端而

---

34 〔宋〕高閌：《春秋集註》，卷12，6。

35 高閌此說與何休有所不同，何休言：「蜚者，臭惡之蟲也，象夫人有臭惡之行。言有者，南越盛暑所生，非中國之所有。」見〔漢〕公羊壽傳，〔漢〕何休解詁，〔唐〕徐彥疏，浦衛忠整理，楊向奎審定：《春秋公羊傳注疏》，卷9，頁210。

36 〔宋〕高閌：《春秋集註》，卷23，頁9。

37 楊伯峻：《春秋左傳注》，頁766。

38 〔宋〕高閌：《春秋集註》，卷23，頁9。

39 〔宋〕高閌：《春秋集註》，卷22，頁12。

40 〔宋〕高閌：《春秋集註》，卷22，頁2。

41 〔宋〕高閌：《春秋集註》，卷31，頁6。

論。有時高閌也會從上天以災異示警這個角度來解釋災異的由來。因為人事不協，因此上天用此變異以警人君。這兩個說法互為表裡，一是由從人事端言，一則是由上天端而言。高閌不止一次用「天示變以警之」[42]來說解災異現象。其中最常見的異常天文現象，當是以日食為首。《春秋》中共有三十六則日食記錄，其中第一則為隱公三年「二月，己巳，日有食之。」高閌言：

> 日月之食有常數焉，此巧曆者所能推也。而《周官》乃言救日月食之法，至于《春秋》又獨書日食，何也？日，君道也，而被侵害，豈徒然哉？必有以也，《春秋》書之，其辭必曰：「有食之者。」蓋歸咎于人事，而不以為常數也。是以人君遇其食則當恐懼修省，而百官惟當修輔厥后，更不推之于數，蓋以有食之者故耳，此《春秋》之深意也。[43]

在這段文字中，高閌認為日食雖有常數，但《春秋》之所以要書記此「常事」，是因為日代表君道，日食即是君道被侵，書日食即在於提醒人君應「恐懼修省」，人臣則應「修輔厥后」。更何況《春秋》中尚記有常數之外的日食，如高閌對襄公二十一年「冬十月庚辰朔，日有食之。」的解釋為：

> 連食兩月，變之大者，曆家推步之術皆一百七十三日始一交會，去度遠則日食漸少，無頻食之理，而此年九月、十月，二十四年七月、八月頻食，下至漢晉以來亦或有之，不可委之天數之常，故聖人必以為譴異而書之，以警人君之或怠。後世任

---

42 〔宋〕高閌：《春秋集註》，卷39，頁2。

43 〔宋〕高閌：《春秋集註》，卷1，頁16。

　　數而不修德，德未修而禍未至，益以為天無心而數有定也。惟
　　天之仁又出災異以申勸之。[44]

高閌在解釋《春秋》災異時有一個很重要的前提：他認為《春秋》中
所記載的災異現象完全是「實錄」，所以對《春秋》中各種特異的記
錄，都不曾懷疑它們的真實性。最有代表性的例子應是襄公二十一年
九月及十月，《春秋》於此年中連續兩月都有日食記錄，依當時的天
文知識來看，高閌也認為「無頻食之理」。[45]於是高閌面臨立場上的抉
擇：是要相信《春秋》中的記載或要相信當時對日食的推算？高閌最
後選擇了相信《春秋》的記載，這除了高閌認為《春秋》是儒家聖
典，對其具有絕對的信心外，我們同時也必須考慮當時對日食的推算
並不完全精準，如高閌即言：

　　《春秋》日食三十六，而後世曆家推驗精者不過得二十六，惟
　　唐一行得二十七，而本朝衛朴得三十五，獨此年古今算不入蝕
　　法，則其為變大矣。[46]

高閌之說是依沈括（1031-1095）而來，[47]就宋代的儒者而言，雖在理

---

44 〔宋〕高閌：《春秋集註》，卷30，頁11-12。

45 另一組「頻食」的記錄是襄公二十四年記「秋七月甲子朔，日有食之，既」、「八月
　癸巳朔，日有食之。」以現在的天文知識來看，襄公二十一年十月及二十四年八月
　的記錄應是錯誤的。張培瑜指出，襄公二十一年九月與二十四年七月這兩次日食都
　是「中心食」，也就是全食或環食。「下一次合朔時（一月之後）日月距交點已遠出
　食限外，不可能再發生日食。所以這兩次比月日食的記載有錯誤。」見氏著：〈《春
　秋》、《詩經》日食和有關問題〉，收入《中國天文學史文集》第三集（北京：科學
　出版社，1984年），頁10。

46 〔宋〕高閌：《春秋集註》，卷10，頁7。

47 〔宋〕沈括撰，胡道靜校注：《新校正夢溪筆談》（北京：中華書局，1957年），卷
　18，頁185。

論上他們相信日食有常數，但就具體的推算來看，《春秋》所記日食
仍無法與諸多曆家的推算完全相合，就算是衛朴也只號稱能推算其中
的三十五條，而莊公十七年的日食即不合各家所推算，更何況衛朴的
推算很可能是欺人之言。[48]也就是說，《春秋》中有許多日食是在當時
曆家推算之外發生的。高閌認為正因為《春秋》中某些日食的記錄不
合於「天數之常」，所以更能顯出這些日食有其特殊的起因，[49]即是因
為人君之職權被侵，故在天象即感應為成日食。而天象之所以會與人
事相應，則又是因為「天之仁」希望用災異以申勸人事。

　　高閌認為災異產生的第三個原因是：上天用災異以為預示的工
具。所謂預示，指的是若施政不協，則會先因天之仁而以災異申勸
之。但人君未必能善體天心而改弦更張，其或依然倒行逆施，這時就
會產生災異之象，用以預示更大的災禍即將來臨。《春秋》中這類的
例子不多，如隱公九年「三月，癸酉，大雨，震電。庚辰，大雨
雪。」發生了一連串的災異，高閌即認為是：

> 夫天反時為災，人反德為亂。隱公以讓國為名，而乃從事于
> 爭，此反德也。利將反而為害，親將反而為賊，天之見戒深
> 矣，而弗儆弗戒，以及于難。[50]

隱公本即想還位於桓公，但卻因公子翬欲從中謀取個人私利，以至於

48　見〔清〕顧棟高輯，吳樹平、李解民點校：《春秋大事表・書萬充宗黃梨洲春秋日
　　食問答後》，卷40，頁2213-2214。

49　就此高閌的看法與其他宋儒或有不同，因為《春秋》中確實有些日食在當時曆算之
　　外。所以高閌並不完全承認「日食是由于天體之間位置關係的變化而造成的現
　　象」，也不同意日食與政治完全無關。關於重要宋儒對日食的看法見小島毅：〈宋代
　　天譴論的政治理念〉，頁304-305。

50　〔宋〕高閌：《春秋集註》，卷3，頁5。

隱公日後被弒。高閌認為《春秋》在此記大雨、震電、大雨雪等異
象，都是因為在預示「親將反而為賊」，但隱公卻沒能因此而警戒，
所以最終為其弟桓公所弒。又如「星孛」一事，高閌認為：「《春秋》
三書孛皆以謹人君之戒。」[51]都是上天以彗星向人君示警，其中最重
要的是哀公十二年「冬，十有一月，有星孛于東方。」高閌言：

> 不言宿名者，董仲舒、劉向以為不加宿也。文十四年有星孛于
> 北斗、昭十七年有星孛于大辰，皆言所次，而此獨不言，則不
> 加宿可知也。蓋著人事所召，自是周家基業墜地矣。[52]

《春秋》三次記星孛中，有兩次《春秋》都記其位於二十八宿中的何
宿，[53]但此次則不記其宿，高閌引《漢書・五行志》中所記董仲舒、
劉向的說法為證。[54]認為此次不言何宿而僅記「東方」，是預示著周
王朝即將要消逝。這種透過星孛的天文異象，可用以預示天下大勢的
走向。

　　高閌認為災異產生的第四個原因為上天用以懲戒有權者的過失，
這種災異與前文的預示表現的方向不同，懲戒是指上天透過災異，用
以責罰人世間難以責罰之人。其中較輕微的是祭天之牛突死，如宣公
三年經文：「春，王，正月，郊牛之口傷，改卜牛，牛死，乃不
郊。」高閌言：

---

51 〔宋〕高閌：《春秋集註》，卷19，頁9。
52 〔宋〕高閌：《春秋集註，卷40，頁15。
53 分見〔宋〕高閌：《春秋集註》，卷19，頁9及卷33，頁10。
54 班固言：「董仲舒、劉向以為不言宿名者，不加宿也。以辰乘日而出，亂氣蔽君明
　　也。明年，《春秋》事終。」至於「不言宿名」的原因，班固引劉歆之言為「官失
　　之也。」而孟康則謂：「不在二十八宿之中也。」見〔漢〕班固，〔唐〕顏師古注：
　　《漢書・五行志》，卷27下之下，頁1515-1516。

諸侯為天王崩斬衰，而魯本不當郊，因喪紀而不郊可也。今所
以不郊者，非為天王崩也，牛口傷而改卜，而牛又死故也，且
公弒君篡立無天道矣，豈足對越在天乎？祭天之牛或傷或死，
此天示變以警公也。[55]

魯宣公原為魯文公的庶子，因東門襄仲與宣公母敬嬴兩人聯手，殺了
文公嫡子子惡與公子視，而後宣公方能即位。宣公此次所進行的郊
祭在周匡王去世之初，依時本不應舉行。故在準備祭祀前，先因為郊
祭之牛口傷而改卜他牛，而後改卜之牛又不明不白的死亡，高閌認為
這就是上天給魯宣公妄行郊祭的警示。這與前文第三類有些類似，所
不同者在於祭天之牛死後並沒有更嚴重的災異產生。在《春秋》中，
有懲戒意味的災異除了「牛死」外，最常見的是火災。如其解釋桓公
十四年「秋，八月，壬申，御廩災」時言：

《春秋》記災不記火，災者，天所為也；火者，人所為也。天
所為，故謂之變而記之；人所為，則被其災者乃火之性爾，何
足記也？御廩災，此將不得奉其宗廟之象也。宗廟之事，君躬
耕、夫人獻種稑之類，以共粢盛，今御廩災，咎在君夫人矣。
宗廟鬼神之怒兆見于此矣。[56]

高閌先說明此是「災」是特指上天所降火災（天火），而非是一般因
人事不謹而發生的一般火災，所以《春秋》用「災」字而不用「火」
字。而此次之所以會發生天火，則是因為桓公夫人文姜行為不檢，宗
廟鬼神不願接受文姜所上獻的祭品，所以才會使御廩被燒」，這是

---

55 〔宋〕高閌：《春秋集註》，卷21，頁11。

56 〔宋〕高閌：《春秋集註》，卷6，頁10。

「鬼神之怒」的展現。又如成公三年「甲子，新宮災。」高閌認為：

> 新宮者，宣公之宮也……蓋宣公平生衣冠服御之物，方且備列
> 乎宮中……君子于是乎知有天道也，何則？宣公有弒君篡立之
> 罪，生不加誅，死方立廟遽遇火災。[57]

前文已論及高閌認為宣公是弒君而立，但其生前在魯國中並無人能夠
討其弒君之罪，所以宣公得以在十八年後安然薨於路寢。高閌認為宣
公之行不義，但當世無人能懲其惡，所以在宣公死後即有天火焚其廟
及衣冠等物，用以表示懲戒宣公無德，並展現出天道之好善惡惡。高
閌並認為上天的懲戒並不僅止於宣公一人，同時也施加於東門襄仲與
敬嬴，其在宣公八年「冬，十月，己丑，葬我小君敬嬴。雨，不克
葬。庚寅，日中而克葬。」下言：

> 敬嬴私事襄仲，殺太子及其母弟……夫襄仲與敬嬴逆天理而拂
> 人性之狀慘矣，仲嬴之卒相去八日，仲死不得其地，嬴死不得
> 其時，孰謂無天道乎？[58]

宣公八年六月，東門襄仲出使齊國，但因生病而折返，在十六日死於
齊國垂地。而敬嬴也旋即在六月二十三日去世。[59]敬嬴於十月己丑日
出殯時，遇大雨而無法下葬，直至隔日方才得以順利安葬。高閌認為
這是上天給東門襄仲與敬嬴的處罰：因兩人在生前無人能討其罪，故
使東門襄仲客死他鄉，敬嬴葬則是無法依時下葬。高閌認為天以災異

---

57 〔宋〕高閌：《春秋集註》，卷24，頁9-10。
58 〔宋〕高閌：《春秋集註》，卷22，頁6。
59 楊伯峻：《春秋左傳注》，頁693-694。

為懲戒，不僅只施於個人，有時甚至會對整個國家加以懲戒，如其對
莊公二十年「夏，齊大災」的解釋為：

> 大災，疫也，以別火災，故加大且重民也。且齊之強盛，諸侯
> 莫加，天道虧盈，降此大戾，凡世之人凌蔑天下，勢張權盛，
> 人不可奈何者，必有天災以及之。《春秋》之為書，託已往之
> 事為將來之戒。[60]

指「大災」是指瘟疫。高閌認為此年齊國之所以會產生瘟疫，是因要
懲罰齊國任意擴強。而《春秋》記此，正因此事可成為後人的戒規：
大國切莫自以為強權就可予取予求，因為在人世之上另有「天道」存
在。天道的力量是超越個別君主，甚至是當世的強國。

　　綜合來看，高閌認為災異發生的原因幾乎都與主政者的行為有關。
若主政者荒廢政務，就無法對於水旱之變有很好的應對，即會直接在
農耕上引起災禍。若主政者仍未察覺其行為失當，於是就會有蝝、日
食等異象為應。而人民因農耕失序、兵禍連年，其所累積的怨氣亦會
進一步引起大旱、大水與雹等災異。此時人主若仍未醒悟，則上天或
會以密集的大雨、震電、大雨雪，或以星孛等更明晰的異象再次予以
警示。最後，若掌權者終不悔悟，自以為可以為所欲為，不信天道實
存，則上天會以災、雨、郊牛死等等方式，對君主生前死後甚至整個
國家予以懲戒。在這樣的說法下，各種災異之興彼此環環相扣。

　　最後，高閌對於災異之道有一總結，其言：

> 觀天道之于人君，父子而已。子有善，父親之；君有善，天祚

60　〔宋〕高閌：《春秋集註》，卷10，頁10。

之。子為不善，父其譴之，譴之猶不善，廢之、棄之爾；君為
不善，天其災之，災之猶不善，禍之、滅之爾。故《春秋》惟
書災異以明天道為百王法。[61]

高閌以父子關係來比喻天道與人君：若人君有善，天道並不會以呈顯
祥瑞，只會在現實上使其國祚綿長。但若人君為惡，則天道則會由
災、禍、滅逐次加重的方式予以譴戒。

　　若由高閌所述災異產生的四個起因來看，其言由感應而生災異、
以災異為預示、以災異為懲戒三者，與漢代董仲舒、何休等人的說法
看似差別不大。僅第一點言施政不協而有水、旱災之說，為高閌的獨
特之論。高閌也意識到這點，所以他自言其災異說的特色為：

漢儒之學豈無所受，但不當每事求合爾，至其有所不合，適所
以致不信，今此學遂絕者，正以漢儒求之大過，傅會其不可推
者。後世因其傅會不合之處，遂廢其說也。夫廢其說者，亦非
通論也。《春秋》，聖人和同天人之書，其記災異皆有深旨，漢
儒不得其旨而強言之，故識者以為非。後世當有能知之者。蓋
災異之說，亦可使人君知天道之可畏也。人君挾崇高之勢，所
畏者天而已。今或不畏，則無所畏矣。漢儒之說，不為無補于
世，去其傅會者可也。[62]

在這段文字中，高閌的意思有幾個重點：一、明確承認天人之間的確
有某種關連存在，並認為漢人的說法並不是無稽之說，而是有所本

61　〔宋〕高閌：《春秋集註》，卷23，頁11。
62　〔宋〕高閌：《春秋集註》，卷27，頁1。

源。二、《春秋》之所以記眾多災異，正是重視天人感應的具體呈
顯，這也是《春秋》重要的大義之一。三、漢儒之說的缺點在於「求
之大過」，也就是說，對每一件災異事件都要求其連結至特定的事
件，即所謂的「事應說」。[63]這種「事應說」太過膠柱鼓瑟，會降低災
異為上天譴告之義的可信度，而這會使災異的預示特質不易為人所信
服。也就是說，高閌接受天人感應的大方向，同時也做了修正，目的
在於讓災異具有上天譴告的特質更具可信度。但儒者也絕不能因漢儒
的缺失，就放棄了這樣的說法。四、他認為堅持災異出於人君失德之
說，對於限制君權是有所助益的。因為不論就力量或理而言，天道均
在人君之上。若人君沒有了天的限制，則因此而無所不為，這才是
「《春秋》之深意」。[64]

　　高閌的說法，可視為是漢代天人感應說的修正，總的來看，其主
要呈現在三個地方：一、高閌將某些水、旱之災視為人君可以透過施
政加以改善，不將之全歸於上天的譴告。二、高閌雖然承認天人相
應，但其主要在發揮上天譴告的面向，而不認為上天會降下祥瑞等
「異象」。三、高閌原則上反對漢儒機械式的「事應說」。但就其實際
解經例子，其仍有少數災異為針對個別人、事上的懲戒。除此之外，
災異多只具有預示或警告意味，高閌認為這是上天要讓人君產生「恐
懼修省」之心、使百官能「修輔厥后」。至於要譴告何事，則主張在
解釋上應有較寬鬆的理解。但我們也可以追問：在《春秋集註》中，
各種類別災異與其所欲預示或警告之事，兩者之間是否完全毫無脈絡
可循？從《春秋集註》來看，似乎又不是如此，高閌顯然認為災異種
類與其所感、預示或懲戒之事，其間有某些關連。不僅如此，連《春

---

63 小島毅言：「某件人事必然有某種應和現象」，故稱之為「事應說」。見〈宋代天譴
　　論的政治理念〉，頁283。

64 〔宋〕高閌：《春秋集註》，卷1，頁16。

秋》中記同一種災異的不同書記方式，都有意義上細微的分別。以下即對這兩點加以述論。

四　災異與對應之事及《春秋》的表述

高閌雖反對漢儒將災異與人事一一對應的說法，但認為災異對應人事的大方向是對的，所以在其對《春秋》中的註解中，也說明了災異與其所對應的人事。

（一）災異與所相互對應的人事

如前所述，災異與人事之間有所應和只是一個原則性的說法，細分之下，有各種不同的對應。也就是說，若有災異之事發生時，人主或要進一步追問：究竟為何事示警？究竟為何事失德？對此，高閌並沒有全面且詳細的說法，僅針對某些災異有一些簡要的說明。

在《春秋集註》中高閌最常提及的說法是：以日星有變的異象對應到君主。此說並非高閌所首倡，前文已提及他一方面認為「日月之食有常數」，但又因「《春秋》又獨書日食」，加上《春秋》中所記的日食又非當時曆家可以完全推算出來，所以高閌又同時主張日食「歸咎于人事，而不以為常數也。」也就是說，日食並不能完全以常事視之，他認為《春秋》記日食是表達與象徵君道被侵害，如其言：

> 既，盡也。食盡見為異之大者，天下無王之象也。經書日食三十六，而食之既者二，此年與宣八年秋七月是也。天變之甚，獨于二公見，孰謂無天道乎？[65]

65　〔宋〕高閌：《春秋集註》，卷4，頁11。

《春秋》在桓公三年《春秋》記「秋，七月，壬辰，朔，日有食之，既。」發生了日全食。高閌認為《春秋》全書僅記兩次日全食，分別發生在桓公與宣公，而這兩位魯君都是因為弒君，才能得到君位，所以日全食這種「天變之甚」正是人事大變、君道甚危的表徵。與此相類似的情況又如前文所述《春秋》三次記「星孛」，高閌也都是以君權受到侵害預以說解。

若「日星有變」是以天文現象表徵君權日下，而「冰霜之變」則是與其相類但具有更複雜的意思。高閌對定公元年「冬，十月，隕霜殺菽。」的解釋是：

> 建酉之月，隕霜殺菽害于民食，是異而且災也。〈五行志〉曰：「菽，草之難殺者也。言殺菽，則知草皆死矣；言不殺草，則知菽亦不死也。董仲舒以為菽，草之強者，天意若曰：加誅于強臣而殺菽者，微見季氏之罰也。」是時季孫強甚，故大雩而隕霜雨暘寒燠，為之失序。[66]

這段說解雖引用了董仲舒及班固的說法，[67]但高閌僅認為這是在象徵季孫氏太過於專權，以至於君臣應有的地位失序，陰陽失序、隕霜殺菽之象正為其表徵，高閌並沒如董仲舒所言有誅殺強臣的意思。與君臣失序之意相反的則是對成公十六年「春，王，正月，雨，木冰。」的解釋：

---

66 〔宋〕高閌：《春秋集註》，卷36，頁3。

67 高閌的引文與《漢書‧五行志》稍有不同，原文作：「一曰菽，草之難殺者也，言殺菽，知草皆死也；言不殺草，知菽亦不死也。董仲舒以為菽，草之彊者，天戒若曰，加誅於彊臣。言菽，以微見季氏之罰也。」見〔漢〕班固撰，〔唐〕顏師古注：《漢書‧五行志》，卷27中之下，頁1426。

雨著木而成，冰是上溫而下寒也，與隕霜不殺菽相反。劉向
謂：木者少陽，貴臣卿大夫之象也。是時叔孫僑如出奔，公子
偃誅死。此雖漢儒傅會之說，然後世雨木冰多應在大臣，以此
言之，天人或可推也。[68]

劉向認為木冰（即霧淞）現象是象徵貴戚大臣即將受難，[69]《春秋》
書記此事，即是預指當年叔孫僑如聯合公子偃欲殺季孫不成，季孫至
晉返回魯國後，先殺了公子偃而後又將叔孫僑如逐出魯國一事。[70]高
閌批評劉向將木冰直接對應叔孫僑如、公子偃受難，太近於傅會。高
閌僅承認劉向所指陳的大方向是對的，木冰確實是象徵大臣遭難，但
不確指為何事。

　　高閌這種不將災異現象一一核指單一人、事的災異理論，與漢儒
之說相較，一方面可以保留了天人相互感應的關係，另一方面也較不
易被反對者批評其有不一致之處，故而高閌在說解上擁有很大的發揮
自由。以《春秋》五次記「大水」為例，其書記方式完全相同，高閌
其中三次以譴告說解，分別有：「桓行逆德」、「簡宗廟、悅婦人則水
行佚」與「兵役怨氣之所感也」三種說法，[71]而高閌並沒有進一步說
明為何有這三種不同的解釋。除以上三者外，其對桓公十三年、莊公
七年及十一年的「大水」則都解為痛惜井田制度毀壞，又與前者不
同。[72]總的來看，高閌在解釋災異與其所對應之事時，具有相當大的

68　〔宋〕高閌：《春秋集註》，卷27，頁1。

69　班固言：「劉向以為冰者陰之盛而水滯者也，木者少陽，貴臣卿大夫之象也。此人將
　　有害，則陰氣脅木，木先寒，故得雨而冰也。是時叔孫僑如出奔，公子偃誅死。」
　　見〔漢〕班固撰，〔唐〕顏師古注：《漢書‧五行志》，卷27上，頁1319-1320。

70　事見楊伯峻：《春秋左傳注》，頁893-894。

71　分別為桓公元年、莊公二十四年與宣公十年。分見〔宋〕高閌：《春秋集註》，卷
　　4，頁3、卷11，頁7、卷22，頁12。

72　分見〔宋〕高閌：《春秋集註》，卷6，頁8-9、卷9，頁1、11-12。

任意性。最特別的是，高閌將《春秋》兩次記「有年」視為「異」。
高閌這個說法承自程頤。[73]他們都認為桓公、宣公以不義得國，本不
應出現豐年，但這兩年卻是豐收，所以《春秋》因「記異」而記「有
年」。本來，「異」事可有兩面，本應包含「休徵」與「咎徵」兩類。
但高閌反對上天會以祥瑞之事示人，遠可上溯至《春秋》文獻本身的
傾向，[74]近則是承程頤之說而來，[75]所以高閌對兩次「有年」均是以
譴告的災異視之。

　　高閌這樣的說解，往往使其解釋留下了許多空白之處。如其對
莊公七年「夏，四月，辛卯，夜，恆星不見。夜中星隕如雨。」的解
釋為：

> 夫日入而星見，天道之常也。既夜而恆星不見，則其餘星皆見
> 矣。及夜中而餘星隕墜，眾多如雨，則其為異大矣。……此皆
> 人事所召，天為之示變，以為他日應驗之祥。[76]

恆星應見而不見、星墜如雨，這是明顯可見的特殊天文異象，高閌不
純粹以「異」視之，而認為這是因為人事不協，所以「天為之示
變」，屬於預示型態的災異。但高閌並沒有指出這樣的災異到底要預
示什麼？他只是含糊的說「以為他日應驗之祥」！這個說法除了在形

73　〔宋〕程顥、程頤著，王孝魚點校：《二程集·春秋傳》（北京：中華書局，1981年），
　　頁1103。

74　程元敏言：「《範》經言天人相與，休徵、咎徵並陳……但伏《傳》言徵竟有咎而無
　　休，有罰而無獎，無福而只有極……伏翁《洪範》學遞受之仲尼，合《春秋》大
　　義。」言《洪範》言天人相應本就休、咎兩面，而《春秋》則僅言咎而不言休。見
　　氏著：《尚書學史》（臺北：五南圖書出版公司，2010年），頁486。

75　程頤主張「暴政時所出現的祥瑞應該被視為異」，即是指「有年」之類的事。見侯
　　道儒：〈天人感應在宋代的政治作用：程頤為主軸的討論〉，頁242。

76　〔宋〕高閌：《春秋集註》，卷9，頁1。

式上肯定天人之間有所關連外，並沒有對災異所要預示的實質內容上說解。與這個例子相類的還有對昭公二十三年「地震」的解釋為：「地道安靜，以震為異，當是之時禍亂極矣。」[77]對文公三年「雨螽于宋」也僅言：「雨螽與隕石同義，皆天之應也。」[78]也都只是描述當時政治混亂以致引起地震、雨螽，並沒有進一步的說明。高閌對文公十三年「世室屋壞」的說解：

> 觀《春秋》文公事宗廟最為不謹，非所謂卑宮室，而致孝乎鬼神者也。況世室者，人子所常有事焉者也，公每月朝之，有司又當以時黝堊之，豈有將壞而不知者？且又無淫雨之災，而其屋自壞，此乃所謂變異也。天人之際可不畏哉？[79]

世室是魯國始封王伯禽之廟，依當時的禮節，文公每月都要朝拜，也有專人負責修繕，《春秋》當年又沒有其他的大雨等災害，世室怎麼可能會損壞？所以高閌認為這是世室「自壞」，故將此條列為災異之中，並認為由此可見「天人之際」。但問題是高閌在此條中除了批評文公事宗廟不謹慎外，並沒有明言世室自壞到底預示了什麼或是在懲戒什麼？以上這些例子，都呈顯了高閌對《春秋》中所記災異，與其所對應的人事，僅只有提供大方向的說明而已。

（二）高閌對《春秋》災異書記形式的發揮

《春秋集註》作為詮解《春秋》的著作，高閌除了在大方向上對《春秋》內容有哪些屬於災異做出界定、對《春秋》書記災異的原則

---

77 〔宋〕高閌：《春秋集註》，卷34，頁10。
78 〔宋〕高閌：《春秋集註》，卷17，頁10。
79 〔宋〕高閌：《春秋集註》，卷19，頁7。

做出解釋外，他同時對《春秋》所記災異做了更細緻的說解，亦即進一步對《春秋》不同的文字書記形式，做出內容意義上的闡發。也就是說，《春秋》記災異之事，其內容意義不僅止於產生災異的原因，它同時也兼含了孔子「如何」透過書記這些災異而欲傳達出獨特的意義。

如高閌觀察到《春秋》中有八次記「大水」，但其中七次都是在秋天，獨有莊公十三年記「夏，大水」，高閌對此的解釋是：「《春秋》書大水者八，而此獨書夏者，又見其害于耕也。」[80]認為其中的差別在於，秋天發生大水之災已近收成，所以說：「秋，大水而無麥、苗……因水災而無也。」[81]而夏天發生大水災，則是妨害耕作。高閌在此不但說明為何要記「大水」，而且也說明此條「大水」繫於「夏」所呈顯出的獨特意義。又如前言《春秋》共書記十次螽災，高閌也注意到其又區分為兩種形式：一是在「螽」前加月份，一是僅言季節而不記月份。高閌對《春秋》宣公六年記「秋，八月，螽。」的解釋為：

> 秋螽書八月者，惟八月有之非歷時也，螽為農災，王道所重，今以月書，則為災不久，輕于以時書者矣，然而聖人猶書以示後世者，欲人君知以農為重也。[82]

高閌認為既然《春秋》有兩種不同的書記形式，其亦應蘊涵著兩種不同的意思：一種是若在「螽」前書有月份，表示螽蟲為災不久。另一種則是僅書記季節，則表示此次為災甚久的意思。[83]總體而言，《春

---

80 〔宋〕高閌：《春秋集註》，卷6，頁9。
81 〔宋〕高閌：《春秋集註》，卷9，頁1。
82 〔宋〕高閌：《春秋集註》，卷22，頁1-2。
83 在《公羊》中並沒有這樣的區別，在《穀梁》則有「甚則月，不甚則時。」的說

秋》記「螽」的原因雖然都是因為「欲人君知以農為重」，但因書記形式的不同，所以其具有的「大義」就有所不同。

　　這種透過區分《春秋》中細微書記形式的差異，進而發掘出更深刻《春秋》「大義」的詮解方式，是《春秋》學中重要的傳統。在高閌的《春秋集註》中很能呈顯這種特質，這又亦可以從其對「不雨」的解釋中得見。《春秋》中共記七次「不雨」，除莊公一次外，其餘僖公與文公各有三次「不雨」的記錄。[84]高閌對於僖公與文公時記「不雨」的詮釋即有所不同，高閌對僖公二年書記「不雨」的解釋是：「萬物需雨以生，需雨以成，一時愆亢猶有所損，況不雨幾于彌年，則其災可知。此書首月，以見一時不雨，而僖公已為之憂矣。」[85]但對文公二年書記「不雨」的解釋則是：「此可以見一歲之望盡失矣，八月雖雨，無及也。文公無意于民，怠于政事可知矣。」[86]雖同樣記「不雨」，但是高閌認為必須兼由上下文才能真正得知《春秋》之意，由於僖公時書「不雨」，是僅繫於單月之下，而記文公時的三次「不雨」，則都多加了「至于秋七月」數字，可見文公之時的不雨為災之甚。高閌更進一步主張：雖然「不雨」都是為災，[87]但僖公對單月不雨「已為之憂矣」，是「以不雨為念」。而文公則是「無意于民，

法，與高閌之說恰好相反。分見：〔晉〕范甯集解，〔唐〕楊士勛疏，夏先培整理，楊向奎審定：《春秋穀梁傳注疏》，卷2，頁25、卷3，頁50-51、卷8，頁153。

84　分別在：僖公二年「冬十月，不雨」、僖公三年「春，王正月，不雨」、僖公三年「夏四月，不雨」、文公二年「自十有二月不雨，至于秋七月」、文公十年「自正月不雨，至于秋七月。」及文公十三年「自正月不雨，至于秋七月。」分見楊伯峻：《春秋左傳注》，頁280、284、518、575、593。

85　〔宋〕高閌：《春秋集註》，卷14，頁9。

86　〔宋〕高閌：《春秋集註》，卷17，頁5-6。

87　高閌認為雖然《春秋》中沒有書「災」字，但僖公時的「不雨」已含有災的意思，其言：「連于首月總書之，見其為災之久，而僖公以不雨為念也。」見〔宋〕高閌：《春秋集註》，卷14，頁9。

怠于政事。」說明《春秋》透過書記形式的不同，用以表達對兩君的褒貶之異。

又如觀察高閌對《春秋》日食相關記錄的解釋，更能呈顯出這個特點。《春秋》共記日食三十六次，是所有災異中比例最高的。高閌認為《春秋》對日食的記錄形式的不同，也隱含著孔子的精微評價。如其對隱公三年「春，王，二月己巳，日有食之」的解釋為：

> 按《長曆》二月己巳朔，此不書朔，因舊史也。然則聖人作經豈不攷而正之乎？曰：周衰，天子不班曆。魯曆不正，置閏不得其月，月之大小，不得其度。或在朔前，或在朔後，聖人因舊史而書之，為後世戒。[88]

又在莊公十八年「春，王，三月，日有食之。」的注中說：

> 隱三年日食不書朔，王失正統也。桓十七年日食不書日，王無以紀天下也。至是朔、日皆不書，蓋弛之也。此惠王元年之變。按《長曆》三月，癸未朔而《春秋》弗正之者，因舊史以見王政之弛也。[89]

《春秋》對日食記法最完整的形式應如桓公三年：「秋，七月，壬辰，朔，日有食之。」同時記有日食之月、日及朔。但是在隱公三年缺少了「朔」、桓公十七年則不記「日」，而在莊公十八年則是「日」、「朔」俱缺。[90]也就是說，《春秋》這四則關於日食的記錄，僅有桓公

---

88 〔宋〕高閌：《春秋集註》，卷1，頁16-17。
89 〔宋〕高閌：《春秋集註》，卷10，頁6-7。
90 《春秋》記桓公十七年日食的經文為：「冬，十月，朔，日有食之。」高閌對不記

三年的一則記錄是完整無缺，其餘三則都有所不全。高閌認為，《春秋》在書記日食時之所以不直接補足日、朔，是因為透過如此的書記形式，一來能向後人傳達《春秋》是「因舊史」而來，[91] 二來又可以透過此缺失，進而呈顯出對「王政之弛」的譴責。

由以上高閌對「大水」、「螽」、「不雨」及「日食」的四類說明，可以看出高閌認為對《春秋》災異之事的解讀，並不僅止於說明災異的起因、及其所象徵的意義，更要說明其在文字書記形式上所具有的獨特含意。因為《春秋》記災異，不僅是災異事件的本身，孔子在書記這些災異時也同時加入了各種價值判斷，解經者必須將這幾層意思解讀出來，才算是完整詮釋。

四　結論與反省

傳統儒者在面對哲學思想問題進行思考時，大多依憑著經典內容，據以回應不同的哲學問題，於是他們往往必須同時兼顧經典內容與哲學問題的深度，這種情形在對經典注解者身上尤為明顯。

以高閌的《春秋集註》對災異的解說為焦點，可以有三個不同層次的結論及反省。首先，因為解經的需要，所以高閌很清楚的指明了《春秋》中災異的例子。這些歸屬於災異的例子與何休並不完全相同。如高閌認為「有年」、「郊牛之口傷」亦屬災異，而何休等人卻並不如此認為。由此可見，在何事屬於災異的判別與運用上，並非是自

日的解釋為：「按《長曆》是庚午，而不書日者，因舊史也。」見〔宋〕高閌：《春秋集註》，卷7，頁10。

91 從文意來看，舊史缺記日、朔兩者，其間又小有差別：因日食均為朔日，所以縱使「舊史之失」，孔子應可直書無疑，較為簡便。而日食於何日，則必須透過曆法及相關記載而補足。

明的。而且在高閌所認定的災異中,雖然有提出「凡害及物為災」與
「非常者為異」的大致分別,但在事實上,並不容易完全清楚分別。
更重要是,高閌對於災異的四個起因的說明中,將很多為災之事歸屬
於因為施政不協而直接引起,並非是透過天人感應而生。凡此種種,
都可以讓我們對於宋代災異說有更多的認識。

其次,前人已指出宋代許多儒者如歐陽修、劉敞、陳舜愈等人,
其對於董仲舒、劉向、劉歆三人的「事應說」提出了批評,認為這種
說法「失聖人本意者」。但另一方面,他們卻往往在上奏時,又基於政
治的需要「堂而皇之地依據事應說形成自己的理論」。[92]故而小島毅說:

> 北宋的論者們說天與人無關,只是為了擊破自古以來的「事
> 應」說這種觀點本身,從總體上說他們並沒有將天與人之間存
> 在感應這個大前提完全排除在外。[93]

簡而言之,就是從宋代政治現實的觀點來看,歐陽修等人不論是反對
漢代的「事應說」,或是贊成天人相應的理論,追根究柢,他們都只
把災異理論當作一種政治工具來使用。所以不論是歐陽修或王安石,
都會「挪用傳統天人感應說來加強他們的政治論述」。[94]也因如此,所
以他們在攻擊政敵與我自說解時,對於災異是否對應至人事,立場往
往並不一致。相形之下,高閌在《春秋集註》中所採取的立場則相對
較為統一:高閌認為天人確實是相應的,高閌雖然在原則上反對漢儒
的「事應說」,但在對於魯宣公、文姜、東門襄仲及敬嬴等幾個例子
中,仍然採取了劉歆等人的「事應說」的看法。值得注意的是,高閌

---

92 小島毅:〈宋代天譴論的政治理念〉,頁288、290。
93 小島毅:〈宋代天譴論的政治理念〉,頁293。
94 侯道儒:〈天人感應在宋代的政治作用:程頤為主軸的討論〉,頁240。

在運用「事應說」時，多是集中在對個人的懲戒上發揮。相對的，在預示或警告的層次，高閌幾乎沒有用「事應說」來解釋。我們可以說，或許高閌仍無法完全脫離「事應說」的影響，但其卻大大的縮小了「事應說」的應用範圍。更重要的是，高閌並沒有如歐陽修等人，對於天人感應同時秉持著兩種相反的立場，高閌從不反對天人感應的說法。但若就更細部來看，高閌認為「不修其國政」而致使水、旱而成災的看法，將某些災歸於政府人為努力不夠的說法，則是承續了范仲淹「災異」與「禍變」的區分。[95]這種解釋會讓具有譴告意涵的天人相應理論，大大的縮小了其可以適用範圍，使許多災異現象逐漸脫去了不可知與其神祕性。

最後，就解釋《春秋》的層次來看，高閌對於《春秋》中災異記錄的解釋態度，是與其對《春秋》的價值判定有關。若將《春秋》中的災異相關記錄，單純視為記災、記異，而沒有更深的涵意，那麼對於經典的解釋也就僅止於「知其然而不知其所以然」了，如歐陽修即言：

> 蓋聖人不絕天於人，亦不以天參人。絕天於人則天道廢；以天參人則人事惑，故常存而不究也。《春秋》雖書日食、星變之類，孔子未嘗道其所以然者，故其弟子之徒，莫得有所述於後世也。[96]

這樣的理解方式將災異與人事兩者截然劃分，好處是各不相干，省卻了許多說解及理論上的麻煩，但缺點則是「莫得有所述」。但歷來許多解經者，往往不甘於對這些經文無所述說，認為雖然孔子不曾「道其

---

95 小島毅：〈宋代天譴論的政治理念〉，頁309。

96 〔宋〕歐陽修：《新五代史・司天考》（北京：中華書局，1974年），卷59，頁705。

所以然」，但解經者們相信這些經典內容必然存在「其有所然」線索，故自不免試圖加以詮說。清代趙翼把這其中的轉折說得十分清楚：

> 惟《春秋》記人事，兼記天變，蓋猶是三代以來記載之古法，非孔子所創也。[97]

趙翼認為若從史書的演變立場來看，「記天變」是史家成法，並非孔子所創。但若如此，則《春秋》作為一部神聖經典的價值即會有所減損。所以趙翼在同條中又言：

> 抑思孔子修《春秋》，日食三十六，地震五，山陵崩二，彗星見三，夜恆星不見星隕如雨一，火災十四，以及五石隕墜，六鶂退飛，多麋，有蜮、鸐鴝來巢，晝瞑晦，大雨雹，雨木冰，李梅冬實，七月霜，八月殺菽之類，大書特書不一書，如果與人無涉，則聖人亦何事多費此筆墨哉！[98]

史家成法是一回事，但孔子要不要遵循這個成法又是另一回事。趙翼設想，若孔子採用了這一成法，則必然有其深意。之前的史家或許記天變時沒有意識到天人間的關連，但孔子必然有這個意思，否則「何事多費此筆墨哉！」趙翼的說法正是歷來許多解釋《春秋》者的基本立場。就高閌而言，他認為《春秋》中的災異記錄，有時更可以成為判斷某些具有爭議人物的旁證，如隱公九年「三月，癸酉，大雨，震電。庚辰，大雨雪。」記有一連串的天變，高閌言：

---

97 〔清〕趙翼著，王樹民校證：《二十二史劄記校證‧漢儒言災異》（北京：中華書局，1984年），卷2，頁39。
98 〔清〕趙翼著，王樹民校證：《二十二史劄記校證‧漢儒言災異》，卷2，頁40。

建寅之月而大雨震電，八日之間復大雨雪。大雨震電者，大雨
而又震電也。大雨雪者，甚言乎其雪也。雨自上下者，凡稱大
者，皆非常之辭。夫天反時為災，人反德為亂。隱公以讓國為
名，而乃從事于爭，此反德也。利將反而為害，親將反而為
賊，天之見戒深矣，而弗儆弗戒，以及于難。[99]

對隱公攝政的看法，《公羊傳》與《穀梁傳》本來就小有不同，《公
羊》認為是「成公意」，而《穀梁》則認為「廢天倫而忘君父，以行
小惠」。[100]但是《公羊傳》與《穀梁傳》均一致認為，隱公是真心要
將魯君之位留給其弟桓公。但高閌卻有不同的看法，他認為隱公是
「名曰為桓，而其心則殆將竊名者耳。」[101]認為隱公是欺世盜名之
徒。而《春秋》在隱公九年中所記錄一連串的災變，則是成為高閌判
斷的證據。也就是說，就《春秋》學而言，災異說幾乎是難以避免
的，這不僅在政治上需要用災異說以要求君王「修省」。更因為在說
解內容十分簡省的《春秋》時，若不願止於字面上浮泛的說法，而要
進一步深究其書記災異因由，災異說幾乎是必然會發展出的結果。在
此意義下，《春秋》學很難完全脫去災異說的色彩，因為此說與《春
秋》的相關記載結合得極為緊密。

99　〔宋〕高閌：《春秋集註》，卷3，頁5。

100　分見〔漢〕公羊壽傳，〔漢〕何休解詁，〔唐〕徐彥疏，浦衛忠整理，楊向奎審
　　定：《春秋公羊傳注疏》，卷1，頁12；〔晉〕范甯集解，〔唐〕楊士勛疏，夏先培整
　　理，楊向奎審定：《春秋穀梁傳注疏》，卷1，頁3。

101　〔宋〕高閌：《春秋集註》，卷1，頁5。

陸象山《春秋》觀探微[*]

一　前言

　　陸九淵（象山，1139-1192）不但是位傑出的宋代理學家，更是理學中「心學」的代表人物。象山在學術上特別強調及重視「本心」的發用，對於典籍本身的注意力較少。相較之下，與象山同時的朱熹（1130-1200）則似乎是將重點放在心對天理的認識及涵養為主。於是即有人以象山「尊德性」、朱子「道問學」學術風格來區分象山與朱熹的不同。雖然在理論上朱熹未嘗不「尊德性」，而陸象山也絕未反對「道問學」。但在事實上，朱熹一生遍注群經，對於儒學許多重要的典籍，大多有注解，其自三十四歲起一直到六十九歲，總是孜孜不倦的疏解經典。[1]相對的，象山並沒有如朱熹或其他歷史上重要儒者一般用心於解釋經典，甚至於連對經典內容的討論都沒有留下太多的記錄。

　　但是象山曾經有三次公開宣講經典的記錄，分別是在淳熙八年（1181）象山四十三歲時於白鹿洞講《論語》、淳熙九年（1182）與十年（1183）象山四十四、四十五歲時在國子學講《春秋》，以及在紹熙三年（1192）象山五十四歲時於荊門為吏民講《尚書》中「皇極」之

---

[*]　本文初稿發表於「2007宋明理學學術研討會」（桃園：中央大學儒學研究中心，2007年10月8-9日）。後正式刊登於《當代儒學研究》第4期（2008年7月），頁1-36頁。

[1]　安井小太郎等講述，林慶彰，連清吉譯：〈朱子的經學〉，收入氏等著《經學史》（臺北：萬卷樓圖書公司，1996年），頁249。

義。在這三次的宣講中，於國子學講《春秋》是最正式也是分量最多
的一次。而且值得注意的是，素不著書的象山在淳熙十六年（1189）
五十一歲時竟有意為《春秋》作傳：

> 壽皇內禪，光宗皇帝即位，詔先生知荊門軍。先生始欲著書，
> 嘗言諸儒說《春秋》之謬尤甚於諸經，將先作傳。值得守荊之
> 命而不果。[2]

象山認為在儒學經典中對《春秋》的理解最為紛歧，所以有意為《春
秋》寫作注解。但此時適逢孝宗將皇位內禪光宗，光宗命令象山至荊
門任官，象山注解《春秋》之事便暫擱下，日後象山也未曾完成此
事。從這一記錄中，不但可以看出象山在其思想圓熟時對《春秋》的
內容興趣頗高，甚至於想透過注解《春秋》來闡明自己以至孔門思
想。雖然此事最終沒有完成，但透過對象山《春秋》觀的研究，當可
以發掘出象山以往不太受人注意的想法。[3]

　　本文在安排上試圖透過象山「所言」與「所為」兩個層次的考
察，一方面凸顯出象山《春秋》觀的特色，另一方面也試圖探討心學
家對於注解經典的限制。

二　象山對經典的看法

　　雖說陸象山本人並沒有直接鼓勵弟子後學不必研讀經典，但象山

2　〔宋〕陸象山著，鍾哲點校：〈年譜〉，《陸九淵集》（北京：中華書局，1980年），卷
　　36，頁506。

3　見林繼平：〈六經註我，我註六經〉，《陸象山研究》（臺北：臺灣商務印書館，2001
　　年），第9章，頁184-225。中論及象山對《論語》、《孟子》、《大學》、《中庸》、《易
　　傳》及《尚書》的看法，卻沒有對象山的《春秋》觀有任何的說解。

不重視研讀儒家經典的印象亦不是憑空而來，因為象山的許多言論常給人輕視經典的感覺。如其曾言「子夏之學，傳之後世尤有害。」[4]雖然沒有明言子夏之學內容為何，但直言子夏之學傳之後世「有害」即是一種嚴厲的批評。象山在對伯敏問答時將這個意思表達得更清楚：

> 異端非佛老之謂。異乎此理，如季繹之徒，便是異端。孔門惟顏、曾傳道，他未有聞。蓋顏曾從裡面出來，他人外面入去。今所傳者，乃子夏子張之徒，外入之學。曾子所傳，至孟子不復傳矣。[5]

象山強調為學要先立志、求放心，其學異乎此者皆為異端。所以他將孔子弟子分為兩類：顏回、曾子是「從裡面出來」，而其他學生則是「外面入去」。只有顏回、曾子是真正傳孔子之道，所以象山說：「夫子之門，惟顏曾得其傳。」[6]而孔子另一類弟子如子夏等人則為異端。這個論斷對傳統儒者而言是極大的挑戰，因為儒家視孔子為聖人，五經為聖典，而子夏對五經的傳布占有一關鍵的地位。洪邁（1123-1202）即言：

> 孔子弟子惟子夏於諸經獨有書……於《易》則有傳，於《詩》則有序。……於《禮》則有〈儀禮・喪服〉一篇……於《春秋》，所云「不能贊一辭」，蓋亦嘗從事於斯矣。公羊高實受之於子夏，穀梁赤者，《風俗通》亦云子夏門人。於《論語》，則

4　〔宋〕陸象山，鍾哲點校：〈語錄上〉，《陸九淵集》，卷34，頁408。
5　〔宋〕陸象山，鍾哲點校：〈語錄下〉，《陸九淵集》，卷35，頁443。
6　〔宋〕陸象山，鍾哲點校：〈雜說〉，《陸九淵集》，卷22，頁271。

鄭康成以為仲弓、子夏等所撰定也。[7]

洪邁為象山同時代的儒者，洪邁對子夏的評斷當可以代表當時大部分
儒者的見解。子夏在《易》、《詩》、《禮》、《春秋》、《論語》等儒家經
典的傳承中都具有相當獨特且重要的地位，象山卻認為子夏並非真得
孔子之學。這對視五經為聖典的儒者而言，當然是很難接受的說法。
更重要的是：若連對親炙於孔子，對經書十分精熟的子夏都未傳孔子
之道，那麼研究經典在儒學中的地位究竟為何？熟研五經是否是儒者
的必要條件？象山亦曾以策問的方式提出此問題：

> 夫子刪《詩》、定《書》、繫《周易》、作《春秋》，傳曾子則有
> 《孝經》，子思所傳則有《中庸》，門人所記則有《論語》。簡
> 編雖出煨爐，而西都搜求參校之詳，猶足傳信。凡此固夫子所
> 以詔教後世，而後世所以學夫子者，亦未有捨此而能得其門者
> 也。《論語》載當時問答與疇昔訓詞，既不得親炙於當時，則
> 視其所載，亦可以如親聞於當時也。然學必有業，不知當時在
> 夫子之門者，業果安在？[8]

象山對於儒家經典有幾點看法：一、他認為五經中《詩》、《書》、
《易》曾為孔子所刪定與解釋，《春秋》則為孔子手著，而《禮》則
「多原老氏之意」。[9]二、《孝經》、《中庸》分別為曾子、子思所著。
而《論語》則是孔子門人所記。三、因孔子已死，所以後人必須透過

---

7 〔宋〕洪邁：〈子夏經學〉，《容齋續筆》（北京：中華書局，2005年），卷14，頁397-
398。
8 〔宋〕陸象山，鍾哲點校：〈策問〉，《陸九淵集》，卷24，頁290。
9 〔宋〕陸象山，鍾哲點校：〈語錄上〉，《陸九淵集》，卷34，頁407。此語又見於
〈年譜〉，卷36，頁504。

以上經典才可能向孔子學習。這三點見解除《禮》多「原老氏之意」外，大致與一般儒者看法相近，但象山進一步提出一個尖銳的問題：「然學必有業，不知當時在夫子之門者，業果安在？」尤其象山進一步說：「三千之中，獨薦顏淵好學……不識亦有可得而知者乎？」[10]孔子以顏淵「不違仁」、「不改其樂」、「不遷怒、不貳過」稱其好學，其中並無一語關涉到顏淵對研習經典的能力，象山由此問題進而表示出其認為孔子之學的關鍵點應是不在於研讀經典。

象山對於不依靠經典而成「學」的看法深具信心，這可由其在淳熙二年（1175）象山三十七歲時與朱子等人在鵝湖辯論，陸象山主張發明本心為先、博覽為後，並想要追問朱熹：「堯舜之前何書可讀？」的問題看出。[11]朱子與象山對研讀經典的差異，朱熹曾經寫信給其他學者說：「陸子靜專以尊德性誨人，故游其門者多踐履之士，然於道問學處欠了。」朱熹此段話語所指的應不止於象山門人，亦應包含象山。所以象山直接說出「既不知尊德性，焉有所謂道問學？」[12]

關於象山「尊德性」與朱子「道問學」的差異可以由兩個面向去觀察：

第一、若從儒學之義理型態來看，這可以是「靜攝形態與直貫形態之不同」，楊祖漢言：

> 象山並不是反對多學而識、博學於文，而教人不讀書。他自己亦十分勤學，亦教人讀書的方法。他是反對以向外格物窮理的方式來求明白道德之理，即反對以講求知識的方式來講道德，

---

10 〔宋〕陸象山，鍾哲點校：〈策問〉，《陸九淵集》，卷24，頁290。

11 〔宋〕陸象山，鍾哲點校：〈年譜〉，《陸九淵集》，卷36，頁491。雖然象山在與朱熹的對談中並沒有真的提出這個問題。

12 〔宋〕陸象山，鍾哲點校：〈語錄上〉，《陸九淵集》，卷34，頁400。

他要扭轉這種求理於外，而不知本心即理的歧出理論。……故
若以為象山反對知識的講求，而以為朱陸學術之異，在於一主
道問學，一主尊德性，是不中肯的。二賢的不同，誠如牟宗三
先生所說，是靜攝形態與直貫形態之不同。[13]

象山認為「尊德性」之所以優先於「道問學」是因為德性根於本心，
為本心所有因而不假外求。進一步來說，若不能「尊德性」，則「道
問學」終亦為虛妄。象山言：「未能入德，則典則法度如何知之？」[14]
即是這個意思。

　　第二、從典籍的內容而論，象山其實並不那麼相信由精研儒家典
籍可以正確無誤的發見真理，其言：

然往哲之言，因時乘理，其指不一。方冊所載，又有正偽、純
疵，若不能擇，則是泛觀。欲取決於師友，師友之言亦不一，
又有是非、當否，若不能擇，則是泛從。泛觀泛從，何所至
止？如彼作室于道，是用不潰于成。欲取其一而從之，則又安
知非私意偏說？[15]

前哲之言，往往因時而發。若不能回到當時具體的情境，未必能真實
的了解其原來的旨意。再加上典籍在流傳過程中常有許多的佚失與偽
作等等情況，若沒有選擇一概相信，則流於「泛觀」、「泛說」。正因
如此，象山認為師友之言都未必可信，更何況是書中所記之言：

---

13 楊祖漢：〈陸象山「心學」的義理與王陽明對象山之學的了解〉，收入《儒家的心學
　　傳統》（臺北：文津出版社，1992年），頁162。
14 〔宋〕陸象山，鍾哲點校：〈語錄上〉，《陸九淵集》，卷34，頁399。
15 〔宋〕陸象山，鍾哲點校：〈學說〉，《陸九淵集》，卷21，頁263。

> 昔人之書不可以不信，亦不可以必信，顧於理如何耳。蓋書可
> 得而偽為也，理不可得而偽為也。使書之所言者理耶，吾固可
> 以理揆之；使書之所言者事耶，則事未始無其理也。觀昔人之
> 書而斷於理，則真偽將焉逃哉？苟不明於理而惟書之信，幸而
> 取其真者也，如其偽而取之，則其弊將有不可勝者矣。孟子
> 曰：「吾於〈武成〉取二三策而已矣。」非明於理者，孰能與
> 於此。[16]

象山以孟子對於《尚書》的態度為例，認為就算是儒學經典之內容也
未必可以全信。由此延伸出來的問題是：在信與不信之間必然要有個
標準去判斷，象山主張這個標準就是「理」。象山認為不論書中所記
之理或事，若合於「理」則為真，與「理」不合則為偽。高懸「理」
為判定典籍內容的標準，是象山獨特且強烈的看法。以「理」作為最
後的判斷標準是理學家的共同主張，但這個主張的問題往往是產生在
「理從何得知？」這個問題。

象山不論從價值義或工夫進路，均主張「道問學」必須依附在
「尊德性」之後。相對之下，朱熹則是將「問學」視為「成德」的必
要途徑，也就是說捨「問學」外別無「成德」之途。如黃進興言：

> 朱熹的觀點具有強烈的歷史文化的含意，他認為孔子伊始，
> 「學」，尤其是經典的研習一直是求道的主要途徑。[17]

朱子雖然也並不全然相信經典的絕對性，但對鑽研經典作為「求道的

---

16 〔宋〕陸象山，鍾哲點校：〈取二三策而已矣〉，《陸九淵集》，卷32，頁380。

17 黃進興：〈朱陸異同——一個哲學詮釋〉，收入田浩編，楊立華等譯，姜長蘇等校：
　《宋代思想史論》（北京：社會科學文獻出版社，2003年），頁432。

主要途徑」是非常堅持的，也因為這樣的堅持，所以朱子「具強烈的
歷史文化的含意」。對於這個差異，余英時的說法更加清楚：

> 按照陸象山的觀點，這個為每個人所分享的絕對的道德心是不
> 隨時間而改變的，因此，歷史造成不了什麼差別，傳統也無根
> 本的重要性。「發明本心」完全依靠每個人的努力，而不可能
> 以指靠聖人之說或聖人之心作為根本方法。……他將重點放在
> 自得而非讀書上，讀書僅提供了一個獲得啟示的機會。……他
> 不滿意其兄陸九齡所作之詩的第二行：「古聖相傳只此心。」
> 在答詩中，他說：「斯人千古不磨心。」很清楚，以他的觀
> 點，「發明本心」主要地依賴於每個人的「自得」，然而，「傳
> 心」卻暗示著對聖人之心，必然也是對聖人之說的依賴。[18]

因為象山深信「此心即理」，所以並不認為理必須一定要經由「問
學」的途徑才可以獲得。象山認為「心」或「理」才是衡定「學」的
標準。

　　但事實上，許多研究陸象山的學者都注意到了象山並非不讀書，
象山不論是在自身的行為或言論上，都曾表示自己用心閱讀經典。其
言自己「長兄每四更一點起時，只見某在看書，或檢書，或默坐。」[19]
象山並說認為他「懶」的批評十分可笑，因為閱讀經典是他日常生活
的重要部分。象山對其學生讀經書的指導則是：

> 後生看《經》書，須著看注疏及先儒解釋，不然，執己見議

---

18 余英時：〈朱熹哲學體系中的道德與知識〉，收入田浩編，楊立華等譯，姜長蘇等校
　　《宋代思想史論》，頁277。

19 〔宋〕陸象山，鍾哲點校：〈語錄下〉，《陸九淵集》，卷35，頁463。

論，恐入自是之域，便輕視古人。至漢唐間名臣議論，反之吾心，有甚悖道處，亦須自家有「徵諸庶民而不謬」底道理，然後別白言之。[20]

就學習的歷程而言，留心傳疏對於研讀經書來說是不可忽略，若完全以自己的想法去讀經，則不免「輕視古人」。又有一次其學生問：「讀六經當先看何人解註？」時，象山則回答「須先精看古註」。[21]象山這種見解與其「六經註我，我註六經。」[22]的名言似乎有所不同。其實象山說「我註六經」時是在回應有人問：「先生何不著書？」的問題脈絡下所言，此言可以視為象山對心即理精熟之後的反應，其並不表示人人在為學之始時即可以「我註六經」。[23]祈潤興對於象山「讀書」的態度有一個很有趣的觀察：

> 對待讀書考古的態度，陸九淵的主張先後有微妙的變化。鵝湖之會前，他強烈反對「留情傳注」和「著意精微」的讀書考據方法，理由是此心千古不會磨滅，堯舜之前無書可讀。經過呂祖謙、朱熹等人的批評，特別是經過到朱熹故居崇安縣任主簿與到南康白鹿洞書院講解《論語》等事上磨煉，陸九淵在總結了自己志學時期讀書經驗的基礎上，逐漸形成了一套以發明本心為主，精讀古書為輔的心學教法。[24]

---

20 〔宋〕陸象山，鍾哲點校：〈語錄下〉《陸九淵集》，卷35，頁431。

21 〔宋〕陸象山，鍾哲點校：〈語錄上〉，《陸九淵集》，卷34，頁408。

22 〔宋〕陸象山，鍾哲點校：〈語錄上〉，《陸九淵集》，卷34，頁399。

23 但就象山而言，其智慧開展甚早，依其年譜所載，象山八歲時「讀《論語‧學而》，即疑〈有子〉三章。」又覺「伊川之言，奚為與孔孟之言不類？」，這當是其後自信可以「我註六經」的緣由。見〔宋〕陸象山，鍾哲點校：〈年譜〉，《陸九淵集》，卷36，頁481-482。

24 祈潤興：《陸九淵評傳》（南京：南京大學出版社，1998年），頁149-150。

雖然在鵝湖之會後，象山對於研讀經典的態度有稍稍的改變，多有強調讀書之言，「但其學之本質則不必有任何改變」。[25]也就是說，象山仍是認為研讀經典最多僅能作為肯認本心的一種外緣助力，真正要對理有所掌握，還是要以本心為主。

三 象山的《春秋》觀

宋朝儒者對《春秋》的研究頗豐，這從宋儒對《春秋》的注解之多中可見一斑。根據宋鼎宗先生對《宋史・藝文志》的統計，宋儒關於五經注疏中以《春秋》類為最多，[26]但有趣的是，理學家對於《春秋》的興趣反而不高。宋朝理學家對於《春秋》的專著很少，而且幾乎都沒有完整的著作，如程伊川雖有《春秋傳》，但那是未完成之作；朱熹遍注群經，最後仍放棄注解《春秋》，「並戒學者勿治」。[27]象山雖有意寫成《春秋》注解，但終究亦沒有成書。本文對於象山《春秋》觀的討論，在材料上主要是以其〈大學春秋講義〉為主。加上象山其他關於《春秋》的說法為輔，盡量勾勒出其對《春秋》的相關看法。[28]〈大學春秋講義〉是淳熙九年象山為國子正時，在當年八月十

---

25 劉述先：《朱子哲學思想的發展與完成》（臺北：臺灣學生書局，1984年），頁438。

26 宋鼎宗言：「夫宋儒所著經部書，著錄於《宋史・藝文志》者，以《春秋》類為最夥，居諸經之首位。」見氏著：《春秋宋學發微》（臺北：文史哲出版社，1986年），頁36。

27 錢穆語，見氏著：《朱子新學案》（臺北：聯經出版事業公司，1995年），冊4，頁107。朱子說解《春秋》「然其間極有無定當、難處置處。」又說「《春秋》難看，此生不敢問。」均見〔宋〕黎靖德編：《朱子語類》第6冊（北京：中華書局，1994年），卷83，頁2176。

28 本文原題為〈陸象山《春秋》學探微〉，承中央大學孫致文教授指出〈大學春秋講義〉為象山之宣講記錄，而非象山所著之解經作品，故用〈大學春秋講義〉以論斷象山之《春秋》學未必為妥。筆者因此改為今題，用以較鬆泛標準論述象山對《春秋》看法。至於象山引用前賢看法是否即代表是象山亦持相同見解？則不容易有精

七日於國學開始講《春秋》六章，又於淳熙十年二月七日、七月十七日與十一月二十二日，[29]分別共講了四次二十四章。這三次公開講述當然沒有講完《春秋》的全部內容，象山對《春秋》的說解僅由宣公八年開始至宣公十年為止。而且象山也沒有對《春秋》這三年的內容逐條說解，中間有一些條目是沒有說解的。如象山由宣公八年「楚人滅舒蓼」開始講，但《春秋》在此之前尚有「春，公至自會」、「夏六月，公子遂如齊，至黃乃復」、「辛巳，有事于大廟，仲遂卒于垂」、「壬午，猶繹，萬入去籥」、「戊子，夫人嬴氏薨」及「晉師、白狄伐秦」等七條記錄。又如宣公十年象山僅由「六月，宋師伐滕」開始講，其前《春秋》尚有「春，公如齊，公至自齊」、「齊人歸我濟西田」、「夏四月丙辰，日有食之」、「己巳，齊侯元卒」、「齊崔氏出奔衛」、「公如齊」、「五月，公至自齊」、「癸巳，陳夏徵舒弒其君平國」八條記錄，也是象山沒有講述的。

綜合起來，象山對於《春秋》的看法大致有以下幾點：

（一）肯認《春秋》為孔子所作並認為其中存有至理

《春秋》為孔子所作之說由來已久，除去《三傳》不談，孟子是最早明確談及《春秋》一書的儒者。孟子說：「孔子成《春秋》而亂臣賊子懼。」[30]又說：「其義則丘竊取之矣。」[31]這兩句話除了明確指出《春秋》為孔子所做外，尚且認為《春秋》中有「義」。孟子對

準的判定。因為象山沒有其他關於《春秋》的經解，所以象山所引用前輩之說，若沒有與象山之學術思想內涵有所衝突，則筆者傾向認為亦即是象山的看法。

29 象山年譜中所記的時間與〈大學春秋講義〉略有不同，前兩次時間無異，後兩次年譜所記分別為淳熙十年七月十五日及十一月十三日。但這個差異無礙於對象山《春秋》觀的理解。

30 〔清〕焦循撰，沈文倬點校：《孟子正義》（北京：中華書局，1987年），卷13，頁459。

31 〔清〕焦循撰，沈文倬點校：《孟子正義》，卷16，頁574。

《春秋》所定的這個基調後,自漢以下由董仲舒、司馬遷及崇信《三傳》的儒者不斷的推崇《春秋》後,《春秋》在儒學中的地位一直都很穩固。[32]到了北宋時,在一片疑經的風潮下,逐漸有學者對《春秋》的內容提出懷疑,其中最著名的當是王安石認為《春秋》是「斷爛朝報」之譏且廢考《春秋》。[33]暫且不論王安石實際對《春秋》的評價為何,但無可懷疑的是,在北宋時即有儒者認為《春秋》價值不高。[34]但象山並沒有受到這樣思潮的影響,他不但確信《春秋》為孔子手訂,甚至認為五經之中除了《禮》有一部分源自老子外,其他四經都經過孔子手定,其言:「觀《春秋》《易》《詩》《書》經聖人手,則知編《論語》者亦有病。」[35]又說:

> 宋衛陳蔡之間,伐木、絕糧之事,則又幾危其身,然其行道之心,豈以此等而為之衰止?「文不在茲」、「期月而可」,此夫子之志也。《春秋》之作,殆不得已焉耳。[36]

象山依據孟子之說,認為《春秋》為孔子周遊列國後的晚年所作,是

---

32 在唐朝時,劉知幾是少數對《春秋》地位提出質疑的儒者。但劉知幾在一般儒者眼中「被看做是狂悖無理、離經叛道。」見趙伯雄:《春秋學史》(山東:山東教育出版社,2004年),頁374-384。而且劉知幾也沒有正式提出《春秋》非孔子所作。

33 目前最早提及王安石認為《春秋》為「斷爛朝報」的是宋朝蘇轍(1039-1112),他說:「王介甫以宰相解經,行之於世。至《春秋》漫不能通,則詆以為斷爛朝報,使天下士不得復學。」見〔宋〕蘇轍:《春秋集解·引》,收入《景印文淵閣四庫全書》(臺北:臺灣商務印書館,1983年),頁1。

34 宋代懷疑經書的儒者頗多,但對孔子作《春秋》一事則幾乎沒有人有懷疑。對《春秋》學的懷疑多集中在兩個問題:批評《三傳》是否真能解《春秋》以及《春秋》的價值是否有孟子、董仲舒等人所推崇的那麼高?見楊新勛:《宋代疑經研究》(北京:中華書局,2007年)頁286-288。

35 〔宋〕陸象山,鍾哲點校:〈語錄下〉,《陸九淵集》,卷35,頁434。

36 〔宋〕陸象山,鍾哲點校:〈與姪孫濬〉,《陸九淵集》,卷1,頁12。

夫子不得之據以明志的表現。兩相比較之下，《春秋》的價值甚至超過
《論語》，因為編《論語》者為孔子弟子，其中「亦有病」。在這個脈
絡下，象山很自然的也接受了《春秋》中有「大義」的看法，其言：

> 湯放桀，武王伐紂，即「民為貴，社稷次之，君為輕」之義。
> 孔子作《春秋》之言亦如此。[37]

又說：

> 理之所在，匹夫不可犯也。犯理之人，雖窮富極貴，世莫能
> 難，當受《春秋》之誅矣。[38]

所謂「民貴君輕」之義與富貴之人應受「《春秋》之誅」，在在都呈顯
出象山深信《春秋》中承載了孔子以至於儒家的義理。

（二）象山對前人說解《春秋》的批評及象山詮解《春秋》的方法

《春秋》為孔子所作並存有「大義」的說法在儒者之間爭議不
太，問題是《春秋》的大義究竟為何？這便涉及到如何解讀《春秋》
的方法問題。至少自漢代起，即有《三傳》分別對《春秋》加以詮
解。之後儒者各以其所見及立場依憑《三傳》解經，其間或有彼此相
互詰難，但基本上都是以緊守一傳為宗，少有兼採《三傳》來詮解
《春秋》。[39]從唐啖助、趙匡、陸淳開始，兼採《三傳》及批評《三

---

37 〔宋〕陸象山，鍾哲點校：〈語錄下〉，《陸九淵集》，卷35，頁473。
38 〔宋〕陸象山，鍾哲點校：〈與劉伯協二〉，《陸九淵集》，卷12，頁169。
39 〔清〕皮錫瑞：「惟《三傳》自古各自為說，無兼採《三傳》以成一書者。」見

傳》之風漸起，尤其是盧仝所著的《春秋摘微》一書，韓愈云：「《春
秋》三傳束高閣，獨抱遺經究終始。」[40]最為人所知。之後孫復著
《春秋尊王發微》，劉敞的《春秋傳》、《春秋權衡》及孫覺的《春秋
經解》等書，或批評與兼採《三傳》或自立新說，北宋理學大家程頤
的《春秋傳》亦類如此。

　　象山在說解《春秋》時，可能受到唐代啖助以來解經風氣的影
響，大都是直接表述《春秋》之意，其間並沒有援引或批評前人之說
以為證據。但這並不表示象山不了解或不關心前人的注解，其云：

> 聖人作《春秋》，初非有意於二百四十二年行事。又云：《春
> 秋》大概是存此理。又云：《春秋》之亡久矣，說《春秋》之
> 繆，尤甚於諸經也。[41]

又說：

> 後世之論《春秋》者，多如法令，非聖人之旨也。[42]

象山認為孔子著《春秋》不僅止於記事而且其間「存此理」，這是承
續孟子的「事」、「義」之說。但象山批評後世說《春秋》的錯誤多於
其他經書及說《春秋》者「多如法令」，則是一事的兩個方向發展。
《春秋》經文簡潔，從文字表面來看實不容易讀出「大義」，所以自
古說《春秋》者多以《三傳》為憑。但自漢代起，《三傳》的來源及

　　〔清〕皮錫瑞，周予同注釋：《經學歷史》（北京：中華書局，1981年），頁215。

40　〔唐〕韓昌黎著，錢仲聯集釋：〈寄盧仝〉，《韓昌黎詩繫年集釋》（上海：上海古籍
　　出版社，1984年），卷7，頁782。

41　〔宋〕陸象山，鍾哲點校：〈語錄上〉，《陸九淵集》，卷34，頁405。

42　〔宋〕陸象山，鍾哲點校：〈語錄上〉，《陸九淵集》，卷34，頁405。

傳承即被彼此懷疑，啖助以下更不接受《三傳》的權威，於是有兩種說解《春秋》的方式非常盛行：「以己意解經」與「以例解經」。[43]所謂「以己意解經」是指直接陳述他對《春秋》經文大義的看法，並不特別提出其他論據為理由；至於「以例解經」則是指透過《春秋》經文某些字詞使用的「規律」，作為說解經義的證據。因為「以己意解經」者並沒有提出其之所以如此說的論據，所以常常眾說紛紜，不知何者之說為是。在後人看來自然是有許多謬說。而「以例解經」者又有「變例」之說，常提出一些新的「義例」來說解《春秋》的「大義」。這兩種情形在宋朝尤為明顯，自孫復、劉敞等宋代《春秋》學的先驅人物以下，宋儒詮解《春秋》自創「義例」的情形所在多有，象山批評解《春秋》者「多如法令」應是由不滿這種方法而發。

象山對前人《春秋》相關著作的講評極少，其中象山特別提及對啖助、趙匡的評價：

> 嘗閱《春秋纂例》，謂學者曰：「啖趙說得有好處，故人謂啖趙有功於《春秋》。」又云：「人謂唐無理學，然反有不可厚誣者。」[44]

象山說啖助「有功於《春秋》」當指其不緊守一傳，開啟了新的研究《春秋》風氣而言；而這樣理解《春秋》的方式，是對「理學」是有

---

43 筆者並不是認為這兩種是完全獨立而不相涉及的解經方法，因為某些「以例解經」的著作也同時被批評為「以己意解經」，其間的問題相當複雜，無法於此文中深論。在此僅是為了敘述方便而暫時使用的分類說明。此外「以例說經」亦不是宋儒學發明，在《三傳》中即有以此方法解經。但啖助之後變本加厲，變成一極細密的解說《春秋》經方法。

44 〔宋〕陸象山，鍾哲點校：〈語錄上〉，《陸九淵集》，卷34，頁405。

所發明的。就此而論，象山還是認為經孔子手訂的《春秋》仍為「理學」的核心典籍。

除啖助之外，象山還曾經間接的評論過當時最有名的《春秋》注解——胡安國（1074-1138）的《春秋傳》（以下稱《春秋胡氏傳》）。[45]後人歸納宋儒詮解《春秋》有幾種不同的特色，其中最特出的當是「以理學解《春秋》」，胡安國所著的《春秋胡氏傳》則是其中最知名的著作。[46]因為胡安國在《春秋胡氏傳》中提到了邵雍、張載、程頤之說為其講述《春秋》的綱領，而這些儒者都是北宋理學名家。再加上胡安國師承伊川，後人自然將此書目為以理學觀點來詮解《春秋》的重要代表。但是象山似乎並不太欣賞此書：

> 臨川一學者初見，問曰：「每日如何觀書？」學者曰：「守規矩。」歡然問曰：「如何守規矩？」學者曰：「伊川《易傳》、胡氏《春秋》、上蔡《論語》、范氏《唐鑑》。」忽呵之曰：「陋說！」良久復問曰：「何者為規？」又頃問曰：「何者為矩？」學者但唯唯。次日復來，方對學者誦「乾知太始，坤作成物，乾以易知，坤以簡能」一章，畢，乃言曰：「〈乾文言〉云：『大哉乾元』，〈坤文言〉云：『至哉坤元。』聖人贊《易》，卻只是箇『簡易』字道了。」遍目學者曰：「又卻不是道難知也。」又曰：「道在邇而求諸遠，事在易而求諸難。」顧學者曰：「這方喚作規矩，公昨日來道甚規矩。」[47]

---

45 〔宋〕胡安國著，錢偉彊點校：〈述綱領〉，《春秋胡氏傳》（浙江：浙江古籍出版社，2010年），頁9-11。又：歷代儒者多有以《春秋傳》為名者，為避免混淆，故下文均稱此書為《春秋胡氏傳》。

46 汪惠敏：《宋代經學之研究》（臺北：師大書苑，1989年4月），頁277-280。

47 〔宋〕陸象山，鍾哲點校：〈語錄上〉，《陸九淵集》，卷34，頁429。

雖然這段對話並不針對《春秋胡氏傳》而發，主要對話也並非在討論書籍的內容，象山主要還是在關心學者在「立其大」的學習關鍵上。也就是說，象山認為「守規矩」並非是經由對《春秋》文詞的理解而來，而是要簡易直截的反求內心之理。但由象山衝口而出的「陋說」來看，象山亦似乎不甚看重此書。相較之下，朱熹雖說《春秋胡氏傳》「亦有太過處」，[48]但尚且謂此書「以義理穿鑿，故可觀」，[49]對於胡安國的《春秋胡氏傳》至少褒貶參半。

在《春秋》三傳中，象山並沒有直接批評《公羊》的說法，甚至無一語提及。對於《穀梁》則僅批評其「諸侯相朝」之說，這是在對宣公九年正月「公如齊。公至自齊。夏，仲孫蔑如京師。」說解時謂：

> 天子無事與諸侯相見曰朝……以尊天子。穀梁子以為天子無事，諸侯相朝，誤矣……諸侯交相聘問，則有定制矣。故曰朝覲之禮，所以明君臣之義也；聘問之禮，所以使諸侯相尊敬也。……宣公即位九年，兩朝于齊，乃一使其大夫聘于周室。王迹既熄，綱常淪斁，逆施倒置，恬不為異。[50]

象山之所以批評《穀梁》並不是因為對《穀梁》此條的說解不滿，因為事實上《穀梁》對魯宣公至齊與齊惠公相會沒有任何說解。象山之所以批評《穀梁》是因為《穀梁》在隱公十一年春對「滕侯、薛侯來朝。」時說：

> 天子無事，諸侯相朝，正也。考禮脩德，所以尊天子也。諸侯

48　〔宋〕黎靖德編：《朱子語類》第6冊，卷83，頁2152。
49　〔宋〕黎靖德編：《朱子語類》第6冊，卷83，頁2146。
50　〔宋〕陸象山，鍾哲點校：〈大學春秋講義〉，《陸九淵集》，卷23，頁278-279。

來朝，時，正也。[51]

《穀梁》認為朝侯相朝是禮制所允許的，所以滕侯、薛侯至魯與魯隱
公相會是正常的禮節。而象山則主張「朝」只適用於天子與諸侯，諸
侯則僅適用聘問之禮。[52]《春秋》記諸侯相朝是批評當時諸侯心中沒
有周天子，以至於上下倫常乖逆。但細繹《春秋》宣公九年經文，其
中並沒有「朝」、「聘」等字，僅記錄了魯宣公至齊與魯宣公派仲孫蔑
至周。象山在此之所以批評《穀梁》，主要並不是因為兩者對此條的
說解有異，而是因為象山整體認為《春秋》中有尊王之義，而「朝」
與「聘問」的差別正是具體展現天子與諸侯地位與相待方式的不同。
而《穀梁》所謂「天子無事，諸侯相朝」之說，正是象山所不能接受
的講法。

在〈春秋講義〉中，象山有四次提及《左傳》之說，大都是由
《左傳》所記事蹟來質疑《左傳》詮解《春秋》的合理性。如其在宣
公十年「六月，宋師伐滕」中言：

> 左氏謂滕人恃晉而不事宋，然晉之伯業方不競，滕固微國，何
> 恃之有？或者事晉之故，而有闕於宋故歟？宋亦何義而責滕之

---

51 〔晉〕范甯集解，〔唐〕楊士勛疏，夏先培整理，楊向奎審定：《春秋穀梁傳注疏》，
   卷2，頁35。

52 就文獻而言，象山並沒有提出《穀梁》「諸侯相朝」之說為何是錯的證據。象山僅
   由《尚書·周書》中記有「六年五朝一服」之說，主張「朝」僅能用在天子與諸
   侯，而不能用於諸侯之間。但事實上，在《大戴禮》、《禮記》等書中都記有「諸侯
   相朝」之禮。見〔清〕王聘珍撰，王文錦點校：《大戴禮記解詁》（北京：中華書
   局，十三經清人注疏，1983年），卷12，頁232。〔漢〕鄭玄注，〔唐〕孔穎達疏，龔
   抗雲整理，王文錦審定：《禮記正義》（北京：北京大學出版社，2000年），卷23，
   頁847。

> 事已？大當字小，恤其不及焉可也。去年因其喪而圍之，今年
> 又興師而伐之，其為陵蔑小弱，以逞所欲，明矣。[53]

此年宋國侵伐滕國，象山認為在宣公九年時宋即有趁滕君之死而伐滕
之事，所以今年《春秋》又記宋伐滕是在表示宋國欺凌小國，理當是
責宋的意思。《左傳》則記宋伐滕，主要是因滕事晉而不事宋，隱約
有「責滕不事宋之義」。[54]象山則認為《左傳》之說並不合理，主張
《春秋》在此主要表達的意思是宋之無禮，並非滕在外交上的失策。
又如對同年《春秋》記「季孫行父如齊」，象山言：

> 聞天王使王季子來聘矣，未聞身如京師與使其臣如京師也。不
> 待詳考其事，而罪已著矣。左氏載行父出莒僕之事，陳誼甚
> 高。且曰：「先大夫臧文仲教行父事君之禮，行父奉以周旋，
> 弗敢失墜。」齊惠公之卒，公既親奔其喪矣。王季子之聘魯未
> 易時，而行父僕僕往聘于齊，知事君之禮而奉以周旋者，果如
> 是乎？[55]

魯宣公十年，魯君親自到齊國兩次，又三次派遣使者出使齊國，但卻
沒有親自或派遣使者至周。象山認為宣公尊齊不尊周王的惡行明顯，
而此年派遣至齊的是季孫行父。《左傳》在文公十八年記有季孫之
事，當時莒國太子僕因被黜而弒莒君，後攜帶莒國寶玉出奔至魯。宣
公接受了僕的賄賂，並下令給僕一個城邑。不料時任魯司寇的季孫行
父不但沒有執行宣公的命令，反而直接將僕逐出魯國。宣公質問季孫

---

53 〔宋〕陸象山，鍾哲點校：〈大學春秋講義〉，《陸九淵集》，卷23，頁280。

54 傅隸樸：《春秋三傳比義》（北京：中國友誼出版公司，1984年），中冊，頁200。

55 〔宋〕陸象山，鍾哲點校：〈大學春秋講義〉，《陸九淵集》，卷23，頁282-283。

行父時，季孫行父則答以「事君之禮」之說。[56]象山雖未對行父此事
之真偽直接提出質疑，但對《左傳》給予行父很高的評價則是不以為
然的。因為象山認為行父代表魯君出使齊國，這即不是以禮事君之
道，那麼行父又豈是知禮之人？

綜觀象山的〈大學春秋講義〉，象山在詮解《春秋》意旨時大都直
接表述其意思，並沒有繁複的引經據典來解說其意的由來及理由。[57]
這當然可能與〈大學春秋講義〉是由直接宣講所記錄而成有關，但也
可以理解為象山詮釋經典的特色。在象山對《春秋》的說解中，有兩
點特別引人注意：

第一是象山承認《春秋》中有「書法」，象山也用書法來解釋
《春秋》。《春秋》寓有褒貶，由書法中見褒貶的說法由來已久，在
〈大學春秋講義〉中也常見這種解釋方式。例如象山常引諸侯「書人
之為貶」之書法為說，如宣公九年「宋人圍滕」，象山言：「滕子卒未
數月興兵圍之，書人之為貶，明矣。」[58]又如宣公十年「晉人、宋
人、衛人、曹人伐鄭」，象山言：「諸侯伐鄭而稱人，貶也。」[59]象山
認為《春秋》書記宋、晉等國君為「人」而非「宋公」、「晉侯」，就
是表示孔子對宋、晉等國的不滿。又如象山對宣公九年「陳殺其大夫
泄冶」的解釋，就接受《穀梁》「稱國以殺，罪累上也」的書法，[60]並

---

56 此事載於《左傳》文公十八年。楊伯峻：《春秋左傳注》（北京：中華書局，1995
　年），頁633-634。

57 但這並不表示象山之說《春秋》都是有著自己獨特的創見。事實上象山對《春秋》
　的解釋大都採取前儒的看法，見後詳說。

58 〔宋〕陸象山，鍾哲點校：〈大學春秋講義〉，《陸九淵集》，卷23，頁280。

59 〔宋〕陸象山，鍾哲點校：〈大學春秋講義〉，《陸九淵集》，卷23，頁281。

60 《穀梁》分別在僖公十年「晉殺其大夫里克」、僖公三十年「衛殺其大夫元咺」、文
　公六年「晉殺其大夫陽處父」、襄公二十三年「陳殺其大夫慶虎及慶寅」、襄公二十
　七年「衛殺其大夫甯喜」五則直接用「稱國以殺，罪累上也」來解釋《春秋》。此
　外在僖公七年「鄭殺其大夫申侯」、宣公九年「陳殺其大夫泄冶」兩則中說「稱國
　以殺大夫，殺無罪也。」

說：「洩冶以直諫見殺，名之，陳罪著矣。」[61]認為洩冶因勸諫陳靈公而被殺掉，《春秋》書「陳」即表示罪在君主而非臣子。這都是象山以書法來詮解《春秋》的例子。

第二是象山認為透過直接閱《春秋》的經文，就可以直接的引發人心之理。如其對魯頻繁的事齊而不事周天子言：

> 義之所在，非由外鑠，根諸人心，達之天下，先王為之節文，著為典訓苟不狂惑，其誰能渝之？宣公即位九年，兩朝于齊，乃一使其大夫聘于周室。王迹既熄，綱常淪斁逆施倒置，恬不為異。《春秋》之作，其得已哉？直書于策，比而讀之而無懼心者，吾不知矣。[62]

因為「理」根於「人心」，此心此理天下皆同，先聖先王所著之典籍亦存此理，一般人可由閱讀典籍而直接引發此普遍存在於人內心的理。象山認為讀到《春秋》詳記魯宣公不尊周天子，而宣公本人卻不以為異之行跡時，人都應會有「懼心」。直接以心以理對面《春秋》經文，正是閱讀《春秋》最好的方法。又如象山對宋伐滕言：

> 前月，陳方以弒君告，宋為鄰邦，不知此何時耶？而年年焉興師伐滕，以逞所欲，尚得為有人心者乎？[63]

在宣公十年五月，陳夏徵舒方因受陳靈公之辱而殺掉靈公。宋為陳的鄰國，象山認為宋不但沒有為陳國主持正義反而汲汲於侵伐滕國，任

---

61 〔宋〕陸象山，鍾哲點校：〈大學春秋講義〉，《陸九淵集》，卷23，頁280。
62 〔宋〕陸象山，鍾哲點校：〈大學春秋講義〉，《陸九淵集》，卷23，頁279。
63 〔宋〕陸象山，鍾哲點校：〈大學春秋講義〉，《陸九淵集》，卷23，頁280。

何一位讀者閱讀到《春秋》的這段記錄時，都會直截的認為宋之所為
為非，這是因為人人都有「人心」。象山對於人所具有的這種直覺式
的判斷能力很有信心，所以他說《春秋》將事「直書于策，亂臣賊
子，得無懼乎？」[64]亂臣賊子之所以懼，主要就是因為此心此理皆
同，它不需要多餘的理由與解釋，人人都可以用己心來做最公正與最
合理的評判，當然也可以對《春秋》做出最適當的詮釋。

（三）象山對《春秋》大義的理解

至於象山對《春秋》「大義」在內容上的說解大致可歸納成三
點，分別陳述如下：[65]

第一、貴中國，賤夷狄：象山講《春秋》並非由隱公元年「春，
王正月」講起，而是由宣公八年的「楚人滅舒蓼」開始講解。如前文
所述，此條亦不是宣公八年的第一條記載，所以象山之所以選擇由此
講起應該是有其獨特的用意。象山在此條中說：

> 聖人貴中國，賤夷狄，非私中國也。中國得天地中和之氣，固
> 禮義之所在。貴中國者，非貴中國也，貴禮義也。雖更衰亂，
> 先王之典刑猶存，流風遺俗，未盡泯然也。夷狄盛強，吞并小
> 國，將乘其氣力以憑陵諸夏，是禮義將無所措矣，此聖人之大
> 憂也。楚人滅弦、滅黃、滅江、滅六、滅庸，至是又滅舒蓼，
> 聖人悉書不置，其所以望中國者切矣。[66]

---

64 〔宋〕陸象山，鍾哲點校：〈大學春秋講義〉，《陸九淵集》，卷23，頁280-281。

65 以下三點的標題均沿用祈潤興之說，參見氏著：《陸九淵評傳》，頁123-127。其實祈
氏所用的三個標題，本亦均為象山的原文。此外在內容的理解上，筆者與祈氏之說
稍有不同。

66 〔宋〕陸象山，鍾哲點校：〈大學春秋講義〉，《陸九淵集》，卷23，頁277。

象山這段說解包含兩層意思：一、「舒蓼為群舒之一種」[67]不是諸夏之國，楚國滅了舒蓼本無關輕重。但《春秋》書記此事，主要是因為由此可見楚日漸強盛，而齊晉之國力日衰，夷狄之楚「憑陵諸夏」日益明顯。二、孔子之所以「貴中國、賤夷狄」並非是因基於彼此國家、種族不同，而是因為孔子「貴禮義」。貴禮義才是孔子貴中國的原因。象山對於《春秋》中有「貴中國、賤夷狄」之說十分堅持，這可以從幾個例子可以看出。宣公九年「晉侯、宋公、衛侯、鄭伯、曹伯會于扈，晉荀林父帥師伐陳。」象山說：

> 晉自靈公不君之後，浸不競於楚。楚之政令日修，兵力日強。然聖人之情，常拳拳有望於晉，非私之也，華夷之辨當如是也。前年陳受楚伐，勢必向楚。扈之會，乃為陳也。陳不即晉，荀林父能併將諸侯之師以伐陳，《春秋》蓋善之。[68]

象山認為《春秋》記此主要在呈現「華夷之辨」的重要，在當時晉國是最有能力與希望可以維持諸夏之國不被夷狄所侵擾，所以孔子「常拳拳有望於晉」。晉與宋、衛等國會盟，陳因親附楚而不出席，所以晉荀林父帥師伐陳，象山認為《春秋》對此行為是讚許的。有趣的是，若對比象山之前儒者對《春秋》此條的說解，幾乎都僅述其事而無義說，連孫復也僅述其事而已。[69]但象山卻直接說孔子有「善之」之意，這無疑是很特別的說法。[70]象山之意似乎是為了「華夷之辨」，

---

67 楊伯峻：《春秋左傳注》，頁694。

68 〔宋〕陸象山，鍾哲點校：〈大學春秋講義〉，《陸九淵集》，卷23，頁279。

69 孫復言：「會于扈，陳侯不至。晉荀林父以諸侯之師伐陳，晉侯卒，乃還。」見〔宋〕孫復：《春秋尊王發微》，收入《通志堂經解》，（臺北：漢京文化事業公司，1985年），卷7，頁5。

70 就筆者所見，在象山之前認為孔子讚揚荀林父的說法，僅有胡安國一人而已。象山此說應是依胡安國而來。

甚至於發動戰爭作為代價都可以是被允許的，由此亦可見「華夷之
辨」在象山心中的地位。

第二、考制度與尊天子：象山對於春秋時禮壞樂崩，無人以禮儀
對待周天子深為痛心，所以他對魯宣公重視齊國而不重周天子的行為
屢屢批評，除了前文所言季孫行父等人之事外，象山更說宣公之所以
如此，都是因為其「為弒君者所立，懼齊見討，故事齊以求免。」[71]
直接將宣公視為畏齊之小人。象山「尊天子」的態度除了呈顯在對魯
宣公的批評外，尚可由兩點可以看出：一、《春秋》宣公九年夏記
「仲孫蔑如京師」，《左傳》明言：「孟獻子聘于周。王以為有禮，厚
賄之。」[72]記周天子認為宣公派孟獻子出使周為「有禮」，還回送了貴
重的禮物給孟獻子表示感謝。對於此事，連以主張尊王聞名的孫復都
沒有批評魯宣公，[73]但象山在此仍依胡安國之意，認為宣公「逆施倒
置」，對魯宣公絲毫沒有任何好評。二、象山特別提出《春秋》記莊
公十三年北杏之會時，僅稱齊桓公之爵，[74]為讚許桓公與管仲能「尊
王攘夷」。其言：

> 《春秋》北杏之會，獨於齊桓公稱爵。蓋當時倡斯義者，惟桓
> 公、管仲二人。《春秋》於諸國稱人，責之也。[75]

其實象山並不認為齊桓公與管仲提倡「尊王攘夷」是由心之不容於己

71　〔宋〕陸象山，鍾哲點校：〈大學春秋講義〉，《陸九淵集》，卷23，頁280。

72　楊伯峻：《春秋左傳注》，頁701。

73　孫復於此條僅言：「仲孫蔑，公孫敖之孫。」見〔宋〕孫復：《春秋尊王發微》，卷
　　7，頁5。

74　《春秋》記為：「齊侯、宋人、陳人、蔡人、邾婁人會于北杏。」見楊伯峻：《春秋
　　左傳注》，頁193

75　〔宋〕陸象山，鍾哲點校：〈語錄上〉，《陸九淵集》，卷34，頁404。

的理而發，相反的，象山認為管仲的出發點在於「以自尊榮其身而已」。尤其是在僖公四年，齊桓公帶領諸夏與楚訂了召陵之盟後，即因細故而將陳國大夫轅濤塗抓了起來，更呈顯出桓公與管仲的「驕恣之跡」。[76]雖然如此，象山還是對管仲以「功利」為出發點的尊王政策予以讚賞，由此可見象山對尊王的重視。

三、知天道，見聖心：象山〈大學講義〉的篇幅不長，但其中有一條說解卻十分詳細，那就是對宣公十年《春秋》記「大水」。象山言：

> 太極判而為陰陽，陰陽播而為五行。天一生水，地六成之；地二生火，天七成之；天三生木，地八成之；地四生金，天九成之；天五生土，地十成之。五奇天數，陽也；五偶地數，陰也。陰陽奇偶相與配合，而五行生成備矣。故太極判而為陰陽，陰陽即太極也。陰陽播而為五行，五行即陰陽也。塞宇宙之間，何往而非五行？水火金木土穀，謂之六府。土爰稼穡，穀即土也，以其民命所係，別為一府。總之則五行也。《洪範》九章：初一曰五行，此其在天之本也；次二曰敬用五事，次三曰農用八政，次四曰協用五紀，次五曰建用皇極，次六曰乂用三德，次七曰明用稽疑，次八曰念用庶徵，次九曰嚮用五福，威用六極者，此其在人之用，而所以燮理陰陽者也。日月五緯，謂之七政，四時行焉，歷數興焉。人君代天理物，歷數在躬，財成輔相參贊燮理之任，於是乎在。故堯命羲和，舜在璿璣，皆二典大政。夫金穰、水毀、木饑、火旱，天之行也。堯有九年之水，則曰洚水警予，蓋以為己責也。昔之聖人，小心翼翼，臨

---

76 〔宋〕陸象山，鍾哲點校：〈問德仁功利〉，《陸九淵集》，卷31，頁369。

深履冰,參前倚衡,疇昔之所以事天、敬天、畏天者,蓋無所
不用其極,而災變之來,亦未嘗不以為己之責。周道之衰,王
迹既熄,諸侯放肆,代天之任,其誰尸之?《春秋》之書災異,
非明乎《易》之太極,《書》之《洪範》者,孰足以知夫子之
心哉?漢儒專門之學流為術數,推類求驗,旁引曲取,狥流忘
源,古道榛塞。後人覺其附會之失,反滋怠忽之過。董仲舒、
劉向猶不能免。吁!可歎哉!是年之水,仲舒以為伐邾之故,
而向則以為殺子赤之咎,是奚足以知天道而見聖人之心哉?[77]

這段文字很長,大致而言有幾個重點:一、象山對天地的生成有一形
上學的描述,其中解釋了太極、陰陽、五行、六府的內容與生成的過
程。特別值得注意的是,這些說解主要是集中在對「氣」的論述。
二、象山以《尚書・洪範》的內容,尤其是以五行為首,配合敬用五
事、農用八政等事,論述為君者應順理天地之變,將人事與陰陽變化
相互連結。三、因「人君代天理物」,而天地陰陽變化不一,所以各
種天災地變亦會不時發生。象山認為當天地陰陽不協時,人主應「以
為」責任在己,要更加敬謹事天。所謂「以為」之意,並不是指人主
就真的認為那是由自己的行為所引起,或上天欲以示警,而是將之視
為一種自我提醒的標記而已。四、象山批評漢儒天人相應之說,認為
《春秋》記災變並不是在暗示災變是由於人主失德之故,更別說以上
天示警而有「推類求驗」之說。

　　簡而言之,象山在〈大學春秋講義〉中對於天人之間的關係的論
述有幾個特點:一、所謂的「天」指的是氣化流行之天,而非指義理
義的天。二、象山亦講「天人之際,實相感通。」[78]但象山所謂的

77　〔宋〕陸象山,鍾哲點校:〈大學春秋講義〉,《陸九淵集》,卷23,頁281-282。
78　〔宋〕陸象山,鍾哲點校:〈大學春秋講義〉,《陸九淵集》,卷23,頁277。

「感通」實與漢儒的「天人相應」之義不同，象山在《春秋》宣公八年秋七月甲子，記「日有食之」中言：

> 昔之聖人未嘗不因天變以自治。洊雷震，君子以恐懼修省……然洊震之時，必因以恐懼修省，此君子之所以無失德而盡事天之道也。況日月之眚見於上乎。遇災而懼，側身修行，欲銷去之，此宣王之所以中興也。知天災有可銷去之理，則無疑於天人之際，而知所以自求多福矣。[79]

象山強調的是聖人應該以天變作為自省的一個機緣，所以當面對天地陰陽之變時，君子也會「恐懼修省」。但此「恐懼修省」並不是因為君子認為這是天上有意示警，或是由其失德而引起，而僅是君子順用此恐懼之情以有利於自己修德。象山也認為天災可消去，可是這種消去是因君子修德而自然順成的成果，而非是因修德而使上天息怒的緣故。所以象山的「感通」首重在人感天地之變，進而在心中警醒生起的修德之義，而非指在現實中因天人一氣而有所謂的相互感應。

四　象山《春秋》觀的反省及問題

象山在儒家諸多典籍中獨有意對《春秋》加以注解，最主要的原因可能在於象山認定《春秋》為孔子手定之書，加上歷來說《春秋》者謬說充斥，所以想對《春秋》有適當的詮解，以進而對儒學義理有更深入的理解。若對比象山的《春秋》觀來看，是否可以達致象山自己的期望？或者可以進一步追問：以象山的《春秋》觀為代表，心學家在詮解經典時有什麼特色及問題。象山的《春秋》觀至少可以有兩

79　〔宋〕陸象山，鍾哲點校：〈大學春秋講義〉，《陸九淵集》，卷23，頁277。

個面向加以反省討論：象山的解經方法問題及對《春秋》的內容理解
問題。分別論述如下。

（一）由象山《春秋》觀對其解經方法的反省 —— 象山之
心與聖人之心

關於象山解《春秋》的方法，前文已有討論，現更進一步從象山
說解《春秋》的文本中分析象山的解經方法。根據象山的自述，其讀
書甚勤，也鼓勵學生研讀古注。但同時象山也認為「學」的本源在
「心」，所以在解讀判定典籍內容真偽時，「心」是最後的判斷標準。
這本是象山自述其讀書及解經的特點，但這都只是象山在「所言」上
的觀點。若能對比象山實際詮解《春秋》的「所為」時，更容易看出
這種為學方法的特性。

象山對《春秋》的說解是否如前人所述「給《春秋》這部『斷爛
朝報』以全新的心學解釋」？[80]乍看之下的確如此，因為在〈大學春
秋講義〉中，象山極少直接引述前人之說。若有引述，則幾乎是因為
不滿其說而加以批評，如其對《左傳》、《穀梁》的批評即是如此。但
事實上若仔細對比象山與前輩儒者對《春秋》的解釋，就會發現象山
之說，其實有很一大部分都是承襲前人之說而來：如對「陳殺其大夫
泄冶」的說法，就是用了《穀梁》之說；而象山所謂諸侯不相朝的說
法事實上則是出自孫復。[81]尤其是象山沿用了許多胡安國在《春秋胡
氏傳》中的說法。如對荀林父的讚揚即是胡安國獨特的看法；又如對
魯宣公派仲孫蔑至京師之事，象山大肆批評宣公不尊王，說法異於前

---

80 祈潤興：《陸九淵評傳》，頁128。

81 孫復言：「諸侯朝天子，禮也；諸侯朝諸侯，非禮也……《春秋》之法：諸侯非有天
子之事，不得踰境。凡書朝者，皆惡之也。」見〔宋〕孫復：《春秋尊王發微》，卷
1，頁16。

人。但此說實為胡安國所首發,胡安國言:

> 當歲首月,公朝于齊,夏使大夫聘于京師,此皆比事可考,不
> 待貶絕而惡自見者也。宣公享國九年,於周纔一往聘,其在
> 齊則又再朝矣,經於如齊,每行必致,深罪之也……故聘覲之
> 禮廢,則君臣之位失,諸侯之行惡,而倍畔侵陵之敗起矣。此
> 經書君「如齊」,臣「如周」之意,而特書「王正月」以表之
> 也。[82]

兩相對比,胡氏除了「特書『王正月』以表之」的看法不被象山沿用
外,象山幾乎全用胡安國之意,在〈大學春秋講義〉中類似的情況不
少。由這些例子來看,象山要「後生看《經》書,須著看注疏及先儒
解釋」,印諸〈大學春秋講義〉,象山自己也的確引用了不少前賢的說
法,所以批評象山不讀書的說法並不真確。

進一步而言,整個問題的重點不在於象山讀不讀書,而應是在於
象山對於書的內容如何理解及檢擇?象山強調「心」是讀書的最後判
斷標準,這才是問題真正的重點。這正可以從象山對《春秋》「義
例」的態度中看出。

前文提及象山不但承認《春秋》中有書法,也以此書法來解釋
《春秋》。從學術傳統來看,以義例解《春秋》是一個重要的解經方
式,《三傳》說《春秋》者即有從《春秋》記名氏稱謂為例以示褒貶
之說,[83]而象山則是對《春秋》中對諸侯「書人以貶」的義例特別信
服。這可從其對宣公十年「晉人、宋人、衛人、曹人伐鄭」的說解中
得見,象山言:

---

82 〔宋〕胡安國,錢偉彊點校:《春秋胡氏傳》,卷17,頁268。

83 戴君仁:《春秋辨例》(臺北:國立編譯館中華叢書編審委員會,1978年),頁111。

> 諸侯伐鄭而稱人，貶也。晉楚爭鄭，為日久矣。《春秋》常欲
> 晉之得鄭，而不欲楚之得鄭；與鄭之從晉，而不與鄭之從楚，
> 是貴晉而賤楚也。晉之所以可貴者，以其為中國也。中國之所
> 以可貴者，以其有禮義也。鄭介居二大國之間，而從於強令，
> 亦其勢然也。今晉不能庇鄭，致其從楚。陳又有弒君之賊，晉
> 不能告之天王，聲罪致討，而乃汲汲於爭鄭，是所謂禮義者滅
> 矣，其罪可勝誅哉！書人以貶，聖人於是絕晉望矣。[84]

象山說此段經文之意在貶晉，由其論述先後可以發現，象山主要是因
為《春秋》將晉侯書為「晉人」，所以判定孔子對晉侯為貶。象山的
解釋有兩點應特別注意：一、從源流來看，象山之說主要還是從胡安
國之說而來，[85]但是象山在開頭及結尾處都重複「書人以貶」，相形之
下，更加強調《春秋》有這種書法。二、象山較胡安國多了自此戰之
後「聖人於是絕晉望矣」之說。而象山之所以會有如此的說法，主要
是因為這場戰爭的起源為晉侯因鄭傾向楚而率領諸侯伐鄭。若依宣公
九年「楚子伐鄭，晉郤缺帥師救鄭。」象山認為「晉之諸臣猶未忘文
公之霸業，《春秋》蓋善之。」[86]的評論來看，此時孔子對晉出兵救鄭
以免鄭落入楚之掌握是「善之」。但在不到一年後，晉出兵為了不讓
鄭傾向楚國則是「貶之」。這一褒一貶的差異要如何解釋，實屬不
易。[87]因《春秋》書「晉人」，象山認為示貶之意非常明確，所以他提

---

84 〔宋〕陸象山：〈大學春秋講義〉，鍾哲點校，《陸九淵集》，卷23，頁281。
85 胡安國對此事的評論為：「其稱『人』，貶也。鄭居大國之間，從於強令，豈其罪
  乎？不能以德鎮撫而用力爭之，是謂五十步笑百步，庸何愈於楚！自是責楚益輕，
  罪在晉矣。」見〔宋〕胡安國，錢偉彊點校：《春秋胡氏傳》，卷17，頁273。
86 〔宋〕陸象山，鍾哲點校：〈大學春秋講義〉，《陸九淵集》，卷23，頁280。
87 胡安國對宣公九年「楚子伐鄭，晉郤缺帥師救鄭」的說解重點在於褒抑楚國侵鄭，
  對於晉此行的褒貶則沒有特別論及。胡安國並沒有正面面對這個問題，所以這主要

出孔子在宣公十年尚對晉有所期望，但至此孔子對晉能帶領諸夏攘夷的期望已完全消失。事實上，象山是非常努力的堅持這個說法，這在宣公十年「楚子伐鄭」中尤其可見：

> 當是時，晉伯既不復可望，齊魯之間，熟爛如此，楚子之肆行，其誰過之？伐鄭之書，聖人所傷深矣！左氏所載士會逐楚師于潁北，不見於經。縱或有之，亦不足為輕重也。[88]

象山為了堅持宣公十年晉稱人以貶之說，認為到了此時孔子就對晉國徹底失望了，於是象山對《左傳》記楚國伐鄭，以及晉國派士會救鄭，後將楚國打敗幫助防守鄭國之說，[89]在沒有任何其他證據下僅輕輕以「不見於經」帶過，甚至於說歷史上縱有《左傳》書記之事，「亦不足為輕重」。[90]

象山這樣的說法其實會引出一個困難的問題：晉之不能攘夷至少是孔子出生前五十年的歷史事實，孔子怎麼會在宣公九年時表示對晉有期望，又旋即在宣公十年表示對晉失望？象山之說似是以孔子生於當時，隨著事件的發生而立即產生的感想及評論。即便不考慮《春秋》為孔子事後追述之書，象山之說過於勉強。就算是孔子真有此意，問題是象山從何而得知？其僅從「書人以貶」義例讀出這個意思嗎？而且更深一層的問題在於：接受《春秋》「書人以貶」諸侯的書

是象山的問題。胡安國之說見〔宋〕胡安國，錢偉彊點校：《春秋胡氏傳》，卷17，頁269-270。

88 〔宋〕陸象山，鍾哲點校：〈大學春秋講義〉，《陸九淵集》，卷23，頁283。

89 於此《左傳》記有：「晉士會救鄭，逐楚師于潁北。諸侯之師戍鄭。」見楊伯峻：《春秋左傳注》，頁709。

90 相較之下，胡安國則說「經有詞同而意異者」、「而經削之，則責鄭可知矣」，較象山之說圓熟。見〔宋〕胡安國，錢偉彊點校：《春秋胡氏傳》，卷17，頁274。

法來解《春秋》的同時，通常也要面對及解釋為何《春秋》對於侵伐
鄭國的楚君記為「楚子」，孔子用爵位相稱而不貶稱為「楚人」的現
象。例如胡安國即自己提出：「楚兵加鄭數矣，或稱『人』，或稱
『爵』，何也？」直接對《春秋》這個現象詳加說解。[91]先不論胡安國
之說是否合理，胡安國至少面對經典內部文獻的問題，並進而提出一
套自我說解的理由。但是象山卻完全忽略這個問題。象山這樣的態度
從解經方法層次來看，實值得玩味。因為從《三傳》以後，詮解《春
秋》者通常不再擁有直聞於孔子之說的權威來源。所以異於《三傳》
者多從《春秋》文本中尋求詮解《春秋》的依據，這也是從啖助等人
以下，對於「以義例解經」十分熱衷的根本原因。[92]但是「以義例解
經」者通常也會面對一個難題：在《春秋》中幾乎不存在單純且一致
的例。正因如此，所以儒者才會有「正例」、「變例」等等複雜的說
法。宋儒詮解《春秋》者對此莫不細細反覆考量，朱子沒有對《春
秋》的注解，但其亦對《春秋》之例有著諸多不同考慮，或言「《春
秋》之有例固矣，奈何非夫子之為也。」或謂「《春秋傳》例多不可
信。聖人記事，安有許多義例！」[93]相形之下，象山在詮解《春秋》
時就沒有那麼多的考慮，象山單純直截的認定《春秋》中有「書人以
貶」諸侯的書法義例，而且僅適用於晉君，對於侵伐諸夏的楚君為何
稱子則沒有任何解釋。象山在批評前儒論《春秋》有「多如法令」的
缺失的同時，前儒也可反過來質問象山：為何象山堅信《春秋》中有

---

91 〔宋〕胡安國，錢偉彊點校：《春秋胡氏傳》，卷17，頁269。

92 其實以例說《春秋》在東漢時已有儒者採行，《隋書・經籍志》、《舊唐書・經籍
　志》與朱彝尊《經義考》中記有漢劉歆、穎容、鄭眾，晉時杜預、劉寔、荀爽、方
　範等人都有以例解《春秋》的專著，但是這些書籍現多已不傳。而晉之杜預也有
　《春秋釋例》一書。

93 此兩則均見〔宋〕黎靖德編：《朱子語類》第6冊，卷83，頁2147。

所謂的「名氏稱謂例」？而且為何僅適用於晉君？當然說者或可以幫象山辯解：這本是孔子在《春秋》中所隱含的「大義」，千年後為象山表詮而出。而象山之所以會有這樣的理解，正即是象山所說「反之吾心」、「昔人之書不可以不信，亦不可以必信」、「我註六經」的具體表現。有趣的是，象山並沒有對自己解《春秋》有這麼直接的說法，反而是朱子曾說解《春秋》者：「須是己之心果與聖人之心神交心契，始可斷他所書之旨；不然，則未易言也。」[94]或許是正因朱子深知詮解《春秋》的困難，加上朱子並沒有與聖人同心的自信，所以朱子並沒有對《春秋》作註。而象山之所以可以直截的解讀出《春秋》中的褒貶，或因為象山自信其心「與聖人之心神交心契」，所以沒有在方法上多所交代其如何解出《春秋》之義，更不用去解釋為何象山對「義例」的使用僅限於他想說解的部分。

（二）對象山《春秋》觀解經內容的反省——歷史中的天道

至於對象山《春秋》觀內容的反省，大約為以下兩點：

一、整體而論，象山《春秋》觀有「貴中國，賤夷狄」、「考制度、尊天子」與「知天道、見聖心」三個要點，前兩個要點幾乎是歷來研究《春秋》觀者的共同主張，其中或有強調重點不同的差別，或是在哪些《春秋》條目中呈顯何義中有爭論，但就「尊王」及「攘夷」而言，象山之說《春秋》在內容上實無更新的創見。

二、就「知天道、見聖心」而言，象山反對漢儒天人相應的說法，而認為《春秋》記災異，主要是孔子要人（尤其是人君）在遇災異時必會產生的驚怖之情，順承用以反省修德。若將象山這個說法與程伊川在《春秋傳》中的說法相比較，則可以發現象山更集中於「修

---

94 〔宋〕黎靖德編：《朱子語類》第六冊，卷83，頁21-54。

德」部分，對於人與氣的相互感應意味更加薄弱。[95]也就是說，象山專以「理」或「心」的角度來看待災異，而不以氣機之感應來論述天人關係。雖然理氣關係是宋儒的重要議題，但就象山而言，象山對氣方面的論述即不多見，理氣關係更是少有論及。〈大學春秋講義〉中由太極至陰陽、五行、六府的說法都是形式上的說法，並沒有論及理氣之間的關係。連帶的，學者在論述象山學時幾乎只集中在其心或理的論述而不談象山的「氣論」。象山雖然沒有直接論及理氣關係，但是從幾個例子或可以觀察象山對此的看法。首先象山認為世間的確存在「怪力亂神」：

> 「子不語怪力亂神。」夫子只是不語，非謂無也。若力與亂，分明是有，神怪豈獨無之？人以雙瞳之微，所矚甚遠，亦怪矣。[96]

怪力亂神只是孔子不說，但不說不代表不存在。象山認為世界上可怪之事很多，連人的眼睛可以遠望都是件怪事。就象山的親身經歷來看，他也有一些特別的經驗，其中尤以象山求雨的經驗最為神奇。象山至少寫過〈石灣禱雨文〉、〈荊門禱雨文〉、〈東山禱雨文〉、〈東山刑鵝禱雨文〉與〈上泉龍潭取水禱雨文〉等五篇因乾旱而祈禱下雨的文字，也有兩篇〈謝雨文〉、〈望壇謝雨文〉等文。根據楊簡為象山所寫的〈行狀〉來看，象山祈雨幾乎是每求必應：

> 先生之家居也，鄉人苦旱，群禱莫應。有請於先生，乃除壇山

---

95 見筆者所著：〈程伊川《春秋傳》初探〉，《國立中央大學文學院人文學報》第23期（2001年6月），頁62-64。

96 〔宋〕陸象山，鍾哲點校：〈語錄上〉，《陸九淵集》，卷34，頁402。

巔，陰雲已久，及致禱，大雨隨至。荊門亦旱，先生每有祈，
必疏雨隨車，郡民異之。[97]

從這些例子來看，象山應該對心與氣之間的感應非常具有信心才是，
因為其誠心祈天，天亦以雨回應其禱。但是在論述上，象山對於心
（理）與氣之間的關係還是非常小心的處理，象山說：

蓋愚意以為但當因天變疏陳缺失，以助主上修省之實，不必曲
推事驗，如後世言災異者……格君心之非，引之於當道，安得
不用其極。[98]

天變僅以自然變化視之，而不是天意的表現。人臣可以利用天變助君
修德立身，這是理之所當為，但不代表氣真的會受心的影響。象山這
個想法從其論善惡福禍來看會更清楚：

身或不壽，此心實壽；家或不富，此心實富；縱有患難，心實
康寧。或為國死事，殺身成仁，亦為考終命。實論五福，但當
論人一心。此心若正，無不是福；此心若邪，無不是禍。世俗
不曉，只將目前富貴為福，目前患難為禍。[99]

象山此段說法雖主要在反駁世俗對「福禍」內容的看法，認為福禍不
應由現實「身」的遭遇來判定，而應由「心」的康寧與否來說。姑且
不論象山這種主張是否遠離了一般人對福禍的看法與定義，但其作用

97　〔宋〕陸象山，鍾哲點校：〈象山先生行狀〉，《陸九淵集》，卷33，頁393。
98　〔宋〕陸象山，鍾哲點校：〈與鄭溥之〉，《陸九淵集》，卷13，頁179。
99　〔宋〕陸象山，鍾哲點校：〈荊門軍上元設廳皇極講義〉，《陸九淵集》，卷23，頁284。

則是明顯的將心之正邪與身之富貴患難分開來看，認為心之正邪與否與富貴患難兩者在現實上沒有絕對與直接的對應關係。心是理、身是氣，理正並不必然可使氣亦正，象山認為氣之正否並不足以判定是福是禍，相反的，心正才是真正的福。

總體來看，象山在〈大學春秋講義〉中雖然有「貴中國，賤夷狄」、「考制度、尊天子」與「知天道、見聖心」三個要點，但「貴中國，賤夷狄」、「考制度、尊天子」都是前人所言，不能算是象山對《春秋》內容上的創見。尤其是象山似乎對胡安國之說《春秋》無甚好評，也想自己對《春秋》做注。但是實際上在象山的〈大學春秋講義〉裡，暗用了不少胡安國的獨特說法。在內容上，象山除了反對漢儒理氣相應之說用於說解《春秋》中外，對於《春秋》大義的內容並沒有太多特別的看法。

五　結語

陸象山作為宋明理學中心學一脈的重要學者，其在儒學義理上的發明與看法自是不可忽略。但是若以儒者對經典的詮釋角度來看，象山在〈大學春秋講義〉中或許呈顯出兩個問題：

一、就詮釋經典的態度及方法而言，象山並不是如外界所批評的不讀書，反而從〈大學春秋講義〉裡可以看到象山多有援用前儒的說法。但問題是象山在採擇諸說時，往往沒有交代其之所以如此選擇的理由，這在解釋經典時不免會給人獨斷的印象。如前人說《春秋》中所用之義例頗多，何以象山獨採信諸侯不書爵為貶的說法？其後又不見象山對《春秋》書「楚子」有任何的解說。再加上象山論述時頗為自信，並言「我註六經」，這在在都使人覺得與象山論學不易。因為就儒學而言，儒學的義理內容為何與如何知曉儒學的義理內容是兩個

不同層次的問題。象山對儒學義理有所體會是一回事，但如何確認象山所謂的義理即是孔子之義理，經典的內容可能是一個重要的判斷依據。象山在說解《春秋》時，並沒有特別在「如何」詮釋出《春秋》之義的方法上多做說明或表現，而常僅以「反之吾心」作為理由，這在詮釋方法的層次上不免流於太過簡略與獨斷。如此一來，則他人無法與象山對「理」或典籍的內容進行更客觀的討論，更遑論如何在不同的看法中，彼此討論何種見解更接近典籍內容。至如朱子批評象山：「據其所見，本不須聖人文字得。他卻須要以聖人文字說者，此正如販鹽者，上面須得數片鯗魚遮蓋，方過得關津，不被人捉了耳。」[100]這種近於調侃象山是借孔子之名來宣揚自己見解的說法，並不是無由而生。

二、就詮釋經典的內容來看，象山強調學先立志，說「今之論學者只務添人底，自家只是減他底。」[101]甚至於以此自傲：「近有議吾者云：除了先立乎其大者一句，全無伎倆。吾聞之曰：誠然。」[102]象山並沒反駁對他除「立其大」外「全無伎倆」的批評，反而欣然接受，由此可見其對於心即理的確信。由〈大學春秋講義〉的內容來看，象山的詮釋似乎也符合他自我期許，因為象山對《春秋》的說法大致沒有超出前人的理解。惟一有不同的僅在於象山不同意漢儒將以氣為主的天人感應說帶入用以說解《春秋》，但是象山也沒有進一步正面的去建立一套理氣關係的說法。象山對理氣彼此相互的關係論述不多且不夠明確，所以他對《春秋》中災異的記錄也僅就以勸修德來解釋，這或可視為象山用以解釋《春秋》的特點。但這個特點對解釋《春

---

100 〔宋〕黎靖德編，《朱子語類》第八冊（北京：中華書局，1994年），卷124，頁2978。

101 〔宋〕陸象山，鍾哲點校：〈語錄上〉，《陸九淵集》，卷34，頁401。

102 〔宋〕陸象山，鍾哲點校：〈語錄上〉，《陸九淵集》，卷34，頁400。

秋》而言，僅有消極意義而沒積極意義。進一步來看，當象山批評他
人讀胡安國《春秋胡氏傳》用來「守規矩」是「陋說」時，印諸日後
的〈大學春秋講義〉內容，象山也沒有展現出不同於前儒的說法。

　　就如同楊祖漢所言：「以五經來說……而心學家之詮釋也較容易
有不恰當處。」[103]所以四書反成為心學家的重點。就象山來說，這或
是個尷尬的處境：因為象山主張《春秋》為孔子所作，而《論語》則
為孔子弟子們所記；象山並不認為《論語》可以完全代表孔子義理思
想，而《春秋》則才是孔子思想的真正精髓所在。職是之故，象山才
會在其思想圓熟之時興起想注解《春秋》而非《論語》的念頭。可是
從歷史上的實際的詮釋成果來看，卻產生相反的結果：象山對《孟
子》的詮說的精準度與影響力是遠超過其對《春秋》的說解。而之所
以會有這種近似於弔詭現象的產生，也許劉述先對象山之學的兩段評
述文字，很能切中其中的要點：

> 他直指本心，乃完全不能以分解的方式講義理，只講踐履，使
> 得追隨者易成為不能在概念上有所開拓之悶葫蘆。[104]

又說：

> 人有理論學術的追求，文學藝術創作的衝動，現實層面開拓的
> 需要，當然我們也可以替象山辯說，他也不一定排斥這些活
> 動。然而在事實上跟象山走的人決不會把心思放在這些活動上
> 面。……宇宙人生要有任何具體的成就，就必須致曲。曲成萬
> 物而不遺，人生的內容才得以豐富，文化、現實層面的活動才

---

103 楊祖漢：〈心學的經典詮釋〉，《興大中文學報》第21期（2007年6月），頁5。
104 劉述先：《朱子哲學思想的發展與完成》（臺北：臺灣學生書局，1984年），頁432。

　　得以受到正視而有所開拓。象山的門庭太狹太窄，不能不說是
　　有嚴重的局限性。[105]

象山或心學所呈現的這種侷限性，實值得我們進一步的深思與反省。

---

105 劉述先：《朱子哲學思想的發展與完成》，頁476。

張洽《春秋》學初探[*]
——以與朱子《春秋》學比較為起點

一 前言

　　張洽（1161-1237），字元德，號主一，諡文憲，為朱熹（1130-1200）弟子。《宋史》中說張洽「洽少穎異，從朱熹學，自《六經》傳注而下，皆究其指歸。」也記朱子曾對黃榦（1152-1221）說：「所望以永斯道之傳，如二三君者不數人也。」[1]其中即包含張洽，由此可見張洽為學受朱子的看重與其學以解經見長。據《宋史》本傳記載，張洽的著作有《春秋集註》、《春秋集傳》、《左氏蒙求》、《續通鑑長編事略》、《歷代郡縣地理沿革表》、《文集》等，[2]但現僅有《春秋集註》、《春秋集傳》（殘本）兩書存世。

　　張洽身為朱熹嫡傳弟子，對於《春秋》一書頗為用心，並長年鑽研，所以深有所得，如其在〈繳省投進狀〉中說：

　　　　嘗從師友傳習講論，凡二百四十二年之行事，與漢唐以來諸儒之議論，莫不考覈研究，會其異同，而參其中否，積年既久，似有得於毫髮之益，過不自度，取其足以發明聖人之意者，附

* 本文係國科會研究計畫NSC 98-2410-H-166-009部分研究成果。本文曾刊登於《經學研究集刊》第15期（2013年11月），頁17-37頁。
1 〔元〕脫脫：《宋史·道學四》（北京：中華書局，1977年），卷430，頁12785。
2 〔元〕脫脫：《宋史·道學四》，卷430，頁12788。

> 於每事之左，以為之傳，名曰《春秋集傳》。既又因此書之粗
> 備，復傚先師文公《語》《孟》之書，會其精意，詮次其說，
> 以為《集註》。[3]

張洽自言《春秋集註》之作是仿效朱熹的《論語集註》與《孟子集註》兩書。加上朱熹雖遍註群經，但對《春秋》則沒有註解，所以一般很容易即認為張洽對《春秋》的見解與主張即是延續朱子而發揮。如宋代方應發即言：「文公……諸經多論述，獨略於《春秋》。是書豈惟集注哲之大成，抑亦補師門之未備與！」[4]認為張洽之說可視為補朱子未對《春秋》多所發揮之處。大約也因為這樣，所以《明史》中有段關於張洽《春秋》學極被重視的記錄：

> 初設科舉時……《四書》主朱子《集註》……《春秋》主《左
> 氏》、《公羊》、《穀梁》《三傳》及胡安國、張洽《傳》……永
> 樂間，頒《四書五經大全》，廢註疏不用。其後，《春秋》亦不
> 用張洽《傳》。[5]

在明太祖洪武年間，張洽的《春秋集註》與《三傳》、胡安國《春秋

---

3 〔宋〕張洽：〈繳省投進狀〉，《春秋集註》，收入《通志堂經解》冊23（臺北：漢京文化事業公司，1985年），頁3。另：筆者收集到《春秋集註》有四個本子，分別是：宋寶祐三年（1255）臨江軍庠刻本、宋德祐元年（1275）衛宗武華亭義塾刻本、清聖祖康熙十九年（1680）刊通志堂經解本以及高宗乾隆三十八（1773）至四十七年（1782）寫文淵閣四庫全書本。經筆者初步對比，其中通志堂經解本錯謬最少，故本文引文大致以此本為主，若有需要，再援引他本。

4 方應發此文無題，附於宋寶祐三年（1255）臨江軍庠刻本的《春秋集註》卷末。見〔宋〕張洽：《春秋集註》（北京：北京圖書館出版社影印，2003年）。

5 〔清〕張廷玉等撰：〈選舉志二〉，《明史》第6冊（北京：中華書局，1974年），卷70，頁1694。

傳》同列為科考的讀本，其後雖被取消，但可想像此書在儒者中的影響力自不待言。[6]當然這些現象都與張洽《春秋》學被目為朱子《春秋》的發展有關。但事實上真是如此嗎？張洽的《春秋》果真是在朱子論《春秋》的基礎上更進一步的發展嗎？其與朱子是否有根本立場上的差異？若朱子與張洽《春秋》學的基本立場有所不同，在對經文的解釋上會呈顯出什麼樣態？本文即是試圖透過朱子與張洽的對比，探究這些問題。

此外，在文獻的運用上，因為現今學界對張洽的研究成果較少，而且多較集中於《春秋集註》一書，這未免稍有缺憾。[7]因為《春秋集註》及《春秋集傳》兩書雖然對《春秋》的解釋差異不大，但《春秋集傳》中收錄對諸儒的批評實較多於《春秋集註》，其中亦頗有值得觀察對比之處。所以吳哲夫認為張洽的這兩本著作「體例稍異」但「互為權輿」的論斷，[8]亦確為研究張洽《春秋》學所必須注意到的。

二　朱子與張洽對解釋《春秋》方法的差異

張洽在《春秋集註》一書正文前有一卷〈春秋綱領〉，其中遍引

6　自元代開始，科舉的標準本的經文注本即主要不再以漢、唐古註為主，而是以程朱理學的注釋為主，明代洪武及永樂初年亦乃承續此風。見廖鴻裕：《明代科舉研究》（臺北：中國文化大學中國文學研究所博士論文，2008年），頁132-133。

7　如國內唯一對張洽《春秋》學做過專家式研究的當推羅清能所撰之《張洽春秋集註述要》（花蓮：真義出版社，1994年）一書，其內容主要是以《春秋集註》為主，進行對張洽《春秋》學的研究。而黃智群的《張洽《春秋集註》研究》（臺南：成功大學中國文學研究所碩士論文，2002年，宋鼎宗指導）也鎖定以《春秋集註》為主軸，所以也少旁及《春秋集傳》一書。惟楊棣娟的《張洽《春秋》學研究》（高雄：高雄師範大學經學研究所，2010年，蔡根祥指導）取材兼及了張洽的兩本《春秋》學著作，並將兩書內容特色做了初步的對比。見楊棣娟：《張洽《春秋》學研究》，頁85-108。

8　吳哲夫：〈春秋集傳存十九卷〉，《故宮季刊》第1期第11卷（1976年），頁60。

自《論語》至胡安國《春秋傳》中與理解《春秋》相關的說法。在這
篇等於張洽《春秋》學總綱的文字中,至少有兩點值得我們注意:
一、在文中,張洽於宋代僅引述了周敦頤、邵雍、張載、程伊川及胡
安國對《春秋》的相關言論,這等於是在宣告《春秋集註》一書為承
續理學家觀點的《春秋》學。但特別的是,在其中並沒有援引或提及
朱熹相關的說法,甚至在《春秋集傳》及《春秋集註》兩書中也都幾
乎沒有明言朱熹的任何主張,所以張洽在說解《春秋》時顯然是特意
避免論及其師朱熹《春秋》的相關主張。[9]而之所以如此,極可能是
因為張洽說《春秋》的基本方法——以「義例」說《春秋》與朱子主
張全然不同所致。[10]二、張洽在援引諸多理學家說法時,引述最多的
當推程伊川與胡安國兩人。[11]張洽在引述伊川「《春秋》大率所書事同

9　依羅清能的統計,在《春秋集註》中張洽徵引了自漢董仲舒以下的名家「不下三十
　　餘家」、「多則數十百條,少則只有一次」,其中引胡安國之說最多,共有266條,其
　　次為許翰115條、程子104條,羅清能只找到一條張洽明引朱子之說的條目,而這條
　　嚴格來說也不是朱子本人對《春秋》獨特的見解,而是朱子問范伯達關於胡安國之
　　意究竟為何。羅清能亦同時提及張洽與朱子「解《春秋》的觀念有相當大的差
　　異」,並言朱子「認為《春秋》只是直書其書,善惡自見,並非字字都含褒貶。」
　　但羅清能並沒有詳論朱、張兩人在「義例」見解上的不同。見羅清能:《張洽春秋
　　集註述要》,頁43、44、70、73、75及261-263。

10　《春秋》學中的「義例」一詞常有不同的指涉,它可以同於「書法」的概念,廣泛
　　的指稱《春秋》的所有書記方式,如張高評即將「書法」分為兩類,一是「側重思
　　想內容」,一是「側重修辭文法」。在此筆者所謂的「義例」採較狹義的定義,主要指
　　的是《春秋》學中對於類似事件有類似的書記格式,有些解經者相信經由解讀這些
　　格式,可得出《春秋大義》,即後文程頤、胡安國與張洽所指者。至於由相關記述的
　　前後對比看出《春秋》之意,或由述敘詳略而見《春秋》大義等等,其內容甚多,
　　本論無法詳論。相關論述見張高評:〈黃澤論《春秋》書法——《春秋師說》初探〉,
　　收入氏著:《春秋書法與左傳學史》(上海:上海古籍出版社,2005年),頁177。趙
　　友林:《《春秋》三傳書法義例研究》(北京:人民出版社,2010年),頁17-23。

11　張洽引許翰之說略多於伊川,但是一者許翰所著之《春秋集傳》已佚,難以詳究其
　　說。二者由現存許翰之論述來看,其大體方向「和一般宋儒相同,都是糅合《三
　　傳》」,上承伊川之風,故在此僅舉伊川而不及許翰。許翰《春秋》學相關說法見羅
　　清能:《張洽春秋集註述要》,頁75。

則辭同，後人因謂之例。然有事同辭異者，蓋各有義，非可例拘也。」[12]伊川看似對於《春秋》中不完全肯定存有「義例」說法時，下即註以小字「胡氏曰：詞同者正例也，詞異則其例變矣。正例非聖人莫能立，變例非聖人莫能裁。惟窮理精義以學《春秋》者，於例中見法例外通類也。」[13]認為《春秋》中實是存在「義例」，而且還有正例與變例的兩種區別。所以張洽在解釋《春秋》時亦常常以「義例」的方法來解釋，黃智群言張洽「集諸家義例以明《春秋》」，[14]的確是其十分基本及重要的特色。

從《春秋》學的解經方法歷史來看，自《三傳》起即有以義例解釋《春秋》的說法，但是其使用並非普遍用於解釋全書各條的記載，僅是用作於輔助說明而已。但自唐朝的陸淳、啖助等人，其對「義例」賦予了一個十分重要的地位：它不但用於說解《春秋》全書，也同時可用於否定《春秋》三傳的說法。自此之後，以「義例」說《春秋》者日益繁多，而張洽也是順承這風潮而以「義例」來說解《春秋》。如張洽對《春秋》僖公二十年「春，新作南門」的解釋是：

> 愚謂凡《春秋》之書工役，皆所以重民力、謹興作也。南門如不可不作，則當與泮宮、閟宮同不書矣。今南門特書新作，正閔子所謂仍舊貫，如之何？何必改作者？故特書以示譏也。[15]

---

12 〔宋〕張洽：〈春秋綱領〉，《春秋集註》，頁5-6。

13 〔宋〕張洽：〈春秋綱領〉，《春秋集註》，頁6。此段文字又見〔宋〕胡安國著，錢偉彊點校：〈明類例〉，《春秋胡氏傳》（浙江：浙江古籍出版社，2010年），頁11。原文作：「《春秋》之文，有事同則辭同者，後人因謂之例。然有事同而辭異，則其例變矣。是故正例非聖人莫能立，變例非聖人莫能裁；正例天地之常經，變例古今之通誼。惟窮理精義，於例中見法、例外通類者，斯得之矣。」

14 黃智群：《張洽《春秋集註》研究》，頁56。

15 〔宋〕張洽：《春秋集註》，卷4，頁12。

認為《春秋》此則記錄在表示譏貶魯僖公不恤民力，因為若魯南門應作而用民，則《春秋》應如僖公修泮宮、閟宮的例子，不將此事書記於《春秋》經中。[16]由此可知，張洽是用「書以示貶」的書法義例來解讀此條《春秋》大義。黃智群曾歸納張洽在《春秋集註》中援用了《公羊》、《穀梁》的「稱『人』例」等五條、趙匡的「侵伐」例、胡安國的「書『人』以奪爵」等四條及自創「書『以歸』例」等四條，共計十四凡例，說明張洽於《春秋集註》中頻繁使用以義例書法說《春秋》的情況。[17]也正如前文所引述的，張洽不僅以「正例」來說解《春秋》，他也同時接受了以例說《春秋》者常用的「美惡不嫌同辭」的說法，如其在《春秋》宣公元年「公即位」條下即引：

> 胡氏曰：宣為弒君者所立，受之而不討，故如其意而書「即位」，其與僖、文之立，一美一惡，不嫌於同也。[18]

張洽對僖公元年《春秋》不書即位是引胡安國「內無所承，上不請命」為說；對文公元年書「公即位」則是援引《穀梁》「繼正即位正也」之說。[19]若僅就這兩者來看，《春秋》書即位似乎是表示讚揚，而

---

16 〔宋〕張洽在《春秋集傳》中引述胡安國之說，認為修泮宮、閟宮是因「宮廟以事其祖考，學校以教國之子弟，二者為國之先務，雖用民力，不可廢也。」所以「經不書」。見〔宋〕張洽：《春秋集傳》，收入《宛委別藏》（臺北：臺灣商務印書館，1981年），卷10，頁1。

17 黃智群：《張洽《春秋集註》研究》，頁58-67。

18 〔宋〕張洽：《春秋集註》，卷6，頁1。

19 〔宋〕張洽：《春秋集傳》，卷8，頁1及卷12，頁1。在《春秋集註》中張洽對文公元年沒有說解，對僖公元年則僅言：「觀僖公不書即位，以考時義，當知反經之學，有國者不可不明也。」義不如《春秋集傳》明確。見〔宋〕張洽：《春秋集注》，卷4，頁1。而胡安國認為僖公元年不書即位為「內無所承，上不請命」；文公元年書「公即位」是「緣始終之義。」分見〔宋〕胡安國，錢偉彊點校：《春秋胡氏傳》，卷11，頁145及卷14，頁210。

不書即位則表示貶斥。但宣公之所以能立，是因為宣公母敬嬴與權臣襄仲勾結，所以在文公死後襄仲殺了太子惡而立宣公。張洽認為宣公即位後而沒有討伐襄仲是不對的，所以在此《春秋》雖書「公即位」，但其與文公時書「公即位」意義不同：兩者在書記形式上相同，但一為美一為惡，實質評價絕然有異。這即是沿用《公羊》在隱公七年所謂「《春秋》貴賤不嫌同號，美惡不嫌同辭」的主張。[20]而這種說法主要在為儒者說解《春秋》時，對相類似的文句但做出全然不同判斷時提供一個說明理由。

　　除此之外，張洽也承用了以例義說《春秋》時遇到無法說解時的另一種常見解說方法：「變例」。張洽對隱公三年《春秋》記「夏四月，辛卯，尹氏卒」的說解為：

> 平王繼幽厲之後，不能擇畀忠賢，以修其政，而因用致亂之族，使之深根固柢而不可拔，故《春秋》於此即其告終，變例書氏，以見平王不能中興周室之由，而尹氏數百年相繼禍敗，所以著世卿不擇賢之弊，為後世之深戒也！[21]

張洽認為《春秋》中有天子大夫卒例當書名的義例，而對周天子大夫尹氏只書氏而不書名是「變例」，這是孔子透過這個變例在表示尹氏一族長久掌握周朝政事，以致周天子無法另外任用賢人以圖中興。

　　綜合以上簡短的論述可以發現，張洽在解釋《春秋》時有一個基

---

20 〔漢〕公羊壽傳，〔漢〕何休解詁，〔唐〕徐彥疏，浦衛忠整理，楊向奎審定：《春秋公羊傳注疏》（北京：北京大學出版社，2000年），卷3，頁65-66。

21 引文見〔宋〕張洽：《春秋集註》，卷1，頁5。張洽此說在《春秋集傳》中清楚可見是依《公羊》說而來，因為《左傳》認為「尹氏」為魯隱公之母聲子之名，而《公羊》、《穀梁》則認為是周王卿士，《公羊》在此另有獨特的「譏世卿」之說。參見〔宋〕張洽：《春秋集傳》，卷1，頁25。

本的方法：廣泛的使用「義例」。從最基礎由「書」與「不書」的區別來判定褒貶，到分條分項的「稱人」、「以歸」等由字句判斷的義例全都採用。在「正例」無法給予全理解釋時，也會採用「美惡不嫌同辭」與「變例」的理由予以說解。而這種解釋《春秋》的方法正是朱熹所反對的。[22]

朱熹之學以「道問學」見長，所以對於儒學重要經典都曾做過深入的研究及重要的論述，但惟獨對於《春秋》常常感嘆其難以說解，甚至感嘆說：「《春秋》難看，此生不敢問。」[23]朱子的這種態度常讓其學生覺得可惜：

> 問：「《春秋》一經，夫子親筆，先生不可使此一經不明於天下後世。」曰：「某實看不得。」問：「以先生之高明，看如何難？」曰：「劈頭一箇『王正月』，便說不去。」[24]

依傳統儒者通說，在五經之中只有《春秋》為孔子親手所作，朱子又為當世大儒，其不註解《春秋》一事不免讓人覺得十分可惜。但朱子自承從《春秋》隱公元年開始的「春王正月」四字即無法有好的解釋，其餘經文更是存有許多難解問題，所以朱子不但自己沒有註解

---

22 朱熹反對當時許多儒者主張《春秋》中存有孔子所定「義例」的主張是十分明確的，許多研究朱熹《春秋》的人都共同指出了這點。相關論文請參見：趙伯雄：〈朱熹《春秋》學考述〉，《孔子研究》2003年01期（2003年），頁63-72、丁亞傑：〈方法論下的春秋觀：朱子的春秋學〉，《鵝湖學誌》第38期（2007年6月），頁46-90及姜龍翔：〈試探朱熹對《春秋》的態度及其解經方法〉，《雲漢學刊》14期（2007年6月），頁141-166。筆者以下對朱熹「義例」的基本看法與前人無異，但敘述角度則略有不同。

23 〔宋〕黎靖德編，王星賢點校：《朱子語類》第6冊（北京：中華書局，1994年），卷83，頁2176。

24 〔宋〕黎靖德編，王星賢點校：《朱子語類》第6冊，卷83，頁2175。

《春秋》，甚至還「常勸人不必做此經，他經皆可做，何必去做《春秋》？」[25]當然，朱子也沒有極端到認為整本《春秋》每一句或任一條都無法理解，因為朱子認為「如『成宋亂』，『宋災故』之類，乃是聖人直著誅貶，自是分明。」[26]《春秋》中這些部分的意思十分明確，所以在解讀上不必另花工夫。但《春秋》中更有許多令人不知是褒是貶的簡短記載，要理解這些記載則不能僅依憑《春秋》本身的文字，而必須有其他的幫助：

> 孔子作《春秋》，當時亦須與門人講說，所以《公》《穀》《左氏》得一箇源流，只是漸漸訛舛。[27]

朱子對《春秋》為孔子所寫定的說法並不懷疑，只是他認為《春秋》一書並無法完全由其自身內容而獲得了解，在孔子當時必定有以口頭宣講的方式教授弟子，而這宣講的內容即是《三傳》的源頭。只是在歷史的流傳過程中，被寫定成文字的《三傳》與原來孔子之意有了不小的差距，[28]這也讓要理解《春秋》存在著一些幾乎無法克服的困難。如以《春秋》學中常被提及的「書」或「不書」的義例來說，其言：

> 且如先蔑奔秦，書，則是貶先蔑；不書時，又不見得此事。若如今人說，教聖人如何書則是？[29]

---

25 〔宋〕黎靖德編，王星賢點校：《朱子語類》第6冊，卷83，頁2174。
26 〔宋〕黎靖德編，王星賢點校：《朱子語類》第6冊，卷83，頁2154。
27 〔宋〕黎靖德編，王星賢點校：《朱子語類》第6冊，卷83，頁2152。
28 朱子曾言：「《春秋》難看，三家皆非親見孔子。」見〔宋〕黎靖德編，王星賢點校：《朱子語類》第6冊，卷83，頁2153。
29 〔宋〕黎靖德編，王星賢點校：《朱子語類》第6冊，卷83，頁2150。

依《左傳》所記，魯文公六年晉襄公死時，其子靈公尚且年幼，所以晉國大臣為了立何人為晉君著實有一場爭論，最後決定趙盾派先蔑、士會至秦迎晉文公庶子、襄公之弟公子雍，賈季至陳召公子樂回晉，但趙盾暗中派人在郫殺了公子樂，希望公子雍能成為晉國君主。不料在晉國的穆嬴每天抱著靈公於朝中哭泣，並質問趙盾等人為何不直接立襄公之子靈公為晉君？趙盾等大夫懼怕穆嬴等人的勢力，所以就立了靈公為君，反而發兵拒迎送公子雍回晉之秦軍。「趙盾將中軍，先克佐之；荀林父佐上軍；先蔑將下軍」，潛師夜行，終於在令狐打敗了護送公子雍回晉的秦國軍隊，之後先蔑、士會先後奔秦。[30]《春秋》文公七年記「戊子，晉人及秦人戰于令狐，晉先蔑奔秦。」朱熹認為若以「書以示貶」的書法義例來看，《春秋》書「先蔑奔秦」應是表示貶斥的意義；但反過來看，若《春秋》沒有將「先蔑奔秦」書記於《春秋》之中，那麼後人又怎麼能知道此事？又如何去了解孔子對此事的褒貶？由此可見，以「書」或「不書」來判斷褒貶的這個義例，本身即很有問題。

朱子對於以義例來解《春秋》者在理論上所提出的質疑與說法大約可分為三點：第一、《春秋》中的「例」是孔子所為或是舊魯史原有的例？又如何區分這兩者？朱子也承認《春秋》中有大致一致的書記方式，而這正是以例解《春秋》者之所以興盛的根本因素。但朱子的問題是這些「例」是孔子所作的嗎？其言：

> 或論及《春秋》之凡例。先生曰：「《春秋》之有例固矣，奈何非夫子之為也。」[31]

---

30 此段史事依《左傳》敘述，參見楊伯峻：《春秋左傳注》（北京：中華書局，1995年），頁550-552及558-561。

31 〔宋〕黎靖德編，王星賢點校：《朱子語類》第6冊，卷83，頁2147。

若「例」僅是史官書記時大約的成規，那就不太談得上什麼特別「大義」，更不是孔子所言之義。若是要證明《春秋》中的「例」是孔子刪改舊魯史而成，朱子認為在文獻上的最好證據是拿舊魯史與現傳的《春秋》兩書相互比較對照。如此一來，孔子手筆自然清楚呈現，而後才能再談「例」代表什麼意思：

> 《春秋》所書，如某人為某事，本據魯史舊文筆削而成。今人看《春秋》，必要謂某字譏某人。如此，則是孔子專任私意，妄為褒貶！孔子但據直書而善惡自著。今若必要如此推說，須是得魯史舊文，參校筆削異同，然後為可見，而亦豈復可得也？[32]

《春秋》中「據直書而善惡自著」的部分爭議不大，朱子批評以書名書字等「例」來說解《春秋》或褒或貶者，必須要有舊魯史相互對照才是有證據的說法。但可惜不論在當時或現在，舊魯史一直沒有出現，所以主張《春秋》中的「例」為孔子所為者，並沒有任何文獻上的根據。

朱子認為《春秋》義例之說不可信的第二個理由是存在著太多的「變例」，而這些「變例」的說法，根本違反了孔子自身的行事原則：

> 或人論《春秋》，以為多有變例，所以前後所書之法多有不同。曰：「此烏可信！聖人作《春秋》，正欲褒善貶惡，示萬世不易之法。今乃忽用此說以誅人，未幾又用此說以賞人，使天下後世皆求之而莫識其意，是乃後世弄法舞文之吏之所為也，

---

32 〔宋〕黎靖德編，王星賢點校：《朱子語類》第6冊，卷83，頁2146。

曾謂大中至正之道而如此乎！」³³

朱子認為若《春秋》中之「例」是全書一致，尚有可說的餘地。但事實上並非如此，以「義例」說《春秋》者在正例外另提出有變例，而變例自身又未能自圓其說，根本經不起論難，朱子言：

> 桓公有兩年不書秋冬，說者謂，以喻時王不能賞罰。若如是，孔子亦可謂大迂闊矣！某嘗謂，說《春秋》者只好獨自說，不可與人論難。蓋自說，則橫說豎說皆可，論難著便說不行。³⁴

《春秋》通例每年四時無事亦皆書，但在桓公四年及七年均不記「秋」「冬」，所以說者多視之為「變例」，認為這是在貶斥「天王之不復能用刑」及「諸侯之不復能修其職」³⁵。可問題是桓公弒兄而繼位，類似情況在當時並不少見，何以《春秋》僅針對桓公四年、七年去「秋」「冬」？以「變例」言《春秋》者並無法回答這個問題，所以用「例」來說解《春秋》在文獻上並沒有什麼說服力。

正因為解釋《春秋》有著文獻上幾乎不可跨越的障礙，所以朱子最後認為只剩一種情況是可以正確詮解《春秋》，即是：

> 須是己之心果與聖人之心神交契，始可斷他所書之旨；不然，則未易言也。³⁶

---

33 〔宋〕黎靖德編，王星賢點校：《朱子語類》第6冊，卷83，頁2148。
34 〔宋〕黎靖德編，王星賢點校：《朱子語類》第6冊，卷83，頁2161。
35 〔宋〕胡安國，錢偉彊點校：《春秋胡氏傳》，卷5，頁61。
36 〔宋〕黎靖德編，王星賢點校：《朱子語類》第6冊，卷83，頁2154。

若己心與聖人「心神交契」，那麼即是同體大道天理，那麼有書無書應也沒有任何差異，自然就可以跨越文獻上的障礙而直接了解。若能達到這個境界，那麼「義例」之說也變得沒有任何必要。朱子認為若沒有達致這個境界，那麼僅以《春秋》文字本身所提供過於簡少的資訊而論，根本是無法產生正確的解讀：

> 問：「諸家《春秋》解如何？」曰：「某盡信不及。如胡文定《春秋》，某也信不及，知得聖人意裡是如此說否？今只眼前朝報差除，尚未知朝廷意思如何，況生乎千百載之下，欲逆推乎千百載上聖人之心！況自家之心，又未如得聖人，如何知得聖人肚裡事！某所以都不敢信諸家解，除非是得孔子還魂親說出，不知如何。」[37]

持平而論，朱子並非說胡安國等人對《春秋》說法一定是錯的，只是在說解文獻的證據力不足，這是就方法學的層面立論。就朱子的理路來看，說《春秋》不可依憑《三傳》及「義例」等方法。但現實卻是，若不依《三傳》或「義例」說，那麼我們根本無法形成對《春秋》一定的理解。在沒有正確的理解對照下，只能說《三傳》或胡安國等人的說法是證據力不足或可疑，而不能說其一定是錯的。也因如此，所以朱子有時會對《左傳》、胡安國之說有較正面的評價：

> 《春秋》制度大綱，《左傳》較可據，《公》《穀》較難憑。胡文定義理正當，然此樣處，多是臆度說。[38]

---

37 〔宋〕黎靖德編，王星賢點校：《朱子語類》第6冊，卷83，頁2155。
38 〔宋〕黎靖德編，王星賢點校：《朱子語類》第6冊，卷83，頁2151。

又言：

> 某平生不敢說《春秋》。若說時，只是將胡文定說扶持說去。
> 畢竟去聖人千百年後，如何知得聖人之心？[39]

不論是依《左傳》說制度、史事或採胡安國的義理，畢竟仍不是依
《春秋》文句而闡發其大義，這與一般所謂的註解經典是有所不同
的。總合來看，朱熹雖沒有對《春秋》予以注解，但其所提出的問題
均是在注解《春秋》前必須認真看待及回答的根本問題。也就是說，
朱子的《春秋》學主要不在對《春秋》內容大義的解釋，而是對《春
秋》解釋方法的基礎上有所疑問。

張洽雖為朱子弟子，但如前所述，兩人在對於以義例解《春秋》
的方法，態度南轅北轍完全不同。[40]張洽在《春秋集傳》及《春秋集
註》中常運用「義例」作為支持其說解《春秋》的證據，但其並沒有
提出其所言「義例」的合理性何在？更不用說對以義例說《春秋》在
方法學上提出為何可以成立的理由。筆者將透過以下兩個例子來說明
張洽與朱熹對義例態度上的差異。

第一個例子是關於朱子提出《春秋》與舊魯史間的差異問題：朱
子認為舊魯史不存，所以無法對比出孔子所刪修過後的《春秋》其
「義例」為何。事實上，主張《春秋》是由舊魯史刪修而來的儒者，
幾乎都會透過《公羊》對於《春秋》莊公七年「辛卯，夜，恆星不

---

39 〔宋〕黎靖德編，王星賢點校：《朱子語類》第6冊，卷83，頁2150。

40 楊棣娟在《張洽《春秋》學研究》中歸納出張洽與朱熹《春秋》學說的五個相異
處：論書日月、論一字之褒貶、論「書」與「不書」、論《春秋》義例與論《春
秋》譏美之義。這五點都可歸結於兩人對於《春秋》中有無「義例」的看法不同。
見氏著：《張洽《春秋》學研究》，頁141-152。

見。夜中，星隕如雨。」的說解來加以說明。在《公羊》的解釋中有
幾句非常重要的句子：「『不脩春秋』曰：『雨星不及地尺而復』，君子
脩之曰：『星霣如雨』。何以書？記異也。」[41]在這段說解裡《公羊》
指出兩個問題：一是不修春秋與《春秋》的關係。二則是《春秋》書
記此條所欲呈顯的大義。在《公羊》的記述中，明顯指出舊魯史與
《春秋》的不同，而「君子」通常被解釋為指孔子。這本是條很好的
例證，可以用以回應朱熹對於《春秋》義例之說的質疑。但翻查張洽
的兩本著作，其對此條的解釋為：

> 此蓋王運將終而霸統方作之祥，自此堯舜禹湯文武之紀綱法度
> 掃滅殆盡。[42]

而在《春秋集傳》中則引《左傳》、《穀梁》之說，而對《公羊》不修
春秋與君子修之的說法全然略而不提，[43]張洽對此條的說解，僅著重
在對「大義」內容的發揮。似乎其對於可以透過此則記錄，用以回應
其師朱子所言及《春秋》與「不修春秋」關係的問題毫無興趣。

第二個例子則是前文所提及的桓公四年及七年均不記「秋」
「冬」的解釋。對此朱熹認為：

> 威公不書秋冬，史闕文也。或謂貶天王之失刑，不成議論，可
> 謂亂道！夫子平時稱顏子「不遷怒，不貳過」，至作《春秋》，

---

41 〔漢〕公羊壽傳，〔漢〕何休解詁，〔唐〕徐彥疏，浦衛忠整理，楊向奎審定：《春
　　秋公羊傳注疏》，卷6，頁153-154。
42 〔宋〕張洽：《春秋集註》，卷3，頁4。
43 〔宋〕張洽：《春秋集傳》，卷5，頁15。張洽在此條中僅引《公羊》「隕」作
　　「霣」，說明字形之異而已。

　　卻因惡魯威而及天子，可謂「桑樹著刀，榖樹汁出」者！魯威
之弒，天王之不能討，罪惡自著，何待於去秋冬而後見乎！[44]

正如前文所述，魯桓公殺兄奪位，而當時天子、諸侯無人能出面主持
公道，可見當時政治倫理敗喪。朱子認為這個道理並不需要透過不書
「秋」、「冬」來呈顯，朱子認為這根本就是「闕文」，而不是「義
例」。在朱子之前，理學家中認為《春秋》以不書「秋」、「冬」以示
貶最有名的當推程伊川，其言：

　　　　桓公弒君而立，天子不能治，天下莫能討，而王使其宰聘之，
　　　　示加尊寵，天理滅矣，人道無矣。書天王，言當奉天也，而其
　　　　為如此。名糾，尊卑貴賤之義亡也。人理既滅，天運乖矣；陰
　　　　陽失序，歲功不能成矣，故不具四時。[45]

伊川認為桓公弒其兄隱公而立，周天子未能加以討伐而且還派宰渠伯
糾往聘，這是大失天理的舉動，所以《春秋》不記「秋」、「冬」兩
季，用表示此舉之失道。而張洽對此的看法則與伊川相近而不同於其
師朱子，其言：

　　　　今魯桓有弒君之皋，王不能奉天討，而反使冡宰聘之，王者之
　　　　職虧闕如此，使三綱不建，五常不立，人類將變為禽獸，故於

44　〔宋〕黎靖德編，王星賢點校：《朱子語類》第6冊，卷83，頁2146。此處「桓公」
　　書為「威公」，應是避北宋欽宗的名字為「桓」之諱。陳垣說：「桓改為亘，為威，
　　或為魋。齊桓公改威公，桓魋改威魋。」見陳垣：《史諱舉例》（上海：上海書店出
　　版社，1997年），頁114。
45　〔宋〕程顥、程頤著，王孝魚點校：〈河南程氏經說〉，《二程集》第3冊（北京：中
　　華書局，1981年），卷4，頁1103-1104。

今年闕秋冬。於冢宰聘魯桓之後,以見天地之失其收藏,萬物之失其成遂,由王誅之不加於魯桓而寵秩之。嗚呼!此《春秋》之所以作,而聖人尤致其謹嚴以示大法者也。[46]

張洽對這則解釋的立場與朱熹完全不同,他認為《春秋》於此年不記秋、冬二季,實是因為孔子用以表示若失天理則人與禽獸無異,這是《春秋》「之所以作」的原因。在《春秋集傳》中,張洽更全引上述伊川之語,用以強調這個看法。[47]

透過以上的對比,我們可以發現在解經方法上,張洽與其師朱熹的主張是有很大的不同:朱熹對於用「義例」來解釋《春秋》,在方法學上的反省無疑較張洽更為深入,朱子所提出幾個根本性的問題,張洽都沒任何相關的思考或回應。甚至可以說,「以義例解經」這種方式是可否行的問題,完全沒有進入張洽《春秋》學的視域之中,也因如此,所以張洽根本沒有試圖回答這個問題。所以,就《春秋》學中的解經方法反省而言,張洽並不如其師朱熹來得有深度。

就因張洽對於以義例解經並沒有任何方法學上的討論或反省,所以他就直接援用前人義例甚至自行發展出獨特義例,用以說解《春秋》。張洽在詮解《春秋》方法上的這種態度,大約是朱子所極力批評與試圖避免的。張洽曾經也問過朱子關於解釋《春秋》困難之處:

張元德問《春秋》、《周禮》疑難。曰:「此等皆無佐證,強說不得。若穿鑿說出來,便是侮聖言。不如且研窮義理,義理明,則皆可遍通矣。」因曰:「看文字且先看明白易曉者。此

---

46 〔宋〕張洽:《春秋集註》,卷2,頁3。

47 〔宋〕張洽:《春秋集傳》,卷3,頁21。

語是某發出來，諸公可記取。」[48]

從最後的結果來看，張洽之說難脫是朱子所批評的「穿鑿說出來」的
「侮聖言」了。張洽與朱子在解釋《春秋》方法上的根本差異，無疑
的也影響到兩人對於《春秋》內容上的理解。所以在下文中即在呈現
這種差異所導致的現象，並進一步討論這在《春秋》學上的意義。

三　朱子與張洽對解釋《春秋》內容的差異

正如前文所述，因為朱熹反對以義例說解《春秋》，所以其甚少
對於《春秋》內容做實際的解釋。在相關文獻中，朱熹對於晉國荀息
及魯國季友有較多的論評，所以本節將對比朱熹與張洽對這兩個人論
評的差異，試圖勾勒出朱熹與張洽對《春秋》內容實質理解上的不同
處[49]。

張洽對於《春秋》魯僖公十年「晉里克弒其君卓及其大夫荀息」
的解釋為：

> 夫奚齊卓子……則固里克之君也，君臣之分已定而犯上作亂如
> 此，故正名其弒君。而荀息不失信於君，得以死節，書此其定
> 臬，所以為輕重之權衡，非聖人莫能修之也。荀息書及，著其
> 節也；書大夫，不失其官也。里克荀息之得失予奪，胡氏論之
> 詳矣。[50]

---

48 〔宋〕黎靖德編，王星賢點校：《朱子語類》第6冊，卷83，頁2148。

49 楊棣娟在其論文中亦曾言及張洽與朱熹的異同，其異的部分多在以「義例」解經處，
而論其同處，則有三處：1.兩者《三傳》兼採，無所偏廢。2.皆以「義理」闡發為註
解之要旨。3.同樣強調尊王攘夷。見氏著：《張洽《春秋》學研究》，頁135-141。

50 〔宋〕張洽：《春秋集註》，卷4，頁7-8。

張洽認為《春秋》對於荀息的評價可由兩個線索來判斷[51]：《春秋》用「及」字來表彰荀息能堅持其事君之道的氣節，又以記其為「大夫」來表示其能堅守其官職的任務。總體而言，張洽認為《春秋》對荀息的評價頗高。張洽此說源於胡安國，若參看其他文獻，我們可以看出張洽之說的更多轉折，胡安國對此言：

> 君弒而死於難，書「及」，所以著其節；書「大夫」，不失其官也。於荀息，何取焉？若息者，可謂不食其言矣。或曰：息既從君於昏，不食其言，庸足取乎？世衰道微，人愛其情，私相疑貳，以成傾危之俗，至於刑牲歃血，要質鬼神，猶不能固其約也，孰有可以託六尺之孤，寄百里之命，臨死節而不可奪如息者哉？自古皆有死，民無信不立，故聖人以信易食，而君子以信易生。息不食言，其可少乎？[52]

對比胡安國與張洽之說可以發現：張洽在《春秋集註》中的說法完全來自胡安國之說。胡安國認為荀息是因「不食其言」而受到孔子的讚譽，這是息荀身為大夫的最重要特質。也就是說，胡安國在文獻上的證據是《春秋》書「及」與「大夫」的義例，在倫理學上則堅持大夫守信的重要性。而這兩個理由也被張洽所採納。其實張洽並不是沒有考慮過胡安國只由「守信」一端即予以褒揚的評價方式是否未盡合理，因為張洽在《春秋集傳》中還同時另引了劉敞（1019-1068）《春秋劉氏傳》的說法：

---

51 關於此事前後可參看《左傳》相關記錄。又：此事《春秋》記載在僖公十年，但《左傳》的說解則在僖公九年。楊伯峻認為這是因為《春秋》與《左傳》所用的曆法不同所致，《左傳》用夏正，而《春秋》則不知何據。但這與本文要論述的內容無關，在此不予深論。見楊伯峻：《春秋左傳注》，頁328-329、332。

52 引文見〔宋〕胡安國，錢偉彊點校：《春秋胡氏傳》，卷11，頁161。

> 劉氏傳：荀息之智則未也。託六尺之孤，寄百里之命，臨大節
> 而不可奪，荀息之義則盡矣。[53]

認為荀息應從「智」與「義」兩方面來評價，認為其義盡但智未盡。
但在《春秋集註》中，張洽便刪去了劉敞的說法，專取胡安國僅以
「信」來評價荀息之說。而張洽之所以如此，可由其特別引述「書
及，著其節也；書大夫，不失其官」之語，可見張洽主要因為要符合
書「及」及「大夫」的義例，所以才捨棄了劉敞之說，而專就「信」
來評論，如此一來才不會使《春秋》中書「及」及「大夫」的義例產
生變例。

朱子對於荀息的評論則不同於胡安國與張洽，朱熹在回答學生問
胡安國對荀息的評價時，便批評胡安國之說並不恰當：

> 問：「胡文定以荀息為『可以託六尺之孤，寄百里之命，臨大
> 節而不可奪』，如何？」曰：「荀息便是不可以託孤寄命了。」
> 問：「聖人書荀息，與孔父仇牧同辭，何也？」曰：「聖人也且
> 是要存得箇君臣大義。」[54]

認為荀息根本不是個可以「託孤寄命」的大臣，因為就結果來看，荀
息不但不能保存自己的生命，更無法維護奚齊在晉國的君位，所以並
不認為荀息非常值得嘉許。對比朱熹與胡安國、張洽的說解可以發

---

53 引文見〔宋〕張洽：《春秋集傳》，卷9，頁9。劉敞的原文作：「荀息之智則未，荀
息之義則盡矣。託六尺之孤，寄百里之命，臨大節而不可奪，荀息可謂不食其言
矣。」與張洽引文小異，但意思不變。見〔宋〕劉敞：《春秋劉氏傳》，收入《通志
堂經解》（漢京文化事業公司，1985年），卷5，頁10。

54 〔宋〕黎靖德編，王星賢點校：《朱子語類》第3冊（北京：中華書局，1994年），
卷35，頁925。

現，朱熹雖然知道《春秋》書記荀息與莊公十二年書記仇牧文字形式相同，但因為朱熹並不認為《春秋》有一定的書記方式，所以對於荀息與仇牧的評價也未必要相同。這樣就不必受到義例的拘限而可以有較廣闊的論述空間。朱熹認為荀息至少在兩個方面是非常值得批評的，首先，就獻公廢申生而立奚齊一事，朱子即認為荀息處置失當：

> 問：「里克丕鄭荀息三人，當初晉獻公欲廢太子申生，立奚齊，荀息便謂『君命立之，臣安敢貳』？略不能諫君以義，此大段不是。……」或曰：「看荀息亦有不是處。」曰：「全然不是，豈止有不是處？只是辦得一死，亦是難事。」[55]

朱子認為荀息在晉獻公選擇申生與奚齊間的態度與說法不只是「有不是處」而是「全然不是」，因這正是關係到之後晉國是否會產生大亂的最重要的政治決定，就此事而言，作為臣子的荀息並沒有擔負起其應盡的責任。第二，朱子認為荀息缺乏優秀政治家所必須具備的「才」：

> 正卿問：「『可以託六尺之孤』，至『君子人也』，此本是兼才節說，然緊要處卻在節操上。」曰：「不然。三句都是一般說。須是才節兼全，方謂之君子。若無其才而徒有其節，雖死何益。……如受人百里之寄，自家雖無竊之之心，卻被別人竊了，也是自家不了事，不能受人之寄矣。自家徒能『臨大節而不可奪』，卻不能了得他事，雖能死，也只是簡枉死漢！濟得甚事！如晉之荀息是也。所謂君子者，豈是斂手束腳底村人耶！故伊川說：『君子者，才德出眾之名。』孔子曰：『君子不器。』

---

55 〔宋〕黎靖德編，王星賢點校：《朱子語類》第6冊，卷83，頁2165-2166。

　　　既曰君子，須是事事理會得方可。若但有節而無才，也喚做好
　　　人，只是不濟得事。」[56]

由這段對答看來，朱子對荀息的評價實在不高，說他是「好人，只是
不濟得事」。節操雖好，但不能被稱為「君子」，最後只能成為一個「枉
死漢」而非「君子」，[57]而優秀的政治人物必須要是「君子」才行。朱
熹對荀息這樣的批評印諸奚齊被里克殺死後，本即想要自殺。但有人
建議他「不如立卓子而輔之」，於是荀息就立了卓子為君，但卓子被立
為晉君後不久又被里克所殺等事來看，朱子認為荀息「無才」、不能
「事事理會」並非苛評。所以就整體對荀息的評述來看，朱熹很難同
意胡安國因《春秋》書「大夫」而說荀息是「不失其官」的評論。
　　至於《春秋》對魯莊、閔、僖之間舉足輕重的季友，僅在僖公元
年時將之記為「季子」，其餘均記為「公子友」或「公子季友」。[58]關
於對僖公元年「季子來歸」的解釋，張洽十分的簡明：

　　　邦之杌隉，有親且賢，孰不賴之？季友過惡於初萌，子般之
　　　亂，力不能討而遂去之，非其辜也。故魯人思之，齊侯從閔公
　　　之請，使召諸陳，季子始歸，《春秋》從諸侯崑弟之例，特字
　　　之而書來歸，所以著季子足以為國之輕重而敘魯人喜其來歸之
　　　情也。[59]

56　〔宋〕黎靖德編，王星賢點校：《朱子語類》第3冊，卷35，頁924。
57　朱子雖言荀息：「死君之難，亦可取耳。」但朱子在另一段與學生問答的文獻中，
　　亦同樣認為荀息「不可謂之君子。」分見〔宋〕黎靖德編，王星賢點校：《朱子語
　　類》第6冊，卷83，頁2165；第3冊，卷35，頁925。
58　關於宋儒對季友評價的完整討論，詳見本書第3章。
59　〔宋〕張洽：《春秋集註》，卷3，頁17。

認為慶父殺莊公庶子子般時，其弟季友無力阻止與討伐，所以才會去魯至陳。但因季友非常賢能，對魯國很重要，所以閔公才會將其召回。而《春秋》記人多書名，此不記「季友來歸」而記「季子來歸」是「特字之」，表示褒揚之意。也就是說，張洽完全因《春秋》記字以褒之的義例，用以說明季友之賢與受魯人的歡迎。張洽這種以書字來判定《春秋》褒貶的說法是有很久的淵源，《左傳》即言「『季子來歸』，嘉之也。」[60]而《公羊》也說：「其稱季子何？賢也。」[61]而胡安國更言：

> 其曰「季子」，賢之也……自外至者為歸，是嘗出奔矣，何以不書？……慶父主兵，勢傾公室，季子力不能支，避難而出奔，恥也。魯國方危，內賊未討，國人思得季子以安社稷，而公為落姑之盟以請於齊，則是賢也。《春秋》欲沒其恥，故不書「奔」；欲旌其賢，故特稱「季子」，聖人之情見矣。隱惡而揚善，舜也；樂道人之善，惡稱人之惡，孔子也；為尊者諱，為親者諱，為賢者諱，《春秋》也。[62]

胡安國在此雖盡力解釋為季子之賢，又解釋為何不貶斥季子出奔陳一事。細繹胡安國的說法，其實均因「季子」義例而起，因為要符合

---

60 《左傳》雖在此沒明言書字以嘉之，但其以書字為由判斷是十分明顯的。所以楊伯峻會說：「《春秋經》於人多書名，蔡季、季子，季均有行次或字，故有褒意。」楊伯峻：《春秋左傳注》，頁257。

61 〔漢〕公羊壽傳，〔漢〕何休解詁，〔唐〕徐彥疏，浦衛忠整理，楊向奎審定：《春秋公羊傳注疏》，卷9，頁223。戴君仁曾歸納《公羊》中「稱字示褒」的例子，並言：「稱字固甚美，而稱子尤見褒異。」見戴君仁：《春秋辨例》（臺北：國立編譯館中華叢書編審委員會，1978年），頁111。

62 引文見〔宋〕胡安國，錢偉彊點校：《春秋胡氏傳》，卷10，頁138。

「書字以褒」之例，所以才會說《春秋》有三諱，謂孔子「惡稱人之惡」。[63]張洽也完全接受這個義例，並用以說解《春秋》中相關文字。[64]

相對之下，朱熹對這樣的說解有頗多意見。首先朱子對於《春秋》書「季子來歸」為褒季友的說法即有所懷疑：

> 「成風事季友，與敬嬴事襄仲一般，《春秋》何故褒季友？如書『季子來歸』，是也。」人傑謂：「季子既歸，而閔公被弒，慶父出奔。季子不能討賊，是其意在於立僖公也。」先生曰：「縱失慶父之罪小，而季子自有大惡。今《春秋》不貶之，而反褒之，殆不可曉。蓋如高子仲孫之徒，只是舊史書之，聖人因其文而不革。所以書之者，欲見當時事蹟，付諸後人之公議耳。若謂季子為命大夫，則叔孫婼嘗受命服，何為書名乎？」（《朱子語類》卷83，頁2162）[65]

所謂「今《春秋》不貶之，而反褒之，殆不可曉。」指的應是一般所謂《春秋》書字以示褒的義例之說。朱子認為從季子的行事來看，季子分明想立僖公所以才縱容慶父弒閔公及逃至莒，[66]也就是說，魯國之

---

63 持平而論，胡安國之說實屬牽強，若真如其主張，則《春秋》中「貶天子，退諸侯，討大夫」、「有貶無褒」等大義均難以自圓其說。

64 如在同年，《春秋》記「齊仲孫來」，仲孫名為湫，《春秋》書其字。劉敞認為齊仲孫與齊桓公不思「霸主之義討有辠」，只在旁靜觀魯國的政治變化，《春秋》書此是「交譏之」。張洽援引劉敞之說，雖無「交譏之」之語，但言：「愚嘗論之仲孫之辠固如劉氏之言矣……仲孫之智善於硯國而不能輔君速行方伯之義，此《春秋》所以雖貶而尚不名，以為猶有以異於傾險乘釁者之可誅也。」認為《春秋》書字不書名，所以仲孫並不如劉敞之說有那麼嚴重的罪名。這同樣也是基於《春秋》義例而影響其褒貶的判斷。見張洽：《春秋集註》，卷3，頁17。

65 〔宋〕黎靖德編，王星賢點校：《朱子語類》第6冊，卷83，頁2162。

66 《左傳》閔公二年中記有季子出生時，魯桓公即為之卜，預言其後可「在公之右；

亂是季子有意放任而造成的。朱熹認為《春秋》書記「季子來歸」就如同書記「齊仲孫來」等一般，都是「舊史書之」而孔子不改，只是記當時實事，並沒有透過書字或書名來褒貶的意思。朱子與張洽之說最明顯的差別是：朱子並沒有受制於「書字示褒」而直接判定孔子在褒揚季子其人，反而是透過許多相關事件的記載，由較多的角度來評斷季友的褒貶，認為季友有「專國為禍」及為「魯國之賊」的嫌疑。[67]朱子甚至將季友與慶父兩人相提並論，認為季子之罪為：

> 「《春秋》書『季子來歸』，恐只是因舊史之文書之，如此寬看尚可。若謂『《春秋》謹嚴』，便沒理會。或只是魯亂已甚，後來季友立得僖公，再整頓得箇社稷起，有此大功，故取之，與取管仲意同。然季子罪惡與慶父一般，《春秋》若褒之，則此一經乃淪三綱、斁九法之書爾！當時公子牙無罪，又用藥毒殺了。季子賜族，此亦只是時君恩意，如秦呼呂不韋作『尚父』耳。」正淳曰：「季子雖來歸，亦有放走慶父之罪。」曰：「放走慶父罪小，它自身上罪大，亦治慶父不得。」[68]

間于兩社，為公室輔。」生下來之後，在其中手中有「友」字，所以名為季友。而魯莊公妾、僖公母成風，聽說此事所以「乃事之」，特意與季友交好，所以季友後來立僖公為君。見楊伯峻：《春秋左傳注》，頁263-264、273。

67 如學生問「季友之為人。」而朱子答：「此人亦多可疑。諸家都言季友『來歸』，為聖人美之之辭。據某看此一句，正是聖人著季氏所以專國為禍之基。又，『成風聞季氏之縣，乃事之』。左氏記此數句，亦有說話。成風沒巴鼻，事他則甚？據某看，此等人皆魯國之賊耳！」見〔宋〕黎靖德編，王星賢點校：《朱子語類》第6冊，卷83，頁2163。

68 引文見〔宋〕黎靖德編，王星賢點校：《朱子語類》第6冊，卷83，頁2163。此段問答有另一不完全相同的記錄：「『《春秋》書「季子來歸」，不知夫子何故取季友？恐只是如取管仲之意，但以其後來有功社稷，所以更不論其已前罪過。』正淳曰：『說者謂是國人喜季子之來，望其討慶父之罪，故《春秋》因如此書之。及後來不能治慶父，則季子之可貶者亦可見矣。』曰：『季子之罪，不在放走了慶父，先已

朱子認為季友之罪並不下於慶父，[69]所以季友無法處治慶父。而且季友在此之前更為了要讓子般繼位而毒殺了自己無罪的兄弟叔牙。朱熹批評若將「季子來歸」一句拘於嚴整義例來解釋的話，必會將《春秋》的評價帶向「淪三綱、斁九法之書」來理解。若其如此，不如將季友評為雖對平定魯亂有功，但其仍是個無德的權臣。朱熹這樣的理解與張洽之說最大的差異在於兩點：一、張洽以書字示褒的義例來解釋，所以將之視為支持其說的證據；而朱子則不將《春秋》「季子來歸」視為正面評價的證據，反而提出「著季氏所以專國為禍之基」、「人自是怕他」、「見他執權之漸」種種可能的假設。[70]二、張洽對季友的評價只聚焦在其平定慶父之亂一事上；而朱熹則將眼光放在考慮季友前後行事，而從季友殺弟、出奔、坐視閔公被弒而立僖公等事，以較長期的眼光來考慮對季友的評價。

自有罪過了！』」但整體意思並沒有太大差別。見〔宋〕黎靖德編，王星賢點校：《朱子語類》第6冊，卷83，頁2163。

69 朱子在另一段記錄中亦言：「且如『季子來歸』，諸公說得恁地好。據某看來，季友之罪與慶父也不爭多。但是他歸來後，會平了難，魯人歸之，故如此說。況他世執魯之大權，人自是怕他。史官書得恁地，孔子因而存此，蓋以見他執權之漸耳。」也認為季友罪不在慶父之下，而《春秋》書記其為「季子」也不是在表示褒揚之意。見〔宋〕黎靖德編，王星賢點校：《朱子語類》第6冊，卷83，頁2156。

70 事實上，就算承認《春秋》有例也不代表胡安國、張洽等人的說法是對的，因為明代的王介之即指出閔公時書記均為書字而不書名，與其餘各公的記錄方式不同：「閔公之世，大夫不名，仲孫、季子、高子皆不名焉，前此後此無不名者矣。此閔公一代之史辭如是也。聖人如史文以筆之，而時事可知矣……而胡氏以季友、高傒之不名為賢，《春秋》之所賢大夫有矣，未聞賢而不名，亂君臣之大紀者，賢而子之耶？」見〔明〕王介之：《春秋四傳質》，收入《景印文淵閣四庫全書》（臺北：臺灣商務印書館，1983年），卷上，頁55。

四 結語

由上文分別從義例的解經方法及實際解釋《春秋》經文兩方面對比朱熹與張洽的《春秋》學後，大致上可以有以下的結論：

首先，張洽《春秋》學不論從方法或其內容上來看，其並非是完全承續朱熹之《春秋》學而來。相較之下，張洽《春秋》學更近於胡安國，因為朱子之所以未註《春秋》即是由反省註解方法的層次認為《春秋》不可註，而張洽卻完全違反了這樣的看法。元代學者程端學即發現其中的差距：

> 竊疑張氏之學出於朱子。朱子嘗曰：《春秋》直書其事，而善惡自見。以爵氏、名字、日月、土地為褒貶之類，若法家之深刻，乃傳者之鑿說。朱子又以《春秋》之任付之張洽，其授受之際必以是告之矣。及其為傳則每事反之，豈當時已非其師之說邪？抑晚年之見別有得邪？吾不能知也。[71]

程端學認為從相關資料來看，朱子與張洽《春秋》學的不同是十分明顯，而朱子既然囑附張洽註解《春秋》，則不可能不清楚交代自己的看法。所以若非張洽棄離師說，就是朱子晚年時對如何解釋《春秋》在態度上已有所轉變。但就現有的文獻來看，前者更為可能。而方應發認為張洽之說是在「補師門之未備」，僅是表面的觀察而言，從實質來看，張洽的《春秋》學內容與朱子的關係並沒有想像中的直接相承。[72]所以張洽《春秋集註》雖曾與胡安國《春秋胡氏傳》同列為科

---

71 〔元〕程端學：《程氏春秋或問》收入《通志堂經解》（臺北：漢京文化事業公司，1985年），卷2，頁17。

72 筆者在此並不是說張洽在解釋《春秋》內容時完全不採朱子之說。前舉楊棣娟所言

考讀本，但後取消張洽之書的資格，於是張洽之名日消，至清代黃虞稷說：「今人只知有胡，不知洽之有此書、有此人矣。」[73]亦非無因。

第二，朱熹對於《春秋》中的書例是否是孔子所作很有疑慮，故其從不肯定「義例」解經的方法，甚至還提出如果「義例」出自孔子則必須要滿足的種種條件。這種見解雖然沒有正面的建立起他自己對《春秋》學的方法，但其無疑的對要以「義例」解《春秋》者提出一些明確的問題，朱子為此的意圖十分明確：他希望若要解釋經典至少要建立起一些明晰可見的準則，不能用隨意或猜想的方式去解釋經典。所以他批評「世間人解經，多是杜撰。」[74]朱子認為若不能有此明確的界線與方法，那麼寧願去研讀其他經典，也不必曲為之說。相較之下，張洽雖師承朱熹，但其對朱熹的解經態度與對《春秋》以「義例」解經者所提的種種問題，幾乎都是視而不見，完全沒有試圖回應朱子問題。張洽對於以「義例」解《春秋》是遵從當時風行的胡安國等人的方式，而沒有在《春秋》解經方法學上做任何反省與回應。就此而論，張洽與朱子之《春秋》學就十分的不同，甚至在某種角度來說是個倒退。所以車若水即用朱子「質實判斷不得」的說法，批評張洽之說「理自是而事則非也」，並認為「《語》《孟》是說道

朱、張的三點相同處，亦是宋儒解《春秋》的共同承認的方向。又從細部解釋來看，如對桓公三年「夏，齊侯、衛侯胥命于蒲。」的解釋，胡安國承荀子、《公羊》的說法，認為這是「近正」。而朱子在回覆萬正淳「愚未敢深信」之說時，言：「《史記》書『齊、衛會于徐州以相王』，似或者胥命之說。」並不認為這是「近正」。而張洽則言這是「齊衛為列國之望，欲望天下之權於己」、「王命不行，諸侯以力假仁者」，在對「胥命」的判斷解釋上近於朱子而遠於胡安國。分見〔宋〕胡安國，錢偉彊點校：《春秋胡氏傳》，卷4，頁50；〔宋〕朱熹：《朱子全書・晦庵先生朱文公文集・答萬正淳》第22冊（上海：上海古籍出版社，2002年），卷51，頁2409；張洽：《春秋集註》，卷2，頁2

73 〔清〕黃虞稷、周在浚：《徵刻唐宋祕本書目》，收入《叢書集成續編》第5冊（臺北：新文豐出版社，1988年），頁9。

74 〔宋〕黎靖德編，王星賢點校：《朱子語類》第6冊，卷83，頁2146。

理，《春秋》是紀事」，所以「此照《語》《孟》例不得」。[75]當然，若以對《春秋》大義的解釋數量而言，張洽確比朱子豐富。但對照之下，張洽對《春秋》內容的種種主張都無法回答朱子在方法學層次所提出的問題而加以回應。[76]

最後就對《春秋》內容的解釋來看，張洽堅持以義例解《春秋》，所以影響了他對《春秋》內容的詮解，相較朱子的論斷來說至少有兩種後果：一是對人物評價德目的單一化，如對荀息的評價僅凸顯其「不食言」，而不評論作為大臣之荀息的無能對晉國所造成的巨大影響。這種評價方式若成常態，則容易對政治人物的論評只集中在其最後是否以死來報國，而忽略了對政治人物其他能力及政治成果上的要求。顏元所謂：「無事袖手談心性，臨危一死報君王，即為上品矣。」[77]類似這種的批評，正是對張洽《春秋》學中的這種評價型態推至極致的結果而起。其二則是張洽之說在某些情況下會單憑其一時一事而予以好評，如僅就季友平定慶父之亂一事而讚揚，這個評論無疑的是忽略了季友前後種種不仁與不臣之舉。這樣會容易忽略了對於一個人的整體評價，而僅專注在其一事一言的表現，而這對高舉《春秋》之所以作是因「世衰道微，邪說暴行有作，臣弒其君者有之，子弒其父者有之，孔子懼，作《春秋》。」[78]之說，無疑是種偏離。

---

75 〔宋〕車若水：《腳氣集》，收入《叢書集成新編》第87冊（臺北：新文豐出版社，1986年），卷上，頁29-30。

76 黃智群說：「張洽認為孔子《春秋》中一字褒貶之例證所在皆是，故不受限於朱熹的反對意見，自有主張與理想在。」又言張洽以義例解《春秋》「此說正與朱子論點全然違背，特顯張洽重在標舉『君君』之理，雖違師訓，自有其堅持之處。」黃智群：《張洽《春秋集註》研究》，頁233、234。

77 此為借用顏元之語。因就上下文意來看，顏元的批評主要由習「射」之事而起，進而論及六藝及經濟之學。又顏元此評對如朱熹等理學家也未盡公平。〔清〕顏元著，王星賢、張芥塵、郭征點校：〈存學編〉，《顏元集》（北京：中華書局，1987年），卷1，頁51。

78 〔清〕焦循撰，沈文倬點校：《孟子正義》（北京：中華書局，1987年），卷13，頁452。

趙鵬飛《春秋經筌》初論[*]
——以其評價升降與四庫館臣的批評為核心

一 導論

在中國學術史上，宋代常被譽為儒學復興的時代。綜觀宋代學術，有兩個非常明顯的特點：理學的興起及興盛的《春秋》學。理學在宋代學術中的分量自不待言，在《宋史》甚至在〈儒林傳〉外特立〈道學傳〉為之專述重要理學家生平及主張。雖然此舉並非單一原因，如葛兆光言：「正史中專門設道學一傳，一方面當然是出於政治意識形態的考慮，另一方面也是歷史的事實。」[1]可見在宋代發展而成的理學，實為中國思想史的另一個高峰。而宋代儒者對《春秋》的重視及成果也十分驚人，根據張尚英與舒大剛的統計，宋儒關於五經注疏中，以《春秋》與《易》類為最多：

> 宋代共有各種《春秋》學專著達602種……這在經部文獻中，可能只有《易》學文獻能與之相埒，其他則不能與之媲美，比如

---

[*] 本文係國科會研究計畫MOST 106-2410-H-008-056部分研究成果。本文曾收錄於何修仁、劉德明、孫致文主編：《明誠贊化——岑溢成教授榮退論文集》（新北市：鵝湖月刊社，2017年），頁123-144。

[1] 葛兆光：〈置思想於政治史背景之中——再讀余英時先生的《朱熹的歷史世界》〉，收入田浩主編：《文化與歷史的追索：余英時教授八秩壽慶論文集》（臺北：聯經出版事業公司，2009年），頁378。

宋代《尚書》學專著在400種左右……《詩經》學專著也只有
300種左右。……自《春秋》產生以來至清末的2000多年時間
裡，共有《春秋》學專著2000餘種，而只有319年的宋代就有近
602種，占近三分之一，超過了之前歷代的總和，之後的元、
明、清三代也只有清代與之相當。[2]

這可從兩面來看：一、理學家特重《易》理是眾所周知之事，理學家
好以《易》論天人性命之學，故說《易》者眾多。而宋代也只有《春
秋》學的數量能與《易》學比肩，可見《春秋》學在宋代學術中的地
位。二、就跨時代的《春秋》學來看，宋、清兩代的《春秋》學著作
是歷代中最多的，由此亦可見宋代《春秋》學在《春秋》學史中是屬
於百家爭鳴的情況。若再進一步以地域為區分，依張、舒兩人的統
計：「四川地區的《春秋》學著作在神、哲、徽、欽時期增長較快，
超過北方地區成為了全國第二，以後整個南宋都維持在全國第二的水
平。」以南宋時代而言，東南地區《春秋》學著作共有二百七十七
種，四川地區次之，為三十九種。北方地區為十種，中南地區為十三
種。[3]東南地區因宋室南遷，本為儒者薈集之地。四川則因種種歷史
因緣，故其《春秋》學亦頗為興盛，而趙鵬飛則為南宋四川《春秋》
中一特出的學者。

現今關於趙鵬飛可據的資料極少，僅知其字企明，號木訥，左綿
人，為南宋儒者，但其在《宋史》中無傳，我們對其生平的了解，僅
有青陽夢炎在《春秋經筌》前的〈序〉可為資籍。[4]趙鵬飛除著有十

2　張尚英、舒大剛：〈宋代《春秋》學文獻與宋代《春秋》學〉，《求索》（2007年7月），
　　頁199。

3　張尚英、舒大剛：〈宋代《春秋》學文獻與宋代《春秋》學〉，頁202、203。

4　昌彼得、王德毅、程元敏、侯俊德編：《宋人傳記資料索引》（臺北：鼎文書局，

六卷的《春秋經筌》外，亦有《詩故》一書，但此書在宋元之際即已失傳。[5]青陽夢炎在《春秋經筌》的〈序〉中言：

> 麟經在蜀，尤有傳授。蓋濂溪先生仕於合，伊川先生謫於涪，金堂謝持正先生親受教於伊川，以發明筆削之旨，老師宿儒持其平素之所討論，傳諸其徒，雖前有斷爛朝報之毀，後有偽學之禁，而守之不變……吾鄉木訥趙先生，獨抱遺經，窮探冥索，實為之倡，所著《詩故》、《經筌》二書，有功於聖經甚大……其為說不外乎濂、洛之學，而善於原情，不為傳註所拘。[6]

青陽夢炎認為宋代四川的《春秋》學有其傳承的脈絡，北宋時周濂溪與程伊川都曾在四川為官，而謝湜（持正）為程伊川的弟子，於是四川有了理學一脈的《春秋》傳統。其間雖有王安石言《春秋》為「斷爛朝報」而「不使立於學官」，程朱之學又於南宋寧宗時期的「慶元黨禁」，名列於「偽學逆黨」之中。但仍有些儒者堅持伊川等人所遺留下的學風，而趙鵬飛的《春秋經筌》即是上接這樣的學統而來。

青陽夢炎此說有虛有實，因就現存的相關文獻來看，周濂溪並無《春秋》專著，《通書》第三十八中雖有「《春秋》，正王道，明大法」等言，但其內容為一般通說，實是談不上對《春秋》學有何特殊

1987年），頁3602。李國玲編纂：《宋人傳記資料索引補編》（成都：四川大學出版社，1994年），頁1681-1682。兩書對趙鵬飛生平所據書籍不同，但其最終均源自青陽夢炎的〈序〉。

5 青陽夢炎在〈春秋經筌序〉中已言「《詩故》湮沒不傳，唯《經筌》獨存」。清代的黃虞稷亦云不曾見《詩故》一書。分見青陽夢炎：〈春秋經筌序〉，收入〔宋〕趙鵬飛：《春秋經筌》，收入《通志堂經解》（臺北：漢京文化事業公司，1985年），頁3。〔清〕黃虞稷撰，瞿鳳起、潘景鄭整理：《千頃堂書目》（上海：上海古籍出版社，2001年），卷2，頁69。

6 〔宋〕青陽夢炎：〈春秋經筌序〉，收入〔宋〕趙鵬飛：《春秋經筌》，頁3。

的看法。[7]而且周濂溪是否在北宋時即有那麼大的影響大,也頗為可疑
(見後)。程伊川則不同,他對於《春秋》十分感興趣。伊川曾命其弟
子劉絢(質夫)先行編著《春秋》的相關注解,但劉絢完成後,伊川
並不滿意,並言「當須自做也。」但伊川自四川涪陵回洛陽後,終究
未能完成其對《春秋》的注解,現存伊川的《春秋傳》僅寫至桓公九
年而已。[8]在程頤弟子中,出身於四川並對《春秋》學有所專精的儒者
當推謝湜。謝湜有關《春秋》學的著作現已不傳,[9]但在李明復的《春
秋集義》中則大量抄錄了謝湜的相關說法。依金生楊所述,在南宋時
與理學關係密切的《春秋》學者還有李石、李明復、魏了翁、程公
說、趙鵬飛、家鉉翁等人,[10]而青陽夢炎則還提及「馮公輔、朱萬里、
張習之、劉光遠諸先生」。但若大略翻查《春秋經筌》一書,趙鵬飛
並沒有特別標著出在他之前的理學家們對《春秋》的說法。在《春秋
經筌》中,最常提及乃是《三傳》之說。除此之外,偶有提及陸淳、

7　〔宋〕周敦頤著,陳克明點校:《周敦頤集》(北京:中華書局,1990年),卷2,頁
　　40。「孔子上第三十八」的全文為:「《春秋》,正王道,明大法也,孔子為後世王者
　　而修也。亂臣賊子誅死者於前,所以懼生者於後也。宜乎萬世無窮,王祀夫子,報
　　德報功之無盡焉。」

8　《二程集》中有一段記載:「先生嘗問伊川《春秋解》,伊川每曰:『已令劉絢去編
　　集,俟其來。』一日,劉集成,呈於伊川,先生復請之。伊川曰:『當須自做
　　也。』自涪陵歸,方下筆,竟不能成書‧劉集終亦不出。」見〔宋〕程顥、程頤
　　著,王孝魚點校:《二程集‧河南程氏外書》(北京:中華書局,1981年),卷12,
　　頁436。關於程頤《春秋傳》的成書及其大致要點請參見:劉德明:〈程伊川《春秋
　　傳》初探〉,《人文學報》第23期(2001年6月),頁41-68。齋木哲郎:〈程伊川的春
　　秋學〉,收入姜廣輝主編:《經學今詮四編》(瀋陽:遼寧教育出版社,2004年),頁
　　338-339。葛煥禮:〈程頤的《春秋》學〉,《尊經重義——唐代中葉至北宋末年的新
　　《春秋》學》(濟南:山東大學出版社,2011年),頁226-232。

9　謝湜著有《春秋義》20卷,《春秋總義》3卷,現今均已佚失,見許肇鼎:《宋代蜀
　　人著作存佚錄》(成都:巴蜀書社,1986年),頁119。

10　金生楊:〈理學與宋代巴蜀《春秋》學〉,《四川師大學報(社會科學版)》第33卷
　　第5期(2006年9月),頁135-138。

孫復、劉敞、胡安國、「師曰」（未詳趙氏指何人，待進一步查找）等
人的說法，但次數都很少，與一般動輒引述師門之說的情況不同。在
《春秋經筌》中，絕大部分都是趙鵬飛自抒己見的說解《春秋》經
義。若有與《三傳》不同處，亦直接以自己的看法加以反駁，少有引
述他人之說以攻之的情況。也就是說，從《春秋》學史的角度來看，
趙鵬飛是一位相當特別的儒者，實不確定其學術淵源來自何人。總的
來看，青陽夢炎說「其為說不外乎濂、洛之學」，而伊川的《春秋》
學在蜀地也確有傳承，但不論從《春秋經筌》的引述前儒或趙鵬飛的
自〈序〉中，卻沒有太多直接且明確的證據來支持此說。有趣的是，
雖然趙鵬飛沒有顯赫的師承與當世名儒有任何交往，但其《春秋經
筌》著成後，卻引起不少學者的注意。

二 《春秋經筌》的評價問題

　　趙鵬飛本人的師承不明，也不清楚他的交友情況，更沒有其與當
時有名儒者相互論學的記錄，但其所著的《春秋經筌》在寫成後卻得
到了許多人的重視。我們可以從其他儒者的《春秋》學著作中，對趙
鵬飛之說的頻繁引用，得到初步的印證。如南宋末年的黃震（1213-
1281），在其《黃氏日抄》的第六至十三卷〈讀《春秋》〉中，即引述
了趙鵬飛之說超過三百五十次以上，相較之下，其書引胡安國之說僅
不滿五十條。[11]而與黃震同時的家鉉翁（1213-？）在其《春秋集傳詳
說》中亦引述趙鵬飛之說五十次以上。元代的《春秋》名家程端學
（1278-1334），在其《春秋本義》、《春秋或問》及《春秋三傳辨疑》

---

11 以下關於各《春秋》著作中引述趙鵬飛之說的次數，均以「文淵閣四庫全書電子
　　版」搜尋「趙氏鵬飛」、「木訥」、「趙氏企明」等詞統計而得。為免重複，後文不再
　　加注說明。

三書中共引述《春秋經筌》之說約九十次。明代《春秋》學著作中，引述趙鵬飛之說最夥者應是熊過（1506-1565），在《春秋明志錄》中引趙鵬飛之說超過一百三十次。明萬曆年間的卓爾康在《春秋辯義》中也引述趙鵬飛之說超過四十次。由此可見，《春秋經筌》一書，自南宋末年至元、明，皆受到某些《春秋》學家的重視。尤可注意的是，在清代由康熙下令編著之《春秋傳說彙纂》一書中，其引述了趙鵬飛之說共超過三百五十次，雖不及高閌、家鉉翁、劉敞及張洽四人，但對趙鵬飛之說的引述次數卻超過孫復、蘇轍與陳傅良等宋代《春秋》名家。[12]雖說《春秋傳說彙纂》的編纂偏愛程頤、胡安國及朱子學脈等人之說，所以多採理學家相關的《春秋》著作。但趙鵬飛本人並非理學中名人，又無明確師承與交友，其《春秋經筌》卻能被《春秋傳說彙纂》頻繁引述，可見本書的內容應有過人之處。類似的情況，亦可見於納蘭成德在將《春秋經筌》編入「通志堂經解」中時所寫的〈序〉：

> 自啖助、趙匡稍有去取折衷。至宋諸儒各自為傳，或不取傳注，專以經解經。或以《傳》為按，以經為斷。或以傳有乖謬則棄而信經。往往用意太過，不能得是非之公。嗚呼！聖人之志不明於後世久矣。蓋嘗讀《黃氏日抄》，見所采木訥趙氏之說，恆有契於心焉。既得《經筌》是本，乃鏤板傳之。善哉木訥子之言乎：「善學《春秋》者，當先平吾心，以經明經，而無惑於異端，則褒貶自見。蓋《春秋》，公天下之書，學者當以公天下之心求之。」信斯言也，庶幾得是非之公，而聖人之

---

12 《春秋傳說彙纂》中引高閌532次、家鉉翁510次、劉敞495次、張洽444次。而引孫復222次、陳傅良234次及蘇轍125次。

志可以勿晦也已。[13]

納蘭成德自述其之所以注意到《春秋經筌》的因由，是因為透過黃震的《黃氏日抄》，並非是因其原先即聽聞趙鵬飛之名。觀察此〈序〉，納蘭成德對於趙鵬飛解《春秋》的評價似乎是超過啖助、趙匡以及宋代諸多《春秋》名家。尤其是對於趙鵬飛所提出的「先平吾心，以經明經」的方法大為讚賞，認為這是能通曉聖人之志的好方法。

若我們再對比「四庫全書薈要」與「四庫全書」中所收宋代《春秋》有關著作，亦可見原對《春秋經筌》的評價不低。依吳哲夫所述，「四庫全書薈要」之編定是因清高宗深恐日後或不能親見「四庫全書」編纂完成，所以於乾隆三十八年（1773）下令編纂一套更精簡的圖書，僅收入重要典籍及基本圖書，所以「從種數言，約為四庫全書的七分之一。」[14]「四庫全書薈要」僅收宋人《春秋》學著作十八種，而其中即有《春秋經筌》一書。相對的，孫覺的《春秋經解》、葉夢得的《春秋考》及《春秋讞》、張大亨的《春秋五禮例宗》、魏了翁的《春秋左傳要義》等後人所熟知的著作，反而都沒有收入「四庫全書薈要」中。[15]「四庫全書薈要」在本書前的〈提要〉中言：「其掃除舊說，獨出新意，蓋亦孫復之流也。然復之持論頗刻，鵬飛務揆度當日之事勢以求聖人筆削之微旨，持論頗為和平。」[16]認為趙鵬飛解經不全依《三傳》，其源流雖出於孫復，但較孫復之說更為平和近理，更符合儒家的義理。由以上種種例證可知，從南宋末至清乾隆中

---

13 〔清〕納蘭成德：〈春秋經筌序〉，收入〔宋〕趙鵬飛：《春秋經筌》，頁1。

14 吳哲夫：《四庫全書纂修之研究》（臺北：國立故宮博物院，1990年），頁190-193。

15 吳哲夫：《四庫全書薈要纂修考》（臺北：國立故宮博物院，1976年），頁145-148。

16 〔清〕清高宗敕纂：《景印摛藻堂四庫全書薈要》第36冊，《春秋經筌·目錄》（臺北：世界書局，1988年），頁3。

期，對《春秋經筌》一書的評價一直很高。

　　但這種情形，至四庫全書編成後情況有了很大的轉變。前人早已
言及乾隆一朝對於宋代理學的態度有前後不同的轉變，陳祖武即言從
乾隆三年到十八年的十九次經筵講學中，見其「闡發朱子學說，君唱
臣和，儼然一派興復朱子學氣象」，可是自乾隆二十一年至六十年的
「三十二次經筵講學中，明顯地向朱子學提出質疑，竟達十七次之
多」[17]，可見乾隆對於朱子學的態度逐漸由尊崇轉而為批判。夏長樸
則從乾隆三十七年要修纂《四庫全書》的詔書中，認為此年乾隆對於
理學的態度「依然沒有多大改變」。[18]所以「四庫全書薈要」中收了
《春秋經筌》並對其評價不低。與之相對的，四庫館臣在《春秋經
筌》一書前的〈提要〉中，則對本書則有十分嚴厲的批評：

　　　　其意以說經者拘泥《三傳》，各護師說，多失聖人本旨，故為
　　　　此書，主於據經解經。其自序曰：「學者當以無傳明《春秋》，
　　　　不可以有《傳》求《春秋》。無《傳》以前，其旨安在？當默
　　　　與心會矣。」又曰：「《三傳》固不足據，然公吾心而評之，亦
　　　　有時得聖意者。」夫《三傳》去古未遠，學有所受，其聞經師
　　　　衍說，漸失本意者固亦有之。然必一舉而刊除，則《春秋》所
　　　　書之人，無以核其事；所書之事，無以核其人。即以開卷一兩
　　　　事論之：元年，春，王正月，不書即位，其失在夫婦嫡庶之
　　　　間。苟無《傳》文，雖有窮理格物之儒，殫畢生之力，據經文
　　　　而沈思之，不能知聲子、仲子事也。鄭伯克段于鄢，不言段為

17　分見陳祖武：〈從經筵講論看乾隆時期的朱子學〉，收入袁行霈主編：《國學研究》
　　第九卷（北京：北京大學出版社，2002年），頁298、299-300。
18　夏長樸：〈《四庫全書總目》與漢宋之學的關係〉，《故宮學術季刊》第23卷第2期
　　（2005年），頁105。

何人，其失在母子、兄弟之際。苟無《傳》文，雖有窮理格物之儒，殫畢生之力，據經文而沈思之，亦不能知為武姜子、莊公弟也。然則舍傳言經，談何容易？啖助、趙匡攻駮《三傳》，已開異說之萌。至孫復而全棄舊文，遂貽《春秋》家無窮之弊。……鵬飛此書亦復之流派。其最陋者，至謂《經》書成風，不知為莊公之妾、僖公之妾，付之闕疑。張尚瑗《三傳折諸》譏其臆解談經，不知《左氏》有成風事季友而屬僖公之事，不值一噱。頗為切中其病。然復好持苛論，鵬飛則頗欲原情，其平允之處亦不可廢。寸有所長，存備一說可矣。

四庫全書前的〈提要〉對於《春秋經筌》的批評主要在於兩點：其一是認為趙鵬飛的「無傳明《春秋》，不可以有《傳》求《春秋》」主張，就方法學而言是不可能的。因為若無《三傳》中關於人與事的相關記載，則「殫畢生之力，據經文而沈思之」也不可能知曉相關事蹟，所以批評趙鵬飛的「舍傳言經，談何容易？」其二則是取張尚瑗譏《春秋經筌》中對於成風究竟為莊公之妾抑或為僖公之妾說法不一，認為正是因為趙鵬飛的無知。因《左傳》在閔公二年中有：僖公之母成風聽說季友出生時有「在公之右，間于兩社，為公室輔」的預言，於是「乃事之，而屬僖公焉，故成季立之。」的說法。[19]也就是說，趙鵬飛之解經不看《三傳》而全憑臆說，毫無可信度。這兩個批評一是關於解經方法的原則問題，一則是關乎實際的解經實例的問題。若四庫館臣所言屬實，的確會讓人對《春秋經筌》一書的價值產生很大的懷疑。但事實是如此嗎？以下我們分別加以檢討。

---

19 楊伯峻：《春秋左傳注》（北京：中華書局，2000年），頁263-264、273。

三　對四庫館臣評價的檢討與反省

　　首先關於趙鵬飛在解經方法是否真的是「舍傳言經」？是否是完全捨棄不用《三傳》（尤其是《左傳》）而直接解經？印諸趙鵬飛在《春秋經筌》前的〈序〉文言：

> 善學《春秋》者，當先平吾心，以經明經，而無惑乎異端，則褒貶自見。然世之說者，例以為非傳則經不可曉。[20]

又言：

> 學者當以無《傳》明《春秋》，不可以有《傳》求《春秋》。謂《春秋》無傳之前，其旨安在？當默與心會矣。《三傳》固無足據，然公吾心而評之，亦時有得聖意者。[21]

趙鵬飛主張《春秋》在《三傳》之前，所以不能認為一定要有《三傳》才能理解《春秋》，《春秋》有其獨立性。這也是趙氏強調「以經明經」，而反對「有《傳》求《春秋》」的原因。綜合以上的說法，確實很容易讓人誤以為趙鵬飛完全不讀《三傳》，尤其趙氏又有「《三傳》固無足據」的說法，似乎更證成了四庫館臣對《春秋經筌》「舍傳言經」的判斷。但是岑溢成先生在考察乾嘉經學與漢宋之爭時，即提醒研究者：

> 比較客觀的學術史研究，不能局限於學者們關於學術的說法，

20　〔宋〕趙鵬飛：《春秋經筌序》，頁1-2。
21　〔宋〕趙鵬飛：《春秋經筌序》，頁2。

> 更重要的是他們在具體學術工作上的做法⋯⋯就是不應偏重「論
> 學之言」，應兼顧「為學之實。」[22]

即學者們在論學時，為求標宗旨、立門戶，往往言過其實，故而必須
實際觀察其解經的內容，才能真正掌握其意。也就是說，趙鵬飛在其
〈序〉文中的宣言，未必即完全等同於他在解經實踐中的真實做法，
必須要同時觀察兩者，方能可做出更精準的判斷。從趙鵬飛的〈序〉
言來看，他的確認為《三傳》「無足據」。但他之所以有這樣主張，則
是因為其從漢代的解經歷史中，《三傳》經說各有不同，若只據守
《三傳》的任何一傳，並無法斷定誰是誰非，更遑論能真正理解《春
秋》。而且《三傳》是用以說《春秋》經的，所以就價值次序來說，
當然是《春秋》經重於《三傳》。在這樣的理路下，趙鵬飛說：「何休
癖護其學，吾未嘗觀焉。惟范甯為近公。」[23]其所謂「未嘗觀」，當然
不是指趙氏完全沒讀過何休《春秋公羊解詁》，而是意謂其不同意何
休純以《公羊》家為準，而欲「檃栝使就繩墨」的做法。[24]相較之
下，趙鵬飛則盛讚范甯能超脫《穀梁傳》的本位立場，客觀公平的評
論《三傳》各自的得失。趙鵬飛言：

> 愚學《春秋》，每尚甯之志，固願視經為的，以身為弓，而心
> 為矢，平心而射之，期必中於的。鴻鷔翔於前，不眴也，《三
> 傳》紛紜之論，庸能亂吾心哉！庶有得於經，而無負聖人之
> 志！蓋《春秋》，公天下之書，學者當以公天下之心求之，作

---

22 岑溢成：《詩補傳與戴震解經方法》（臺北：文津出版社，1992年），頁62。

23 〔宋〕趙鵬飛：《春秋經筌序》，頁2。

24 何休之語，見〔漢〕何休解詁，〔唐〕徐彥疏，浦衛忠整理，楊向奎審定：《春秋公
　羊傳注疏・春秋公羊傳注疏序》（北京：北京大學出版社，2000年），頁8。

《經筌》。[25]

趙鵬飛推崇范甯不拘於《三傳》的本位而能「擇善而從」，認為《三傳》若有不得經義之時，應「據理以通經」的解經態度。[26]若是如此，趙鵬飛所謂的「以無《傳》明《春秋》」之說，並非是四庫館臣所批評的完全不需要《三傳》來解釋《春秋》，而是不僅以《三傳》所言來定《春秋》大義。事實上，除非是完全謹守一《傳》及各自師說的儒者，否則面對《三傳》異說時，其方法亦多與趙鵬飛相以，其所異者只是在取擇上各自有其理由及立場，以及對取擇《三傳》之說上，或有多寡的不同而已。

事實上，若隨意翻閱《春秋經筌》一書即可發現，趙鵬飛採用《三傳》（尤其是《左傳》）之說的例子並不少見，如其對隱公二年「鄭人伐衛」的解釋即為：

> 左氏曰：「討公孫滑之亂也。」共叔之亂，滑出奔衛。衛人為之伐鄭、取廩延，於是鄭人伐衛。雖滑之奔不見於經，然《春秋》之始，鄭、衛之怨，不可得而考。以克段之事觀之，則段奔，其子必不安於鄭，齮口於衛，亦無足怪者。鄭不幸而有兄弟之隙，而衛又因其餘孽而加兵於鄭，蓋亦交亂鄰國矣。然聖人書「鄭人伐衛」，若責鄭之深者，何哉？於以見鄭莊之不仁也……貶而「人」之，其旨遠哉![27]

---

25 〔宋〕趙鵬飛：《春秋經筌序》，頁2。

26 范甯言：「傳以通經為主，經以必當為理。夫至當無二，而《三傳》殊說，庸得不棄其所滯，擇善而從乎？……若至言幽絕，擇善靡從，庸得不並舍以求宗，據理以通經乎？」見〔晉〕范甯集解，〔唐〕楊士勛疏，夏先培整理，楊向奎審定：《春秋穀梁傳注疏・春秋穀梁傳序》，（北京：北京大學出版社，2000年），頁11。

27 〔宋〕趙鵬飛：《春秋經筌》，卷1，頁13。

趙鵬飛說《春秋》並沒有記載此年鄭人之所以要伐衛的因由，也沒有記載共叔段失敗後其子公孫滑是否至衛。但《左傳》之說補足了這些歷史缺口，讓人得以了解公孫滑至衛後，衛人為之攻鄭，而後鄭莊公才於此發兵伐衛。也就是說，趙鵬飛也認為《左傳》對於解釋《春秋》是有所助益的，其與《左傳》之不同處在於《左傳》對此事無義說，但趙鵬飛認為《春秋》對於鄭莊公處理公孫滑之事不仁，所以不書「鄭伯」而書「鄭人」，用譏貶鄭莊公。又如《春秋經筌》在隱公四年「夏，公及宋公遇于清。」中言：

> 宋、魯之遇為衛謀也。左氏言：「公與宋公為會，將尋宿之盟，未及期，衛人來告亂。夏，遇于清。」以禮、以地考之，疑左氏為得其旨。[28]

趙鵬飛在對《春秋》此則的解釋中，完全引用《左傳》中的史事來說解《春秋》經義。又如對隱公元年一開始「不書即位」的說解中，言：

> 惠公元妃孟子，孟子卒而無嫡長，隱公，聲子之子。桓公，仲子之子。隱、桓均庶也，則隱公長當立，惠公以仲子有手文為魯夫人之異，謂桓為嫡焉。邪志也。隱公因其邪志，亦謂桓嫡而已。[29]

文中雖沒明言此說是來自《三傳》，但其對於隱公、桓公、聲子、仲子等關係及所謂「邪志」的說法，則明顯是承自《左傳》及《穀梁》之說。由此可見，四庫館臣認為《春秋經筌》的內容是把《三傳》之

---

28 〔宋〕趙鵬飛：《春秋經筌》，卷1，頁20。
29 〔宋〕趙鵬飛：《春秋經筌》，卷1，頁2。

說「一舉而刊除」的說法，根本是僅單憑趙鵬飛〈序〉文之一隅而形成的偏頗之論。

　　事實上，趙鵬飛在《春秋經筌》書中，對於《左傳》有一較完整持平的說法，其言：

> 左氏之說出於野史，以其所聞之說，取經文之近者偶而合之，故亦時有得其實者。學者見其偶合，遂以為左氏國史，經自國史出也，左氏不可不信，則失之果。或者又疑其不合者眾，而遷就者多，則謂左氏皆誣誕之詞，無足取，則失之疑。果與疑二者均未安，要之以經為正，而左氏之合者亦時取之，可也。[30]

認為《左傳》並非「國史」，所以其中的內容未必全為真實的記載。[31]有些記載合於《春秋》，所以可以用於解釋《春秋》。有些則明顯與《春秋》相異，也就不能用以說解《春秋》。但也不必因此就全然認為《左傳》都是「誣誕之詞，無足取」。趙鵬飛主張全然相信《左傳》者是「失之果」，全然不信《左傳》者則為「失之疑」，兩者均不是正確的面對《左傳》的態度。由此可見，趙鵬飛在解經方法上，對於《三傳》立場的實與范甯相似，他們都認為《春秋》經文及儒家思想才是最終判定《三傳》對錯的標準。

　　若真正了解了趙鵬飛這樣的解經態度與立場，就不會僅以〈序〉中的部分內容即認為趙鵬飛是置《三傳》不讀，直接以臆說解經。那

---

30 〔宋〕趙鵬飛：《春秋經筌》，卷4，頁30-31。

31 趙鵬飛說《左傳》不是「國史」而是「野史」，不見得是全然排斥《左傳》之意。因為趙鵬飛也曾說：「《春秋》因魯史而作，實非國史也。夫子脩之於家，非若太史氏修於國，則《春秋》者，孔子之家史也，安得不為其祖諱？」認為《春秋》也不是「國史」而是「家史」。見〔宋〕趙鵬飛：《春秋經筌》，卷2，頁5。

麼對於趙鵬飛提出成風身分的問題，又該如何理解？對於這個問題可
以分為兩個層次說明：一是趙鵬飛是否真的「不知《左氏》有成風事
季友而屬僖公之事」，不知成風為莊公之妾、僖公之母？二則是趙鵬飛
若知《左傳》主張成風為莊公之妾、僖公之母之說，其為何又要提出
成風可能是僖公之妾的說法？對於前人認為成風為莊公之妾、僖公之
母的說法，趙鵬飛當然知之甚悉，如其言：「然則成風者，果僖之妾
歟？莊之妾歟？」當趙氏提出這個問題時，即代表他已知有人主張成
風為莊公之妾、僖公之母，只是趙鵬飛不接受《左傳》在閔公二年中
記成風將兒子僖公託付給季友的說法。趙氏雖沒有明言其為何不願接
受《左傳》之說，但我們細繹《左傳》的說法至少有兩個問題：一、
《左傳》中記季友出生時即透過卜算而有「在公之右，間于兩社，為
公室輔，季氏亡，則魯不昌。」的預言，這個說法是否可信？若此說
不可信，那麼為何成風因聽此預言而將僖公託付給季友之說可信？
二、若成風很早即將僖公託付給季友輔佐，那麼季友因公子牙支持慶
父而不支持子般，便殺了公子牙。但季友卻未能阻止慶父連弒子般與閔
公，其中的問題便會變得十分可疑。因為公子牙最多只有如《公羊
傳》所述的「弒械成」，尚未真正弒君即被季友毒殺。那麼季友為何對
於有弒君之實的慶父卻以「既而不可及，因獄有所歸」、「緩追逸賊」
等理由輕輕放過？[32]其中必有不可告人的深層理由。如朱熹因不受《春
秋》書法義例所限，故與《三傳》對季友高度評價不同，認為「季子
罪惡與慶父一般」，故而採信《左傳》成風早託僖公於季友的記錄，
批評季友：「又況通於成風，與慶父之徒何異？」[33]認為季友的品德並

32 〔漢〕何休解詁，〔唐〕徐彥疏，浦衛忠整理，楊向奎審定：《春秋公羊傳注疏》，卷
　　9，頁214-218、221-222、227。

33 〔宋〕黎靖德編，王星賢點校：《朱子語類》第6冊（北京：中華書局，1986年），卷
　　83，頁2148。

沒有如《三傳》所言的高潔，而是與連弒二君的慶父相似。因為季友
早就想輔佐僖公上位，但若子般與閔公不死，僖公何以能繼位為君？
所以季友縱任慶父連殺二君的原因亦即在此。若綜觀程頤（1033-
1107）、楊時（1053-1135，程頤弟子）、謝湜（？-？，程頤弟子）、高
閌（1097-1153，楊時弟子）、胡安國（1074-1138，私淑程頤）、朱熹
（1130-1200）、張洽（1161-1237，朱熹弟子）等人的說法後，僅有朱
熹提及《左傳》記成風託付僖公一事。[34]若說這些儒者熟讀《三傳》
前後史事，唯獨共同遺漏了此事，實非在情理之中。比較可能的原因
在於，若接受了《左傳》中對此事的記錄，季友即很可能會成為朱熹
所謂的私相授受的權臣，而這會反過來對《春秋》閔公元年「季子來
歸」的經文解釋造成干擾。因為從《三傳》起至宋代理學家們，對於
「季子來歸」，大都是從「嘉之也」的角度來說解（唯有朱熹不同）。
若非如此，則就必須同於朱子之說，必須放棄對《春秋》書法義例上
的堅持，而這是大部分儒者所不願接受的代價。趙鵬飛雖然對於《三
傳》之例也多所批評，但對《春秋》書「季子」，則是以「字而不
名，賢之也」的書例加以說解，並且也同意「季子忠有餘而謀不足」
的評價。[35]可能因為如此，所以趙鵬飛並沒有採用《左傳》對此事的
記述，但這並不能用以說明趙鵬飛對《左傳》之說毫無所悉。

　　但我們也可進一步追問：就算不相信《左傳》對成風將僖公託付
給季友一事，但成風仍可能依《左傳》所記是僖公之母，而非僖公之
妾。而趙鵬飛主張成風為「僖公之妾、文公之母」一說又有何據？對
於成風的身分判定，趙鵬飛亦有其內在的理路。趙氏在文公九年「秦
人來歸僖公成風之襚」中言：

---

34 關於《三傳》及宋代理學家對於《春秋》中的季友評價問題，參見本書第3章。
35 見〔宋〕趙鵬飛：《春秋經筌》，卷5，頁2-3。

> 成風，僖公之妾、文公之母，於是白矣。其文與「惠公仲子」
> 無以異。而說者以仲子為惠之妾，而至是乃以成風為僖之母，
> 自矛盾耳。子豈有先母之理？聖人不如是紊子母之序也……此
> 特歸成風之襚爾，不曰僖公，無以別其為僖公之妾，非謂兼歸
> 二人之襚也。「歸惠公仲子之賵」，豈亦兼賵惠公乎？不達理而
> 泥於文，學者不取。[36]

趙鵬飛將文公九年的「秦人來歸僖公成風之襚」，與隱公元年的「天
王使宰咺來歸惠公仲子之賵」兩項經文相互對比，認為其表述方式一
致，所以推論其內涵意義也應相類似。隱公元年的「惠公仲子」究竟
何指，《三傳》不同，《左傳》與《公羊傳》認為仲子是惠公之妾，而
《穀梁傳》則認為仲子為惠公之母。趙鵬飛採信《左傳》之說，認為
「仲子，惠公之妾、桓公之母。」但若是依此書例，那麼「僖公成風」
的成風，也應該是僖公之妾，而非如《左傳》所言的僖公之母。[37]所以
趙鵬飛批評那些在「惠公仲子」處主張仲子為惠公之妾，但在「僖公
成風」處卻說成風為僖公之母是「自矛盾耳」。若是如此，趙鵬飛對成
風的說法雖不同於《左傳》，但並非毫無理路的臆說。更何況四庫館臣
之說，是引述張尚瑗對趙鵬飛的批評，張尚瑗之言原為：「不知左氏有
成風事季友而屬僖公之事，此不足以當亭林之一映也。」[38]認為顧炎
武對成風為僖公之母一事早有定論。若我們複查顧炎武之說，其確實

---

36 〔宋〕趙鵬飛：《春秋經筌》，卷8，頁34-35。
37 相關文獻見：楊伯峻：《春秋左傳注》，頁16-17、〔漢〕何休解詁，〔唐〕徐彥疏，浦
　　衛忠整理，楊向奎審定：《春秋公羊傳注疏》，卷1，頁22-28、〔晉〕范甯集解，
　　〔唐〕楊士勛疏，夏先培整理，楊向奎審定：《春秋穀梁傳注疏》，卷1，頁6-8、
　　〔宋〕趙鵬飛：《春秋經筌》，卷1，頁6。
38 〔清〕張尚瑗：《三傳折諸·穀梁折諸》，收入《景印文淵閣四庫全書》（臺北：臺灣
　　商務印書館，1983年），卷1，頁7。

認為「僖公成風者，僖公之母成風也。」但有趣的是，顧炎武也同時主張：「惠公仲子者，惠公之母仲子也。」認為「《左氏》以為桓公之母，桓未立，而以夫人之禮尊其母，又未薨而賵，皆遠於人情，不可信。」[39]也就是顧炎武與趙鵬飛的假設完全相同：認為「惠公仲子」與「僖公成風」書例相同，兩人的差別僅在於是以「惠公仲子」來確定「僖公成風」的身分為先，還是先確定「僖公成風」的身分，然後再用以推定「惠公仲子」的身分為何。因兩人在以何者為先的判定上有所不同，所以結論也不一樣。但兩人所據以判定的理路卻是完全相同，更何況趙鵬飛與顧炎武也都同意「非謂兼歸二人之襚」，這都與《左傳》之說不同。由此可見，張尚瑗與四庫館臣對於《春秋經筌》的評價僅限於表層結論，並沒有細繹其內容與持論之由。[40]

　　總結以上兩點來看，四庫館臣對於《春秋經筌》的評價，不論從其對《三傳》的態度，抑或是因其認為成風為僖公之姜的主張而言「其最陋者」都不甚公平。就某種角度來說，這都是僅依趙鵬飛《春秋經筌》中的〈序〉及其部分主張而起的皮相之見，也是欺趙氏無師承淵源。都是沒能真正了解《春秋經筌》的內涵及其主張的理路。這也可以說是在漢、宋之爭的脈絡下，僅對彼此標宗旨、立門戶之說而產生的表面批評。

---

39 〔清〕顧炎武著，黃汝成集釋，呂宗力校點：《日知錄集釋》（上海：上海古籍出版社，2006年），卷4，頁197-198。顧氏又提出魯國有兩仲子之說，與趙鵬飛之說不同，但對「惠公仲子」指惠公之母之說無疑。

40 文廷海言：「張尚瑗《春秋三傳折諸》一書取材廣……只是疏於剪裁和組織，所以顯得雖體大而思不精。該書在學術史上的意義，主要是為後來學者研究《春秋》學提供了豐富的材料。」印諸張氏對於《春秋經筌》的批評，「思不精」是很精到的評論。見文廷海：《清代前期《春秋》學研究》（北京：中國社會科學出版社，2012年），頁98-99。

四　結語

　　從《春秋》學史而言，自唐代的啖助、趙匡與陸淳等人開創了「新《春秋》學派」，其對於解釋《春秋》即不以僅守一傳立論，陳振孫即言：

> 漢儒以來，言《春秋》者，惟宗《三傳》，《三傳》之外，能卓然有見於千載之後者，自啖氏始，不可沒也。[41]

啖助等人所用的解經方法，不再是單純依憑著《三傳》來源上的權威做出解釋，而是以《春秋》經文內在一致性（書例與書法）與儒學價值（事理與情理）作為解釋最終的判斷準則。[42]正因為如此，所以宋代對於《春秋》的解釋才會萬象紛呈。四庫館臣往往以「《三傳》去古未遠，學有所受」，篤信《左傳》等文獻，批評宋代《春秋》學「游談臆說，以私意亂聖經」之失。[43]但這種態度並無法真正解決說經歧異的問題，因為《三傳》之說即有不同，而同一家派的說經者，亦同樣存在著內部的種種分歧，這從漢代經學的發展即已清楚可見。關於中國的經典解釋傳統，岑溢成先生早已言及：

> 解經不僅是語言的問題，解經的立場對解經的影響更重於語言。不同的時代、不同的經學家對同一部經典的理解所以有所

---

41 〔宋〕陳振孫：《直齋書錄解題》（上海：上海古籍出版社，1987年），卷3，頁57。

42 劉德明：《孫覺《春秋經解》解經方法探究》（臺北：花木蘭文化出版社，2008年），頁210-211。

43 〔清〕紀昀、陸錫熊、孫士毅等：《欽定四庫全書總目（整理本）‧春秋類提要》（北京：中華書局，1997年），卷26，頁328。這是四庫館臣對於宋代某些《春秋》學著作的最嚴厲的批評，因而不將這些著作收入《四庫全書》，而僅列於《存目》。

不同，解經的立場或態度往往是決定的因素。[44]

四庫館臣對於《春秋經筌》的批評，往往僅從文獻的角度著眼，這當
然是在解釋經典時一個重要的考量。但若將解釋經典的問題完全化歸
於這一因素，認為解決了這個問題，也就解決了所有經典解釋的困
難，則此觀點未免太過於簡單與素樸。也唯有從這個角度出發，才能
夠有機會進一步解釋趙鵬飛的《春秋經筌》何以會受到黃震、程端學
以至於納蘭成德等人的重視。

其次，透過觀察《春秋經筌》在《春秋》學史中聲名的浮沈，可
知一書的評價高低，除書籍本身的特性外，往往還受到外在環境條件
的諸多影響。如前文所提及的周敦頤，宋、元之際的青陽夢炎推許其
為四川《春秋》學的開創者，但周敦頤不但沒有註解《春秋》，其文
中亦極少提及《春秋》。而青陽夢炎之所以推尊周敦頤，應與周敦頤
作為北宋理學開創者的形象有很大的關係。但正如鄧廣銘所言：

> 他（指周敦頤）一生的官位既不很顯達，他的著作在北宋一代
> 也並未受到學術界的重視。可以說，到南宋初年為止，他一直
> 不曾被認作重要學人的。[45]

又言：

> 他的學業，在北宋一代並未見有人加以稱述和表彰。到南宋孝
> 宗時候，經胡宏、張栻，特別是朱熹才得揭出其人其書而大加

---

44 岑溢成：《詩補傳與戴震解經方法》，頁55。

45 鄧廣銘：〈關於周頤的師承和傳授〉，《鄧廣銘治史叢稿》（北京：北京大學出版社，
1997年），頁193。

表揚，使之著稱於世。[46]

也就是說，周敦頤是南宋時才成為北宋理學家先行者，他若不是受到南宋大學者朱熹的極力推崇，其在學術史上未必能有如此赫赫之名。而青陽夢炎身為宋、元之際的儒者，大約也是在這個風潮之下，才會在〈序〉中將周敦頤對蜀地《春秋》學的影響做過度的放大。但有溢言虛美者亦必有遺珠棄璧者，《春秋經筌》成書後，其諸多說法即受黃震大加引述，之後對此書青眼有加者不少，至清代康熙所編纂的《春秋傳說彙纂》對趙鵬飛引述之多，甚至超過胡安國。但隨著清代學術風氣的轉變，由四庫館臣所撰述的《四庫全書總目》對《春秋經筌》的評價急速的下降，這也深切的影響了日後欲經由《四庫全書總目》的評價，進而探索宋代《春秋》學面目的學人視角。由此可見，不受限時代學術風氣的影響，並能對儒者的成就有適切的評價是何其困難的一件事。無怪乎司馬遷在〈伯夷列傳〉中言：

> 伯夷、叔齊雖賢，得夫子而名益彰。顏淵雖篤學，附驥尾而行益顯。巖穴之士，趣舍有時若此，類名堙滅而不稱，悲夫！閭巷之人，欲砥行立名者，非附青雲之士，惡能施于後世哉？[47]

這種感嘆不僅發生在「欲砥行立名者」，對欲透過著書而傳道者，亦是同樣地適用。

---

46 鄧廣銘：〈關於周頤的師承和傳授〉，《鄧廣銘治史叢稿》，頁212。

47 〔漢〕司馬遷：《史記‧伯夷列傳》（北京：中華書局，1997年），卷61，頁2127。

一本偽書的樣態

──論《四庫全書總目》中的《春秋道統》[*]

一　導言

　　《四庫全書》的纂修在中國文化史上是件非常重要的大事，從清乾隆三十八年（1773）清乾隆皇帝下令成立四庫館開始，至乾隆四十六年（1781）第一部《四庫全書》抄寫完成，共收錄圖書三千四百七十部，七萬九千一十八卷。[1]《四庫全書》在進行採編初期時，安徽學政朱筠即主張在編纂《四庫全書》的同時，亦應編撰一部《四庫全書》的目錄提要。朱筠的提議後為乾隆皇帝所接受，所在以編纂《四庫全書》之時，亦同時進行撰寫《四庫全書總目》。[2]《四庫全書總目》共有二百卷，內容除了《四庫全書》所收錄的圖書之外，也旁及未收錄進《四庫全書》的書籍：不但載明其書名、卷數、作者、版本亦同時評述其書的真偽及論斷書籍內容的價值。所以此書不僅是《四

* 本文係國科會研究計畫NSC 98-2410-H-166-009部分研究成果。本文曾刊登於《儒學研究論叢》第三輯（2010年12月），頁209-226。

1　郭伯恭：《四庫全書纂修考》（上海：上海書店，1992年），頁104。

2　關於《四庫全書總目》之編纂過程，請參見郭伯恭：《四庫全書纂修考》，頁209-211。吳哲夫：《四庫全書纂修之研究》（臺北：國立故宮博物院，1990年），頁110-112。司馬朝軍：《《四庫全書總目》研究》（北京：社會科學文獻出版社，2004年），頁1-3。本文所引《四庫全書總目》內文，均採用〔清〕紀昀等，四庫全書研究所整理：《欽定四庫全書總目》（北京：中華書局，1997年）。若其內容上有所差誤，則另行注明。

庫全書》的書名目錄，它同時也代表《四庫全書總目》作者對學術源
流及各種書籍的評價等等看法。而且從中國目錄學史的角度來看，
《四庫全書總目》的體例及內容兩者最為完備，歷來學者都給予很高
的評價：

> 就其大體言之，可謂自劉向《別錄》以來，纔有此書也……晁
> 氏《讀書志》、陳氏《解題》，粗述厓略，鮮所發明……今《四
> 庫提要》敘作者之爵里，詳典籍之源流，別白是非，旁通曲證，
> 使瑕瑜不掩，淄澠以別，持比向、歆，殆無多讓；至於剖析條
> 流，斟酌古今，辨章學術，高把群言，尤非王堯臣、晁公武等
> 所能望其項背。故曰自《別錄》以來，纔有此書，非過論也。[3]

正因為《四庫全書總目》對繁多的典籍有極其精到的評述，所以此書
亦成為學者要進入中國傳統學問的一道方便階梯。張之洞言：

> 今為諸生指一良師，將《四庫全書總目提要》讀一過，即略知
> 學問門徑矣。析而言之，《四庫提要》為讀群書之門徑。[4]

認為《四庫全書總目》中對諸書的論評，是學者要了解此書內容的門
徑。事實上《四庫全書總目》的內容並不止於對「四庫全書」中收錄
的諸多書籍予以考評，更特別的是，它對於未收入「四庫全書」中的
許多著作亦有評述，四庫館臣即言：

3　余嘉錫：〈序錄〉，《四庫提要辨證》（北京：中華書局，1980年），頁48-49。
4　〔清〕張之洞：《輶軒語》一，收入苑書義、孫華峰、李秉新主編：《張之洞全集》
　　第12冊（石家莊：河北人民出版社，1998年），頁9791。

其上者，悉登編錄，罔致遺珠。其次者，亦長短兼臚，見瑕瑜
之不掩。其有言非立訓，義或違經，則附載其名，兼匡厥繆。
至於尋常著述，未越群流，雖各譽之咸無，究流傳之已久，准
諸家著錄之例，亦并存其目，以備考核。等差有辨，旌別兼
施，自有典籍以來，無如斯之博且精矣。[5]

《四庫全書總目》在編排上有一特別之處：其將書籍目錄先依經、
史、子、集四類分別後，在每大類下即依「四庫全書」中所收錄書
籍，依作者時代先後次序，列評此類各書之版本、內容。除此之外，
《四庫全書總目》中尚有對各部中「存目」書籍，也就是未收入「四
庫全書」者，亦依「四庫全書」中收錄書籍的體例，依次予以評述。
一般而言，未收入「四庫全書」的書籍或是「義或違經」或是「未越
群流」，即書籍內容沒有特殊之處，於是四庫館臣即將之列為「存
目」書籍。

四庫館臣此一作法，就書籍的整理而言，功用甚大。因為「四庫
全書」的完成，其確實是以一種特殊的價值體系在檢選典籍，其中沒
有被選入的書籍並不一定完全沒有價值，雖然在歷代著作中也確有不
少魚目混珠之作。所以四庫館臣以「存目」獨立出來，加以介紹諸多
沒有收入「四庫全書」的典籍，這種作法無疑是深具價值的創見。郭
伯恭言：

《四庫》之取舍未為盡善，固不容諱言，然今正賴存目以窺其
梗概，又不能不謂當初立法之善也。蓋著錄之籍乃多易求，而
存目之書則不可盡見，故吾人之重視存目，尤過於著錄。[6]

5　〔清〕紀昀等，四庫全書研究所整理：《欽定四庫全書總目・凡例》，頁31。
6　郭伯恭：《四庫全書纂修考》，頁213。

此處說對《四庫全書總目》中「存目」的重視過於其「著錄」，這並非完全從書籍的內容價值來判斷。而是以對歷代典籍的收藏、述評的目錄學眼光而言，《四庫全書總目》中的「存目」部分的確論及了許多海內孤本，先且不論其書內容為何，但終究為難得一見的書籍，如本文所要論述的《春秋道統》一書即是如此。

二 劉絢《春秋傳》、《春秋通義》及《春秋道統》

《四庫全書總目》第三十卷為「春秋存目一」，其中載有對《春秋道統》一書的提要：

> 不著撰人名氏，惟冠以乾道八年晉江傅伯成序，稱為元祐間春秋博士劉絢質夫所作。考陳振孫《書錄解題》載劉絢《春秋傳》，無「道統」之名。《文獻通考》作十二卷，《玉海》作五卷，與二卷之數亦不合。又振孫稱所解明正簡切，而此本並無解經之語，止抄撮《左氏傳》，間及《公》、《穀》、《國語》，及略采諸家一二條。且不特傳文多所刪節，即經文亦止摘錄一二字，如明代坊本之標題。宋人經說亦無此例。序中以「何休學」連為人名，其陋已極。又稱後之有功於《春秋》者，有杜預、林堯叟。林堯叟乃在南宋中年，伯成此序作於南宋之初，何由得見？且杜林合注是明末坊間所刻，伯成又何由以杜、林並稱乎？又伯成慶元初為太府丞，寶慶初始加龍圖閣學士。此序即曰「乾道八年壬辰」，是時伯成方舉進士，何得先以龍圖閣學士結銜？訛謬種種，不可殫述。偽書之拙，無過是矣。其卷首收藏諸印，亦一手偽造，不足信也。[7]

---

7 〔清〕紀昀等，四庫全書研究所整理：《欽定四庫全書總目》，卷30，頁384。

四庫館臣的看法大約可歸納如下：一、《春秋道統》一書雖「不著撰人名氏」，[8]但此書中有傅伯成（字景初，1143-1226）的〈序〉，〈序〉中言此書是北宋儒者劉絢（字質夫，1045-1087）所作。但不論從「何休學」、《杜林合注》及「龍圖閣學士」印記等等證據來看，傅伯成此〈序〉實為偽作無疑。二、雖然劉絢著有《春秋傳》一書，但從未見有題為《春秋道統》之書。而且觀察《春秋道統》一書，不但卷數不合、內容簡略而且不合宋人說經之通例，所以四庫館臣判定此為偽書，而且認為「偽書之拙，無過是矣。」

劉絢之《春秋》學之所以那麼引人注意，這是因為劉絢之學被視為由伊川到胡安國《春秋》學中間的連接點：

> 張九成曰：近世春秋之學，伊川開其端，劉質夫廣其意，至胡文定而其說大明。[9]

而胡安國之說，對宋、元、明三代《春秋》學的影響甚大，所以劉絢之說自然容易被注意。關於劉絢的《春秋》學，在《二程集》中有一段記載：

> 先生嘗問伊川《春秋解》，伊川每曰：「已令劉絢去編集，俟其來。」一日，劉集成，呈於伊川，先生復請之。伊川曰：「當須自做也。」自涪陵歸，方下筆，竟不能成書，劉集終亦不出。[10]

---

8 在〔清〕翁方綱的《翁方綱纂四庫提要稿》中則明言：「《春秋道統》二卷，宋劉絢撰」。見〔清〕翁方綱撰，吳格整理：《翁方綱纂四庫提要稿》（上海：上海科學技術文獻出版社，2005年），頁92。

9 〔清〕朱彝尊撰，林慶彰等主編：《經義考新校》第6冊（上海：上海古籍出版社，2010年），卷185，頁3390。

10 〔宋〕程顥、程頤撰，王孝魚點校：《二程集・河南程氏外書》（北京：中華書局，1981年），卷12，頁436。

劉絢為北宋理學名家程頤（字正叔，號伊川，1033-1107）的弟子，尹
焞（字彥明，1061-1132）曾向伊川請教是否已著成《春秋》的注解，
伊川則說已令劉絢去編集《春秋》注解。當劉絢編集完成後，伊川並
不滿意，認為仍須自己來寫定。但最終伊川的《春秋傳》僅寫至桓公
九年並未完成，而劉絢的集本也沒有成書。四庫館臣則列舉陳振孫
（1183？-1262？）《直齋書錄解題》、王應麟（1223-1296）《玉海》及
馬端臨（1254-1323）《文獻通考》等目錄典籍對劉絢《春秋傳》的相
關記載。由這些記載中可歸納出兩點：一、劉絢確有《春秋傳》一
書，而非如尹焞所言「劉集終亦不出」，陳振孫並認為此書內容「所
解明正簡切」。[11]二、劉絢的《春秋傳》有五卷及十二卷兩種說法，
《直齋書錄解題》及《文獻通考》記為十二卷，而《玉海》則記為五
卷。[12]查《文獻通考》一書，其中除了引述陳振孫的評價外，另亦摘
錄了晁公武（字子止，1105？-1180？）《郡齋讀書志》及《中興國史
志》對於劉絢《春秋傳》相關的記錄。[13]再覆查《郡齋讀書志》記：

> 劉質夫《春秋》五卷，右皇朝劉絢質夫撰。絢學於二程之門。
> 伯淳嘗語人曰：「他人之學，敏則有矣，未易保也。斯人之至，
> 吾無疑焉。」正叔亦曰：「遊吾門者多矣，而信之篤、得之多、
> 行之果、守之固，若子者幾希。」有李參序。[14]

11　〔宋〕陳振孫撰，徐小蠻、顧美華點校：《直齋書錄解題》（上海：上海古籍出版
　　社，1987年），卷3，頁61。

12　〔宋〕王應麟纂：《玉海》（上海：江蘇古籍出版社，1987年影印清光緒九年浙江書
　　局刊本），卷40，頁38。

13　〔元〕馬端臨：《文獻通考》（北京：中華書局，1986年影印重排商務印書館《萬有
　　文庫十通》本），卷183，頁1572。

14　〔宋〕晁公武撰，孫猛校證：《郡齋讀書志校證》（上海：上海古籍出版社，1990
　　年），頁116。此段文字與《文獻通考》所記小有不同，如《文獻通考》「絢學於二
　　程之門」句中無「之門」二字，但這些不同並不影響對劉絢此書的描述。

文中除了對劉絢頗多讚美外，亦明記其著有《春秋傳》五卷，這應是五卷本最早的記載。除此之外，〔宋〕尤袤（1127-1194）的《遂初堂書目》亦著錄有「劉絢春秋學」，[15]但不記卷數。可見至少在宋代之時劉絢的《春秋傳》確實在儒者間流傳。黃覺弘則另透過徵輯宋、元儒者對《春秋》的相關註解中引述劉絢對《春秋》的說法，對劉絢的《春秋》學內容進行研究，並說：

> 劉絢《春秋傳》在宋元時期多有流傳，如宋人呂本中《春秋集解》、陳深《讀春秋編》、元人吳澄《春秋纂言》、程端學《春秋本義》、鄭玉《春秋闕疑》、汪克寬《春秋胡傳附錄纂疏》等書多有徵引「常山劉氏曰」者，而《春秋胡傳附錄纂疏》卷首《引用姓氏》著錄：「常山劉氏絢質夫《春秋傳》」。[16]

認為至少在元代學者如汪克寬（1301-1372）等人尚得以見到劉絢的《春秋傳》。而筆者翻閱〔明〕楊士奇所撰之《文淵閣書目》、〔明〕高儒的《百川書志》及〔明〕黃虞稷的《千頃堂書目》等書中，均查無劉絢《春秋傳》一書。由此可見，劉絢此書可能從元代後即已失傳，而《春秋道統》一書並非劉絢所著。

崔富章則在浙江圖書館發現有《劉絢質夫先生春秋通義》一書，[17]崔富章認為此書也並非劉絢所著，而是後人所造的偽書，並指明此書即是《四庫全書總目》中的《春秋道統》一書。因為雖《四庫全書總

---

15 〔宋〕尤袤：《遂初堂書目》，收入王雲五主編：叢書集成初編（上海：商務印書館，1935年），頁4。

16 黃覺弘：〈劉絢《春秋傳》佚文考說〉，《南京社會科學》第12期（2008年12月），頁113。

17 《劉絢質夫先生春秋通義》實非劉絢所著，但為求敘述上的順暢，所以下文均直接依其題名稱呼。

目》言《春秋道統》「僅分上、下兩卷，而抄本細字乃八巨冊。」[18]而《劉絢質夫先生春秋通義》則是分為十二卷且「全書八冊，存七冊（佚第一冊）」。兩者卷數雖不同，但不論從冊數、序文、印記及內容提及內容《杜林合注》等等特點看來，兩者完全相同，所以崔富章判定此書「即《總目》著錄之偽書也。」[19]

　　至於浙圖所藏之書為何會被題為《春秋通義》？筆者則有一推測：劉絢關於《春秋》的注解，歷來也無記為《春秋通義》一名。而翻查《宋史・藝文志》中所記《春秋》類相關圖書中，其中有不著作者姓名的《春秋通義》十二卷一書，[20]而此或即為劉絢所著之書。因為《文獻通考》中曾引述《中興國史志》中載有劉絢之書，並言：

　　　絢傳說多出於頤書，而頤以為不盡本意，故更為之，未及竟。
　　　故莊公以後，解釋多殘闕。[21]

雖不記劉絢之書的卷數，但對其內容有所述評，可見當時確有此書。但今《宋史・藝文志》中卻沒有劉絢《春秋傳》的記載。考《宋史・藝文志》的內容是參考宋時所修的《國史藝文志》及《中興四朝國史藝文志》而成，[22]《宋史・藝文志》言：

---

18 〔清〕紀昀等，四庫全書研究所整理：《欽定四庫全書總目》，卷30，頁384。
19 崔富章：《四庫提要補正》（杭州：杭州大學出版社，1990年），頁180-181。《現存宋人著述總錄》中所記：「劉質夫先生《春秋通義》十二卷」，亦即崔富章所見書。見劉琳、沈治宏編著：《現存宋人著述總錄》（成都：巴蜀書社，1995年），頁17。
20 〔元〕脫脫撰：《宋史・藝文志》第15冊（北京：中華書局，1977年），卷202，頁5061。
21 〔元〕馬端臨：《文獻通考》北京，卷183，頁1572。
22 此說可參見余嘉錫：《目錄學發微》（北京：中華書局，1963年），頁117。李瑞良：《中國目錄學史》（臺北：文津出版社，1993年），頁174-175。《宋史》為元順帝於至正三年（1343）三月下詔開始撰述，於至正五年（1345）十月即修成，不到三年

> 宋舊史，自太祖至寧宗，為書凡四。志藝文者，前後部帙，有
> 亡增損，互有異同。今刪其重復，合為一志。[23]

也就是說，此書在《宋史・藝文志》的主要來源資料中是有著錄的，
但在《宋史・藝文志》中則無此書。若再以劉絢《春秋傳》有五卷及
十二卷兩種說法，與《宋史・藝文志》中不著作者的《春秋》類為五
卷或十二卷書籍對比。兩相對照之下，現今《宋史・藝文志》中所錄
沒有作者姓名的十二卷《春秋》相關著作中僅有《春秋通義》與《左
傳摘奇》兩種，其中《春秋通義》或有可能是劉絢所著。[24]大約也因
如此，所以現今藏於浙江圖書館的這本書會題為「劉絢質夫先生春秋
通義」。

三　《春秋通義》一書大要

　　雖然《四庫全書總目》及崔富章兩者均認為此書絕非劉絢之作，
但也都對其內容做了一些敘述，四庫館臣言：

　　即已完成。其實在此之前，對《宋史》資料已有許多纂集修訂。〔清〕趙翼即指出：
　　「各朝本有各朝舊史，元世祖時又已編纂成書，至脫脫等已屬第二、三次修輯，故
　　易於告成耳。」見氏著，王樹民校證：《廿二史劄記校證》（北京：中華書局，1984
　　年），卷23，頁494。

23　〔元〕脫脫撰：《宋史》，卷202，頁5033-5034。

24　《宋史・藝文志》中僅有《左氏摘奇》及《春秋通義》兩書均為12卷且不知作者。
　　但《左傳摘奇》一書應為〔宋〕胡元質所撰之《春秋左傳摘奇》一書，所以《春秋
　　通義》或有可能為劉絢所著之書。而為五卷不知作者之書則有《春秋文權》及《春
　　秋本旨》兩書。又宋元儒者以《春秋通義》為名之書亦不僅此一本，如《宋史・藝
　　文志》尚錄有「家安國《春秋通義》二十四卷」；元朝儒者邱葵亦著以《春秋通
　　義》為名之書。見〔元〕脫脫撰：《宋史》，卷202，頁5059、5061及5065；〔清〕錢
　　大昕：《元史藝文志》，收入陳文和主編：《嘉定錢大昕全集》第5冊（南京：江蘇古
　　籍出版社，1997年），頁15。

此本並無解經之語，止抄撮《左氏傳》，間及《公》、《穀》、《國語》，及略采諸家一二條。且不特傳文多所刪節，即經文亦止摘錄一二字，如明代坊本之標題。[25]

而崔富章則更詳細的敘述了此書的大致內容：

今檢浙江館藏夢鹿堂藍格抄本《劉絢質夫先生春秋通義》十二卷存十卷（三至十二），起莊公八年，迄哀公十四年，缺隱公、桓公及莊公七年以前。每卷分若干段，每段先引經文，次綴以《左氏傳》文，皆有刪節，間加雙行小注，多約取杜氏注，實無所發明。於經無明文而左氏詳為記敘者，標「附錄」以別之。《左氏傳》後，偶亦引《公羊傳》、《穀梁傳》……書中誤字甚多，「曆」作「歷」，似清抄本，然卷末有「崇禎庚午暮春中瀚韋讀三復李待問識」一行，又有嘉慶甲子九月十二日若亭丁世楠識語云：「朱竹垞先生《經義考》劉氏絢《春秋通考》十二卷，《玉海》五卷，晁公武《讀書志》五卷，陳振孫云所解明正簡切。今秋朱呈驥耒齋購得項子京家藏本十二卷，爾時嘉靖間尚傳抄本，況居今又幾三百年耶？宜珍寶之。」……然三家題識字跡庸劣，且誤字迭出，如「朱」誤為「陳」，「晁」誤為「郡」，殊不足據。或明抄而配以清抄歟？疑莫能明。此書傳本僅浙館一部，故詳述如上，備研經之士稽考。[26]

筆者擬在兩者的基礎上，再對此書的內容做一更詳細的介紹及討論。

首先，就此本的錯字及誤字而言，其中有可能是因避諱而誤，如

---

25 〔清〕紀昀等，四庫全書研究所整理：《欽定四庫全書總目》，卷30，頁384。
26 崔富章：《四庫提要補正》，頁180-181。

因避清高宗弘曆之「曆」而寫作「歷」；也有純粹的誤抄，如將「朱呈驥」誤抄為「陳呈驥」；但也有崔氏敘述時誤中有誤之處：如〈序〉中確實將「晁公武」之「晁」字抄錯，但並非抄為「郡」而是誤抄為「邵」字。但除了此〈序〉之外，全書的錯字並不算常見。

其次，四庫館臣及崔富章都指出此書並沒有抄錄《春秋》全文，而是於各年中隨意摘錄《春秋》經文，其下再抄寫部分《左傳》文字。以莊公（卷三）為例，此書僅僅抄節八年「齊無知弒其君諸兒」、九年「齊人取子糾殺之」、十年「公敗齊師于長勺」、十一年「宋大水」、十二年「宋萬出奔陳」、十四年「荊入蔡」、二十二年「陳人殺其公子御寇」、二十三年「公如齊觀社」、二十八年「臧孫辰告糴于齊」及三十二年「公子牙卒」等十條經文而已。除此之外，尚有「附錄」兩條，分別是：十四年「鄭厲公自櫟侵鄭」及二十八年的「晉獻公娶於賈，無子。烝於齊姜。」兩事。這兩條「附錄」即是崔氏所指出此書另有以「附錄」方式抄錄「於經無明文而左氏詳為記敘者」。筆者翻查後發現此書各卷中的「附錄」數目多寡不一，最少的為文公（卷六）時事，僅記元年時殽之役後，秦穆公不殺孟明而自承其罪一事。最多則為襄公（卷九）時事，此書共摘錄了二十一條《左傳》相關史事的記錄。其次則為昭公（卷十）時事，共為十五條。此書共摘錄未記於《春秋》而僅錄於《左傳》中的史事八十條。[27]

除《左傳》外，四庫館臣與崔富章也都注意到了此書亦間有引述《公羊》、《穀梁》及《國語》。筆者查閱全書發現，此書引述《公羊》說六次，分別為：文公六年，解經文：「晉殺其大夫陽處父，晉狐射姑出奔狄。」宣公十五年，解經文：「夏，五月，宋人及楚人平。」成公

---

27 莊公2條；閔公2條；僖公6條；文公1條；宣公8條；成公6條；襄公21條；昭公15條；定公5條；哀公4條。因為缺了第一冊的隱公、桓公，所以實際上有幾條並無法確實統計。但猜測總數應在百條左右。

八年，解經文「春，晉侯使韓穿來言汶陽之田，歸之于齊。」襄公七年
解經文：「十有二月，公會晉侯、宋公、陳侯、衛侯、曹伯、莒子、邾
婁子于鄔。鄭伯髡原如會，未見諸侯。丙戌，卒於操。」昭公二
十五年，解經文：「齊侯唁公于野井。」及哀公六年，解經文：「齊陳
乞弒其君舍。」引《穀梁》說兩次，分別在對成公元年「冬，十月。」
及定公四年「庚辰，吳入楚。」經文的說解。至於引用《國語》則為
〈吳語〉中吳晉會盟之事。筆者對比這九條文獻，其中襄公七年為完
全引述《公羊》之語，一字未改；成公八年則僅將《公羊》的「吊死
視疾」改為「吊死問疾」，有一字之差；[28]其餘各條則或有數字之差
異，或有刪去數句的情況。四庫館臣言《春秋道統》中「並無解《經》
之語」亦可由其刪節《公羊》解釋宣公十五年「夏，五月，宋人及楚
人平。」經文可見。為方便對比，茲將兩書原文抄錄如下：《公羊》
原為：

> 莊王圍宋，軍有七日之糧爾。盡此不勝，將去而歸爾。於是使
> 司馬子反乘堙而闚宋城，宋華元亦乘堙而出見之。司馬子反曰：
> 「子之國何如？」華元曰：「憊矣。」曰：「何如？」曰：「易
> 子而食之，析骸而炊之。」司馬子反曰：「嘻！甚矣憊。雖然，
> 吾聞之也，圍者，柑馬而秣之，使肥者應客，是何子之情也？」
> 華元曰：「吾聞之，君子見人之厄則矜之，小人見人之厄則幸
> 之。吾見子之君子也，是以告情于子也。」司馬子反曰：「諾。
> 勉之矣！吾軍亦有七日之糧爾，盡此不勝，將去而歸爾。」揖
> 而去之，反于莊王。莊王曰：「何如？」司馬子反曰：「憊矣！」

---

28 〔漢〕何休解詁，〔唐〕徐彥疏，浦衛忠整理，楊向奎審定：《春秋公羊傳注疏》（北
　京：北京大學出版社，2000年），卷17，頁445-446。《劉絢質夫先生春秋通義》，卷
　8，頁9。

曰:「何如？」曰:「易子而食之,析骸而炊之。」莊王曰:「嘻！甚矣憊。雖然,吾今取此,然後而歸爾。」司馬子反曰:「不可。臣已告之矣,軍有七日之糧爾。」莊王怒曰:「吾使子往視之,子曷為告之？」司馬子反曰:「以區區之宋,猶有不欺人之臣,可以楚而無乎？是以告之也。」莊王曰:「諾。舍而止。雖然,吾猶取此然後歸爾。」司馬子反曰:「然則君請處于此,臣請歸爾。」莊王曰:「子去我而歸,吾孰與處于此？吾亦從子而歸爾。」引師而去之。故君子大其平乎已也。此皆大夫也,其稱人何？貶。曷為貶？平者在下也。[29]

而《劉絢質夫先生春秋通義》中則抄為:

莊王圍宋,軍有七日之糧爾。於是使司馬子反乘堙而闚宋城,宋華元亦乘堙而出見。子反曰:「子之國何如？」華元曰:「憊矣。易子而食之,析骸而炊之。」子反曰:「嘻！是何子之情也。」華元曰:「吾聞之:君子見人之厄則矜之,小人見人之厄則幸之。吾見子之君子也,是以告情於子也。」子反曰:「諾！勉之矣。吾軍亦有七日之糧爾,盡此不勝,將去而歸爾。」揖而去之,反于莊王。莊王曰:「吾今取此,然後而歸爾。」子反曰:「不可,臣已告之矣,軍有七日之糧爾。」莊王怒曰:「吾使子往視之,子曷為告之？」子反曰:「以區區之宋,猶有不欺人之臣,可以楚而無乎？」莊王曰:「諾。」引師而去之。[30]

---

29 〔漢〕何休解詁,〔唐〕徐彥疏,浦衛忠整理,楊向奎審定:《春秋公羊傳注疏》,卷16,頁412-413。文字加粗的部分為《劉絢質夫先生春秋通義》所刪去者。

30 《劉絢質夫先生春秋通義》,卷7,頁14。

此事記楚國子反與宋國華元兩人雖相互為敵，但彼此仍保有做人最真誠的部分，可謂在亂世之中一段相當動人的故事。對比兩者記錄，可以發現：一、《公羊》在敘事後，有一段解釋《春秋》經文何以記為「宋人及楚人平」，也就是在發揮《春秋》大義的文字。但《劉絢質夫先生春秋通義》則將其全數刪去，完全沒有論及此處的經義為何，由此來看四庫館臣之言洵非虛語。二、平心而論，此段經過刪節過的文字，對於史事的理解並沒有太大的差異，甚至反而更加簡潔。[31]在《劉絢質夫先生春秋通義》中，其引述文字的重點常常不在於表現人物間的關係或性格，而將重點在於簡述事件發展的結果。如其唯一引述《國語》的部分為：

> 吳王既勝，夫差齊乃起師北征，以會晉公午於黃池，越王勾踐乃命范蠡率師絕吳路，泝江以襲吳。入其郭，焚其姑蘇，徙其大舟，吳、晉爭長未成，邊遽乃亡，以越亂告，吳王懼，乃合大夫而謀曰：「今無會而歸與會而先晉，孰利？」王孫雒曰：「今夕必挑戰，以廣民心，請王屬士，以奮其朋勢。彼將不戰而先我。」吳王昏乃戒，令秣馬食士。親秉鉞，載白旗以中陳而立。帶甲三萬以勢攻，雞鳴乃定。既陳，去晉軍一里。昧明，王乃秉枹，親鼓之，晉師大駭不出，乃令董褐請事曰：「兩君偃兵接好，日中為期。今大國越錄，而造於敝邑之軍壘，敢請亂故。」吳王親對之曰：「孤欲守吾先君之班爵，進則不敢，退則不可。今會日薄矣。恐事之不集，以為諸侯笑。孤之事君在今日，不得事君亦在今日。」董褐還致命，乃告趙鞅曰：「臣觀吳王之色，類有大憂，將毒，不可與戰，主其許

---

31 當然也不能說這兩段文字完全沒有任何差異，在《公羊》的敘事中，能更細緻的表現出楚莊王對子反的信任與依賴。

之。」晉乃令董褐復命，吳王許諾，乃退就幕而會。吳王先歃，晉侯亞之。[32]

這段文字是由大量刪節《國語・吳語》中「吳王夫差既殺申胥」及「吳王昏乃戒」兩則記錄而來，其中被刪去最多的當是吳王夫差與王孫雒的對話及董褐告訴夫差的兩大段話語。[33]這兩段話一是吳王夫差得到越王句踐偷襲消息，考慮「無會而歸，與會而先晉，孰利？」時，王孫雒對吳王提出的分析與建議；二則是晉國董褐察覺到「吳王之色，類有大憂」時，晉國順勢派董褐要求吳必須削去「吳王」的稱號，而用「吳伯」之名，則晉方可同意與之會盟。而在《劉絢質夫先生春秋通義》文中，則僅見吳最終以強盛的兵力與晉會盟時，「吳王先歃，晉侯亞之。」稱霸中原的情況，而完全看不到吳王夫差在會前猶疑難決的心情及晉國欲藉以顯示其尊王之義的考量。

最後，崔富章指出在《劉絢質夫先生春秋通義》內容中有「間加雙行小注，多約取杜氏注，實無所發明。」這個評斷則有些可再商確的地方。此書小注有部分是對《左傳》內文的字句做簡單的注解，如僖公四年《左傳》中記晉獻公「欲以驪姬為夫人，卜之，不吉；筮之，吉。」獻公想從筮，而卜者則直言：「專之渝，攘公之羭。一薰一蕕，十年尚猶有臭。」而《劉絢質夫先生春秋通義》的小字注云：「薰，香草喻申生；蕕，臭草，喻驪姬。」[34]是將卜人之語直接對應到晉獻公時的具體處境。《劉絢質夫先生春秋通義》對此句的解釋與杜預小有不同，杜預認為此句主要在強調「善易消，惡難除。」兩者

---

32 《劉絢質夫先生春秋通義》，卷12，頁12。

33 《國語》原文文長不錄，參見：徐元誥撰，王樹民、沈長雲點校：《國語集解》（北京：中華書局，2002年），頁545-553。

34 《劉絢質夫先生春秋通義》，卷3，頁13。

雖皆是以「蕕」喻驪姬，但杜預並沒有明指「薰」為申生。[35]除了這些簡短的小注外，《劉絢質夫先生春秋通義》書還有少數較引人注意的是，有以較長的篇幅來解釋文意的小注，如在文公十八年「莒弒其君庶其」，下有小注云：

> 則者，君臣父子兄弟夫婦朋友之法則也，合此法則為吉德，違此法則為凶德，故以觀德，德之吉凶所以處置事之是非。事之是非，所以量度功之成否；功之成否，所以食養民之厚薄○心不則德義之經為頑，口不道忠信之言為囂○貪財為饕，貪食為餮。[36]

這段注文主要是在解釋《左傳》：「先君周公制《周禮》曰：『則以觀德，德以處事，事以度功，功以食民。』」之語。[37]類似的長注在本書中並不多見，在各卷中通常只有一至兩條，在襄公、定公及哀公（卷九、十一及卷十二）中則是一條都沒有。[38]這些小注的內容有些正如崔富章所說的是「約取杜氏注，實無所發明。」但也並不都是如此。就內容而言，這些小注絕大部分不是偽作者自己的看法，而是引述杜預及林堯叟之說，其中有近一半條目內容是取自林堯叟的注文，而非全是杜預之說。[39]如前文所舉之例，其內容大致上全是約取自林堯叟

---

35 〔周〕左丘明傳，〔晉〕杜預注，〔唐〕孔穎達正義，浦衛忠整理，楊向奎審定：《春秋左傳正義》，（北京：北京大學出版社，2000年），卷12，頁382-383。

36 《劉絢質夫先生春秋通義》，卷6，頁13。

37 〔周〕左丘明傳，〔晉〕杜預注，〔唐〕孔穎達正義，浦衛忠整理，楊向奎審定：《春秋左傳正義》，卷20，頁662。

38 依筆者粗略的統計，《劉絢質夫先生春秋通義》中僅有十二條較長的小字注，其中昭公四條，莊公、文公各二條，閔公、僖公、宣公、成公各一條。

39 在十二條中引杜預說八次，引林堯叟之說七次。引杜預說僅多於林堯叟之說一次。

的說法。[40]此外在昭公七年對《左傳》中記:「子產曰:『能。人生始化曰魄,既生魄,陽曰魂。用物精多,則魂魄強。是以有精爽,至於神明。』」[41]的小注為:

> 人之生也,始變化而為形,形之靈者為魄,若視所運動之類。魄屬陰,其中自有陽氣,氣之神者為魂,如精神知識之類,居移氣,故魂強,養移體,故魄強。積精而至于神,積爽而至於明。[42]

此段小注也是幾乎全取林堯叟之說而成。[43]由此也可推知,為何此書在〈序〉中「稱後之有功於《春秋》者有杜預、林堯叟。」實是因為其書中亦大半引述杜預及林堯叟之說。

最後在內容上,筆者願意指出的是:雖然此書中的文獻幾乎皆出於前人之說,但其對文意的申講上自有其流暢處,如昭公四年,因天下大雨雹,所以「季武子問於申豐曰:『雹可禦乎?』」而申豐則回答說:「聖人在上,無雹,雖有,不為災。」並以長篇大論指出季武子不符古時用冰之禮,未將冰與臣下分享,所以「雹之為菑,誰能禦之?」[44]對於這段對答,《劉絢質夫先生春秋通義》中小注云:

---

40 〔明〕王道焜、趙如源編:《左傳杜林合注》,收入《景印文淵閣四庫全書》(臺北:臺灣商務印書館,1983年),卷17,頁18-19。

41 〔周〕左丘明傳,〔晉〕杜預注,〔唐〕孔穎達正義,浦衛忠整理,楊向奎審定:《春秋左傳正義》,卷44,頁1438-1439。

42 《劉絢質夫先生春秋通義》,卷10,頁14。

43 若再進一步尋找林堯叟對此段說解的淵源,其又主要來自〔唐〕孔穎達的解釋。見〔周〕左丘明傳,〔晉〕杜預注,〔唐〕孔穎達正義,浦衛忠整理,楊向奎審定:《春秋左傳正義》,卷44,頁1438-1439。

44 〔晉〕杜預注,〔唐〕孔穎達正義,浦衛忠整理,楊向奎審定:《春秋左傳正義》,卷42,頁1374-1380。

夏三月火星初見時，乃盡頒賦當受冰者。冰因風而堅，又順春
秋而散，今不藏深山窮谷之冰，而藏川池之冰，自君用冰外，
他者皆棄之，不畢賦于臣下。于是風不散越而殺物，雷不徐緩
而震擊。[45]

在這段文字中間用孔穎達的注文，但其與孔穎達不同的是：偽作者並
不像孔穎達對每個字、詞都予以很繁瑣的解釋，相反的，他用很精簡
明確的文字即表達出申豐主要的意思，讓讀者可以很快的掌握其中的
大意。此與孔穎達的表現方式有極大的差異，而這不能不說是此書的
一項特點。

四　結語

綜合以上的敘述，可以由兩個方向來做觀察：

首先，就《劉絢質夫先生春秋通義》一書而言，此書確如四庫館
臣所言為偽書，而且「偽書之拙，無過是矣。」此書的確不是劉絢所
作，應如崔富章所言為明本清抄的偽書。其內容並不解釋《春秋》大
義，絕大部分內容為抄節《左傳》及杜預、林堯叟之說而成。這樣的
節抄本就經學的觀點來看確為拙劣之作，崔富章亦言：

行間有朱筆圈點，眉端時有朱筆評，多章法、句法、字法之
屬，又區分敘事、議論、辭令為能品、智品、妙品、神品、具
品等，乃俗士所為，見解淺陋，於《春秋》經傳無補者也。[46]

---

45 《劉絢質夫先生春秋通義》，卷10，頁7。
46 崔富章：《四庫提要補正》，頁181。附帶一提的是，在《四庫全書總目》的「《春
　　秋》類存目一」中另著錄了《左傳節文》一書，舊題為歐陽修所作，四庫館臣亦認

但由此書內容來看，此書原意即不在於對《春秋》經傳有所補益，而是提供一個非常簡要的《春秋》及《左傳》的節文，故其去取多在於以文章的角度來看《左傳》的文字。《左傳》雖本被視為解釋《春秋》的典籍，日後許多學者因其史料豐富而視其為其史學書籍。[47]也有學者在《左傳》的史事中發現其敘事角度別有特色，如呂本中（1084-1145）言：「文章不分明指切而從容委曲，辭不迫切而意已獨至，惟《左傳》為然。」[48]即是從《左傳》的文學述敘特色來論評。呂祖謙（1137-1181）亦常以文學角度評論《左傳》，如評《左傳》中記「鄭伯克段於鄢」一事：

> 序鄭莊公之事，極有筆力。寫其怨端之所以萌，良心之所以同，皆可見……《左氏》鋪敘好處，以十分筆力，寫十分人情。[49]

而南宋真德秀（1178-1235）的《文章正宗》一書，更正式以文學的角度對《左傳》加以評述。《文章正宗》中的選文共九百八十七篇，中分為辭命、議論、敘事與詩賦四類文章，其中在辭命、議論及敘事類共選《左傳》一百三十篇，占全書的十分之一強，[50]由此可見，其對

為此書為偽作。但此書中也是「取《左傳》之文略為刪削」「又標『神品』、『能品』、『真品』、『具品』、『妙品』諸名。」與本書行間以朱筆圈點的用語相類。見〔清〕紀昀等，四庫全書研究所整理：《欽定四庫全書總目》，卷30，頁384。

47 如朱熹曾言：「《左氏》是史學，《公》《穀》是經學。」見〔宋〕黎靖德編，王星賢點校：《朱子語類》第6冊（北京：中華書局，1986年），卷83，頁2152。

48 〔宋〕呂本中：《童蒙詩訓》第49條。此語常被誤為呂祖謙所說，今依郭紹虞所輯書，實為呂本中之語。見氏輯：《宋詩話輯佚》（北京：中華書局，1987年），頁599。

49 〔宋〕呂祖謙：〈看左氏規模〉，見氏著《左氏傳說》，收入黃靈庚、吳戰壘主編：《呂祖謙全集》第7冊（杭州：浙江古籍出版社，2008年），頁2-3。

50 篇數統計大致參見孫先英：〈論真德秀《文章正宗》的審美價值取向〉，《貴州大學學報》（社會科學版）第27卷第4期（2009年7月），頁121。但孫先英此文並未統計

《左傳》文章的讚賞。之後如明朝的凌稚隆則更十分推崇《左傳》的
文學成就：

> 《左傳》為文章之冠，亡論他名家無能仰窺藩籬，即太史公稱
> 良史才，其所規畫變化亦不越其矩度。[51]

可謂對《左傳》的文學成就推崇備至。若以較大的歷史視角來看，
「宋代以後經義與文學相結合趨勢」的情況確實存在。尤其是在明
代，以文學視角來解釋《左傳》的作品更是常見，[52]《劉絢質夫先生
春秋通義》可能即是在此風潮下出現的一本偽書。此書並非以詮解
《春秋》的專門著作自居，而是助人初涉《左傳》中諸多史事的作
品，所以其對於《左傳》等書的原文亦沒有完整的抄錄，而是刪去許
多文句。這就文獻的角度而言確是不妥，但從閱讀的角度來看，卻可
以讓有些人能有一本文從字順的讀本，這其中自然也包含了許多商業
的利益考量。所以四庫館臣言其為「明代坊本之標題」實為十分準確
的看法。

其次，若從《四庫全書總目》對於其所著錄書籍的觀點來看，
《四庫全書總目》的體例之精自然不必繁言，胡楚生即言：

> 目錄的體制有三，一是篇目，二是敘錄，三是小序，三者之

《文章正宗》「辭命」類選《左傳》篇數，筆者統計此類共取《左傳》三十五篇。
加上「議論」七十四篇、「敘事」類二十一篇，共一百三十篇。

51 〔明〕凌稚隆：《春秋左傳注評測‧讀春秋左傳測語》收入《四庫全書存目叢書》
經部第126冊（濟南：齊魯書社1997年影印明萬曆十六年刻本），測言凡例，頁6。

52 龔鵬程：〈馮夢龍的春秋學〉，收入氏著：《六經皆文──經學史／文學史》（臺北：
臺灣學生書局，2008年），頁121。文中第二節論「文學春秋學的發展」尤可參見。
頁116-123。

中，敘錄（又稱解題或提要）的功用，所以考論作者的行事，辨正書籍的真偽，闡明學術的得失，因此，也特別顯得重要。所惜自漢代的《別錄》、《七略》失傳之後，敘錄的體制便逐漸衰微，宋代晁公武陳振孫的書目，雖有解題，卻簡略過甚，無法振起頹風。及至清代《四庫全書總目提要》修成，在辨章學術方面，才算將敘錄的功用，發揮到了極點。[53]

認為《四庫全書總目》就傳統目錄書籍而言，三種體制兼備，能充份發揮敘錄應有的功能，為史上所罕見。《四庫庫全書總目》一書共二百卷，其中「著錄者三千四百七十種，七萬九千一十八卷；存目者六千八百一十九種，九萬四千三十四卷。共計一萬零二百八十九種，十七萬三千零五十二卷。」[54]要對這麼多的書籍予以介紹、考定，其中當然不免或有錯漏之處。但整體來說，其工程仍是十分浩大與艱難，所以內容雖有小疵，但仍具有不可取代的地位，尤其是就「存目」類的書籍來說更是如此。一般而言，讀者多將焦點放在四庫全書收錄書籍，但事實上，由前引文可見《四庫全書總目》中存目之書數量遠超乎著錄之書。僅以《春秋》類而言，著錄之書共為一百十四部，而存目則為一百十八部，存目之書數目仍超過著錄之書。這些存目的書籍並不被選入四庫全書中，所以流傳或極其有限，甚至於已經不存於世。但透過《四庫全書總目》的簡述及評語，仍可大略知曉其書的內容。以《劉絢質夫先生春秋通義》（《春秋道統》）一書來看，《四庫全書總目》均能如實的對其書狀況、內容評述及成書時代等等方面做出準確判斷。對此一內容貧乏的偽書，四庫館臣尚能有如此仔細的論

---

53 胡楚生：〈《四庫提要補正》與《四庫提要辨證》〉，收入王國良、王秋桂合編：《中國圖書文獻學論集》（臺北：明文書局，1986年），頁156。

54 郭伯恭：《四庫全書纂修考》，頁213。

斷，由此可見，雖如余嘉錫對《四庫全書總目》內容有許多修訂，但其言「余之略知學問門徑，實受《提要》之賜。」[55]亦非虛美之言。

---

55 余嘉錫：〈序錄〉，《四庫提要辨證》，頁52。

後記

　　一本書的完成，終需要許多的因緣。二○○四年在岑溢成教授指導下，我以《孫覺《春秋經解》解經方法探究》為題完成博士論文。二○○五年因受丁亞傑學長的邀請，參加了由當時元培科學技術學術主辦的研討會，發表了〈行者之評──論北宋孫復、劉敞與孫覺對《春秋》中「諸侯奔」的詮解〉一文後，現已近二十年了。在這些年裡，一方面基於興趣與能力，一方面又因研究工作需要，陸續發表了一些關於宋元明的《春秋》學相關研究。其間經歷了轉換任教學校、職級升等的歷程，一直沒有心情與時間將已發表的舊稿重新看過。現今在大學任教的人大都也都有類似的經驗，為因應客觀環境快速的變化，逼得大家只能集中精力往前衝，一些無助於考評的回顧與重整，則多成浪漫的餘裕想像。而且就資訊時代來說，期刊論文其實更容易取得，但出書總是一個揮之不去的念想。幸好，在通過層層關卡後，又得到中央大學文學院的補助，得以有機會將自己的部分舊文集結出版。

　　這是我的第一本專書，現回想各篇文章當初在撰寫時，各有其當時的考慮與想法。世情雖屢有變化之機，但其中亦似有脈絡可循。這本小書中所收的論文大致分為兩類：一是以詮釋《春秋》經文為憑，對於儒家倫理，如：君主與國家、父子與君臣及國家與兄弟的關係探討。二則是對歷來較少人討論的宋代理學脈絡的《春秋》學家，對他們的特色與主張，進行初步的探索與反思。貫穿這兩類的，則是我對《春秋》解經方法的不斷思索。

　　書中所收的八篇論文，之前都已發表在各期刊與專書論文中，其

間多受許多匿名審者者的指正而有所修改。其中更有三篇在投稿前，先行在學術會議中宣讀。彼時，鍾彩鈞教授及詹海雲教授都提供了寶貴意見。這些都是本書之所以能完成的基石。回想過去種種，除作者心志外，其間當有各種機緣，讓這本書得以完成。若沒有內人錦婷、小女若鏡的支持，沒有一路以來諸多師友的鼓勵與提供各種發表的機會，這些內容都不可能由模糊的概念，逐漸具象化而成為文章。除此之外，各文寫成時間不一，雖為存舊觀而大都保留原樣，但格式、引文原即不盡相同，謝謝李宗翰與莊宜潔兩位同學，花了許多時間細心幫我重新校對。除此之外，也感謝萬卷樓的張晏瑞總編輯與呂玉姍小姐協助，使出版過程更加順暢。當然，若文中若有任何失當之處，本即是我的疏漏，自應由我負起全責。每個人都希望能為學術殿堂加磚添瓦，但事實上能否真正做到，也許在日後才能有真正的答案。目前，我們只能持續前行。

劉德明

二〇二三年四月一日

引用文獻

一 古籍

〔周〕左秋明傳，〔晉〕杜預注，〔唐〕孔穎達正義，浦衛忠等人整理，
　　　楊向奎審定：《春秋左傳正義》，北京：北京大學出版社，
　　　2000年。

〔周〕徐元誥撰，王樹民、沈長雲點校：《國語集解》，北京：中華書
　　　局，2002年。

〔漢〕公羊壽傳，〔漢〕何休解詁，〔唐〕徐彥疏，浦衛忠整理，楊向
　　　奎審定：《春秋公羊傳注疏》，北京：北京大學出版社，2000
　　　年。

〔漢〕司馬遷撰，〔宋〕裴駰集解，〔唐〕司馬貞索隱，〔唐〕張守節
　　　正義：《史記》，北京：中華書局，1959年。

〔漢〕班固撰，〔唐〕顏師古注：《漢書》，北京：中華書局，1964年。

〔漢〕鄭玄注，〔唐〕孔穎達疏，龔抗雲整理，王文錦審定：《禮記正
　　　義》，北京：北京大學出版社，2000年。

〔晉〕范甯集解，〔唐〕楊士勛疏，夏先培整理，楊向奎審定：《春秋
　　　穀梁傳注疏》，北京：北京大學出版社，2000年。

〔劉宋〕范曄：《後漢書》，北京：中華書局，1965年。

〔唐〕陸淳：《春秋集傳微旨》，臺北：臺灣商務印書館，1983年，據
　　　清高宗乾隆三十八年（1773年）至四十七年（1782年）寫文
　　　淵閣四庫全書本影印。

〔唐〕韓昌黎著，錢仲聯集釋：《韓昌黎詩繫年集釋》，上海：上海古
　　籍出版社，1984年。

〔宋〕尤袤：《遂初堂書目》，收入王雲五主編：叢書集成初編，上
　　海：商務印書館，1935年。

〔宋〕王應麟纂：《玉海》，上海：江蘇古籍出版社，1987年，影印清
　　光緒九年浙江書局刊本。

〔宋〕朱熹撰：《四書章句集注》，北京：中華書局，1983年。

〔宋〕朱熹撰：《晦庵先生朱文公文集》，收入朱傑人、嚴佐之、劉永
　　翔主編：《朱子全書》第22冊，上海：上海古籍出版社，2002
　　年。

〔宋〕朱熹撰：《論語精義》，收入朱傑人、嚴佐之、劉永翔主編：
　　《朱子全書》第7冊，上海：上海古籍出版社，2002年。

〔宋〕呂祖謙：《左氏傳說》，收入黃靈庚、吳戰壘主編：《呂祖謙全
　　集》第7冊，杭州：浙江古籍出版社，2008年。

〔宋〕呂喬年輯：《麗澤論說集錄》，收入黃靈庚、吳戰壘主編：《呂
　　祖謙全集》第2冊，杭州：浙江古籍出版社，2008年。

〔宋〕李明復：《春秋集義》，《景印文淵閣四庫全書》，臺北：臺灣商
　　務印書館，1983年，據清高宗乾隆三十八年（1773年）至四
　　十七年（1782年）寫文淵閣四庫全書本影印。

〔宋〕沈括撰，胡道靜校注：《新校正夢溪筆談》，北京：中華書局，
　　1957年。

〔宋〕車若水：《腳氣集》，收入《叢書集成新編》第87冊，臺北：新
　　文豐出版社，1986年。

〔宋〕周敦頤著，陳克明點校：《周敦頤集》，北京：中華書局，1990
　　年。

〔宋〕洪邁：《容齋續筆》，北京：中華書局，2005年。

〔宋〕胡安國著，錢偉彊點校：《春秋胡氏傳》，浙江：浙江古籍出版
　　　社，2010年。

〔宋〕孫復：《春秋尊王發微》，臺北：漢京文化事業公司，1985年，
　　　影印清聖祖康熙十九年（1680年）刊《通志堂經解》本。

〔宋〕孫覺：《春秋經解》，收入《武英殿聚珍版叢書》臺北：藝文印
　　　書館，影印《武英殿聚珍版》，1969年。

〔宋〕晁公武撰，孫猛校證：《郡齋讀書志校證》，上海：上海古籍出
　　　版社，1990年。

〔宋〕馬端臨：《文獻通考》，北京：中華書局，1986年，影印重排商
　　　務印書館《萬有文庫十通》本。

〔宋〕高閌：《息齋春秋集註》，收入〔清〕張壽鏞輯刊：《四明叢書·
　　　第三集》，臺北：新文豐出版社，1988年，影印1935年張氏
　　　約園刊本。

〔宋〕張洽：《春秋張氏集註》，臺北：漢京文化事業公司，1985年，
　　　影印清聖祖康熙十九年（1680年）刊《通志堂經解》本。

〔宋〕張洽：《春秋集註》，北京：北京圖書館出版社，2003年，據宋
　　　寶祐三年（1255）臨江軍庠刻本影印。

〔宋〕張洽：《春秋集註》，北京：北京圖書館出版社，2006年，宋德
　　　祐元年（1275）衛宗武華亭義塾刻本影印。

〔宋〕張洽：《春秋集傳》，收入《宛委別藏》，臺北：臺灣商務印書
　　　館，1981年。

〔宋〕張洽：《張氏春秋集註》，臺北：臺灣商務印書館，1983年，據
　　　清高宗乾隆三十八年（1773年）至四十七年（1782年）寫文
　　　淵閣四庫全書本影印。

〔宋〕張栻：《癸巳論語解》，臺北：臺灣商務印書館，1983年，據清
　　　高宗乾隆三十八年（1773年）至四十七年（1782年）寫文淵
　　　閣四庫全書本影印。

〔宋〕陳振孫撰，徐小蠻、顧美華點校：《直齋書錄解題》，上海：上
　　海古籍出版社，1987年。

〔宋〕陸象山著，鍾哲點校：《陸九淵集》，北京：中華書局，1980年。

〔宋〕程顥、程頤著，王孝魚點校：《二程集》，北京：中華書局，1981
　　年。

〔宋〕趙鵬飛：《春秋經筌》，臺北：漢京文化事業公司，1985年，影
　　印清聖祖康熙十九年（1680年）刊《通志堂經解》本。

〔宋〕劉敞：《春秋劉氏傳》，臺北：漢京文化事業公司，1985年，影
　　印清聖祖康熙十九年（1680年）刊《通志堂經解》本。

〔宋〕劉敞：《春秋權衡》，臺北：漢京文化事業公司，1985年，影印
　　清聖祖康熙十九年（1680年）刊《通志堂經解》本。

〔宋〕劉敞：《劉氏春秋意林》，臺北：漢京文化事業公司，1985年，
　　影印清聖祖康熙十九年（1680年）刊《通志堂經解》本。

〔宋〕歐陽修：《新五代史》，北京：中華書局，1974年。

〔宋〕黎靖德編，王星賢點校：《朱子語類》，北京：中華書局，1994
　　年。

〔宋〕蘇轍：《春秋集解》，臺北：臺灣商務印書館，1983年，據清高
　　宗乾隆三十八年（1773年）至四十七年（1782年）寫文淵閣
　　四庫全書本影印。

〔元〕王元杰：《春秋讞義》，臺北：臺灣商務印書館，1983年，據清
　　高宗乾隆三十八年（1773年）至四十七年（1782年）寫文淵
　　閣四庫全書本影印。

〔元〕汪克寬：《春秋胡傳附錄纂疏》，臺北：臺灣商務印書館，1983
　　年，據清高宗乾隆三十八年（1773年）至四十七年（1782
　　年）寫文淵閣四庫全書本影印。

〔元〕脫脫等著：《宋史》，北京：中華書局，1977年。

〔元〕程端學：《程氏春秋或問》，臺北：漢京文化事業公司，1985年，影印清聖祖康熙十九年（1680年）刊《通志堂經解》本。

〔明〕王介之：《春秋四傳質》，臺北：臺灣商務印書館，1983年，據清高宗乾隆三十八年（1773年）至四十七年（1782年）寫文淵閣四庫全書本影印。

〔明〕王道焜、趙如源編：《左傳杜林合注》，臺北：臺灣商務印書館，1983年，據清高宗乾隆三十八年（1773年）至四十七年（1782年）寫文淵閣四庫全書本影印。

〔明〕凌稚隆：《春秋左傳注評測》收入《四庫全書存目叢書》，濟南：齊魯書社，1997年，影印明萬曆16年刻本。

〔清〕孔廣森著，崔冠華校點：《春秋公羊通義》，北京：北京大學出版社，2012年。

〔清〕毛奇齡：《西河集》，臺北：臺灣商務印書館，1983年，據清高宗乾隆三十八年（1773年）至四十七年（1782年）寫文淵閣四庫全書本影印。

〔清〕王聘珍撰，王文錦點校：《大戴禮記解詁》，北京：中華書局，十三經清人注疏，1983年。

〔清〕皮錫瑞，周予同注釋：《經學歷史》，北京：中華書局，1981年。

〔清〕朱彝尊撰，林慶彰等主編：《經義考新校》第6冊，上海：上海古籍出版社，2010年。

〔清〕紀昀、陸錫熊、孫士毅等，四庫全書研究所整理：《欽定四庫全書總目》，北京：中華書局，1997年。

〔清〕翁方綱撰，吳格整理：《翁方綱纂四庫提要稿》，上海：上海科學技術文獻出版社，2005年。

〔清〕張之洞：《輶軒語》一，收入苑書義、孫華峰、李秉新主編：《張之洞全集》第12冊，石家莊：河北人民出版社，1998年。

〔清〕張廷玉等撰：《明史》，北京：中華書局，1974年。

〔清〕張尚瑗：《三傳折諸》，臺北：臺灣商務印書館，1983年，據清
　　　高宗乾隆三十八年（1773年）至四十七年（1782年）寫文淵
　　　閣四庫全書本影印。

〔清〕陳立：《公羊義疏》，《重編本皇清經解續編》，臺北：漢京文化
　　　公司，1980年。

〔清〕焦循撰，沈文倬校訂：《孟子正義》，北京：中華書局，1987年。

〔清〕黃宗羲原著，全祖望補修：《宋元學案》，北京：中華書局，
　　　1982年。

〔清〕黃虞稷、周在浚：《徵刻唐宋祕本書目》，《叢書集成續編》第5
　　　冊，臺北：新文豐出版社，1988年。

〔清〕黃虞稷撰，瞿鳳起、潘景鄭整理：《千頃堂書目》，上海：上海
　　　古籍出版社，2001年。

〔清〕趙翼著，王樹民校證：《二十二史劄記校證》，北京：中華書
　　　局，1984年。

〔清〕錢大昕：《元史藝文志》，收入陳文和主編：《嘉定錢大昕全
　　　集》第5冊，南京：江蘇古籍出版社，1997年。

〔清〕顏元著：《顏元集》，北京：中華書局，1987年。

〔清〕蘇輿撰，鍾哲點校：《春秋繁露義證》，北京：中華書局，1992
　　　年。

〔清〕顧炎武著，黃汝成集釋，欒保群、呂宗力校點：《日知錄集
　　　釋》，上海：上海古籍出版社，2006年。

〔清〕顧棟高著，吳樹平、李解民點校：《春秋大事表》，北京：中華
　　　書局，1993年。

二　近人專著

牟潤孫：《注史齋叢稿》，臺北：臺灣商務印書館，1990年。

丁凌華：《五服制度與傳統法律》，北京：商務印書館，2013年。

文廷海：《清代前期《春秋》學研究》，北京：中國社會科學出版社，
　　　　2012年。

司馬朝軍：《《四庫全書總目》研究》，北京：社會科學文獻出版社，
　　　　2004年。

安井小太郎等講述，林慶彰，連清吉譯：《經學史》，臺北：萬卷樓圖
　　　　書公司，1996年。

余嘉錫：《四庫提要辨證》，北京：中華書局，1980年。

余嘉錫：《目錄學發微》，北京：中華書局，1963年。

吳哲夫：《四庫全書薈要纂修考》，臺北：國立故宮博物院，1976年。

吳哲夫：《四庫全書纂修之研究》，臺北：國立故宮博物院，1990年。

宋鼎宗：《春秋宋學發微》，臺北：文史哲出版社，1986年。

宋鼎宗：《春秋胡氏學》，臺北：萬卷樓圖書公司，2000年。

岑溢成：《詩補傳與戴震解經方法》，臺北：文津出版社，1992年。

李國玲編纂：《宋人傳記資料索引補編》，成都：四川大學出版社，
　　　　1994年。

李瑞良：《中國目錄學史》，臺北：文津出版社，1993年。

汪惠敏：《宋代經學之研究》，臺北：師大書苑，1989年。

昌彼得、王德毅、程元敏、侯俊德編：《宋人傳記資料索引》，臺北：
　　　　鼎文書局，1987年。

林義正：《春秋公羊傳倫理思維與特質》，臺北：臺灣大學出版中心，
　　　　2003年。

林繼平：《陸象山研究》，臺北：臺灣商務印書館，2001年。

祈潤興：《陸九淵評傳》，南京：南京大學出版社，1998年。

孫旭紅：《居今與志古——宋代《春秋》學研究》，北京：中國社會科學出版社，2014年。

崔富章：《四庫提要補正》，杭州：杭州大學出版社，1990年。

張素卿：《敘事與解釋——左傳經解研究》，臺北：書林出版公司，1998年。

張高評：《春秋書法與左傳學史》，上海：上海古籍出版社，2005年。

張舜徽：《四庫提要敘講疏》，臺北：臺灣學生書局，2002年。

張壽安：《十八世紀禮學考證的思想活力——禮教論爭與禮秩重省》，臺北：中央研究院近代史研究所，2001年。

許肇鼎：《宋代蜀人著作存佚錄》，成都：巴蜀書社，1986年。

郭伯恭：《四庫全書纂修考》，上海：上海書店，1992年。

郭紹虞輯：《宋詩話輯佚》，北京：中華書局，1987年。

郭齊勇主編：《儒家倫理爭鳴集——以「親親互隱」為中心》，武漢：湖北教育出版社，2004年。

陳威睿：《高閌《春秋集註》研究》，新竹：國立新竹教育大學中國語文學系碩士班中文組，2014年。

陳桓：《史諱舉例》，上海：上海書店出版社，1997年。

陳喬見：《公私辨——歷史衍化與現代詮釋》，北京：生活・讀書・新知三聯書店，2013年。

傅隸樸：《春秋三傳比義》，北京：中國友誼出版公司，1984年。

程元敏：《尚書學史》，臺北：五南圖書出版公司，2010年。

黃啟書：《春秋公羊災異學說流變研究》，國立臺灣大學中國文學研究所博士論文，2003年。

黃智群：《張洽《春秋集註》研究》，國立成功大學中國文學研究所碩士論文，2002年，宋鼎宗指導。

黃覺弘：《唐宋《春秋》佚著研究》，北京：中華書局，2014年。

楊伯峻：《春秋左傳注》，北京：中華書局，1995年。

楊祖漢：《儒家的心學傳統》，臺北：文津出版社，1992年。

楊棣娟：《張洽《春秋》學研究》，國立高雄師範大學經學研究所，2010年。

楊新勛：《宋代疑經研究》，北京：中華書局，2007年。

楊樹達：《春秋大義述》，上海：上海古籍出版社，2007年。

葛煥禮：《尊經重義——唐代中葉至北宋末年的新《春秋》學》，濟南：山東大學出版社，2011年。

廖鴻裕：《明代科舉研究》，中國文化大學中國文學研究所博士論文，2008年。

趙友林：《《春秋》三傳書法義例研究》，北京：人民出版社，2010年。

趙伯雄：《春秋學史》，濟南：山東教育出版社，2004年。

劉述先：《朱子哲學思想的發展與完成》，臺北：臺灣學生書局，1984年。

劉琳、沈治宏編著：《現存宋人著述總錄》，成都：巴蜀書社，1995年。

劉德明：《孫覺《春秋經解》解經方法探究》，臺北：花木蘭文化出版社，2008年。

鄧廣銘：《鄧廣銘治史叢稿》，北京：北京大學出版社，1997年。

錢穆：《朱子新學案》，臺北：聯經出版事業公司，1995年。

戴君仁：《春秋辨例》，臺北：國立編譯館中華叢書編審委員會，1978年。

戴志清：《春秋社會流動現象之研究-奔逃案例的研究分析》，臺北：臺灣大學歷史研究所碩士論文，1995年。

薛梅卿：《《宋刑統》研究》，北京：法律出版社，1997年。

簡文山：《左傳出奔研究》，高雄：中山大學中國文學系碩士論文，1998年。

羅清能:《張洽春秋集註述要》,花蓮:真義出版社,1994年。

龔鵬程:《六經皆文——經學史／文學史》,臺北:臺灣學生書局,
　　　　2008年。

三　近人期刊論文

丁亞傑:〈方法論下的春秋觀:朱子的春秋學〉,《鵝湖學誌》第38
　　　　期,2007年6月,頁46-90。

小島毅:〈宋代天譴論的政治理念〉,收入日溝口雄山、小島毅主編,
　　　　孫歌等譯:《中國的思維世界》,南京:江蘇人民出版社,
　　　　2006年,頁281-339。

伍煥堅:〈中唐啖助學派與宋代理學家在《春秋》學說上的相通
　　　　點——以胡安國為中心〉,《淡江中文學報》第33期,2015年
　　　　12月,頁193-226。

余英時:〈朱熹哲學體系中的道德與知識〉,收入田浩編,楊立華等
　　　　譯,姜長蘇等校《宋代思想史論》,北京:社會科學文獻出
　　　　版社,2003年,頁257-284。

吳哲夫:〈春秋集傳存十九卷〉,《故宮季刊》第1期第11卷,1976年,
　　　　頁59-61。

金生楊:〈理學與宋代巴蜀《春秋》學〉,《四川師範大學學報(社會
　　　　科學版)》第33卷第5期,2006年9月,頁133-138。

侯道儒:〈天人感應說在宋代的政治作用:以程頤為主軸的討論〉,
　　　　《清華中文學報》第11期(2014年6月),頁213-260。

姜龍翔:〈試探朱熹對《春秋》的態度及其解經方法〉,《雲漢學刊》
　　　　第14期,2007年,頁141-166。

胡楚生:〈《四庫提要補正》與《四庫提要辨證》〉,收入王國良、王秋

桂合編：《中國圖書文獻學論集》，臺北：明文書局，1986年，頁156-183。

夏長樸：〈《四庫全書總目》與漢宋之學的關係〉，《故宮學術季刊》第23卷第2期，2005年，頁83-128。

孫先英：〈論真德秀《文章正宗》的審美價值取向〉，《貴州大學學報》，社會科學版，第27卷第4期，2009年7月。

徐杰令：〈論春秋時期的「出奔」〉，《史學集刊》第79期，2000年5月，頁76-81。

浦偉忠：〈論《春秋穀梁傳》的親親之義〉《齊魯學刊》，1991年第3期，1991年6月，頁56-58。

張尚英、舒大剛：〈宋代《春秋》學文獻與宋代《春秋》學〉，《求索》，2007年7月，頁199-203。

張俊峰：〈災異說與王安石變法的失敗〉，《信陽農業高等專科學校學報〉第19卷第1期（2009年3月），頁29-30、90。

張彥修：〈春秋「出奔」考述〉，《史學月刊》第242期（1996年第6期），頁21-25。

張培瑜：〈《春秋》《詩經》日食和有關問題〉，收入《中國天文學史文集》第三集，北京：科學出版社，1984年，頁1-23。

張端穗：〈《公羊傳》與《穀梁傳》親親觀比較研究——以君王對待世子、母弟之道為探索焦點〉，《東海大學文學院學報》第50卷，2009年7月，頁1-46。

張豔華：〈春秋出奔現象探因〉，《洛陽師範學院學報》第94期（2003年第3期），頁82-83。

陳祖武：〈從經筵講論看乾隆時期的朱子學〉，收入袁行霈主編：《國學研究》第九卷，北京：北京大學出版社，2002年，頁295-313。

陳筱芳：〈試論春秋奔者與本國和奔國的關係〉，《西南民族學院學報》
　　　第18卷第6期，1997年，頁61-65。

陳壁生：〈《春秋》經「親親相隱義」〉，《國學學刊》，2009年第1輯。網
　　　址：http://www.confucius2000.com/admin/list.asp?id=4305，查
　　　詢時間：2016年11月14。

黃俊傑：〈東亞近世儒者對「公」「私」領域分際的思考：從孟子與桃
　　　應的對話出發〉，收入黃俊傑、江宜樺編：《公私領域新探：
　　　東亞與西方觀點之比較》，上海：華東師範大學出版社，
　　　2008年，頁85-98。

黃信二：〈從朱子與陽明論蒯聵與衛輒比較朱王之「禮」論〉，《哲學
　　　與文化》第41卷第5期，2014年5月，頁47-72。

黃進興：〈朱陸異同——一個哲學詮釋〉，收入田浩編，楊立華等譯，
　　　姜長蘇等校：《宋代思想史論》，北京：社會科學文獻出版
　　　社，2003年，頁426-444。

黃覺弘：〈劉絢《春秋傳》佚文考說〉，《南京社會科學》第12期，
　　　2008年12月，頁112-120。

楊世文：〈瑞異理論與宋代政治〉，收入四川聯合大學古籍整理研究
　　　所、四川聯合大學宋代文化研究中心編：《宋代文化研究》
　　　第6輯，成都：四川大學出版社，1996年，頁71-85。

楊祖漢：〈心學的經典詮釋〉，《興大中文學報》第21期，2007年6月，
　　　頁59-81。

楊曉紅：〈災異對宋代社會的影響〉，《雲南社會科學》，2007第5期，
　　　頁122-125。

葛兆光：〈置思想於政治史背景之中——再讀余英時先生的《朱熹的歷
　　　史世界》〉，收入田浩主編：《文化與歷史的追索：余英時教授
　　　八秩壽慶論文集》，臺北：聯經出版公司，2009年，頁371-
　　　441。

趙伯雄：〈朱熹《春秋》學考述〉，《孔子研究》，2003年1月，頁63-72。

劉德明：〈「王霸之辨」在《春秋》解經中的運用與反省——以朱熹及
　　　　張洽的觀點為核心〉，《中正漢學研究》2016年第1期（總第
　　　　27期），2016年6月，頁117-142。

劉德明：〈程伊川《春秋學》初探〉，《中央大學人文學報》第23期，
　　　　2001年6月，頁41-68。

劉德明：〈程頤學脈對齊桓公的評價——以程頤、謝湜與胡安國為核
　　　　心〉，《成大中文學報》第56期（2017年3月），頁1-36。

韓樹峰：〈漢魏無「親親相隱」之制論〉，收入《中國古代法律文獻研
　　　　究》第六輯，上海：社會科學文獻出版社，2013年1月，頁
　　　　221-237。

鍾彩鈞：〈劉逢祿公羊學概述〉，收入《第一屆清代學術研討會論文
　　　　集》，高雄：中山大學中國文學系，1989年，頁157-180。

齋木哲郎：〈程伊川的春秋學〉，收入姜廣輝主編：《經學今詮四編》，
　　　　瀋陽：遼寧教育出版社，2004年，頁336-362。

經學研究叢書・經學史研究叢刊　0501034

宋代《春秋》學研究論集

作　　者　劉德明
責任編輯　呂玉姍
特約校稿　林秋芬

發 行 人　林慶彰
總 經 理　梁錦興
總 編 輯　張晏瑞
編 輯 所　萬卷樓圖書股份有限公司
　　　　　臺北市羅斯福路二段 41 號 6 樓之 3
　　　　　電話 (02)23216565
　　　　　傳真 (02)23218698

發　　行　萬卷樓圖書股份有限公司
　　　　　臺北市羅斯福路二段 41 號 6 樓之 3
　　　　　電話 (02)23216565
　　　　　傳真 (02)23218698
　　　　　電郵 SERVICE@WANJUAN.COM.TW
香港經銷　香港聯合書刊物流有限公司
　　　　　電話 (852)21502100
　　　　　傳真 (852)23560735

ISBN 978-986-478-776-0
2022 年 11 月初版
定價：新臺幣 420 元

如何購買本書：

1. 劃撥購書，請透過以下郵政劃撥帳號：
　　帳號：15624015
　　戶名：萬卷樓圖書股份有限公司
2. 轉帳購書，請透過以下帳戶
　　合作金庫銀行 古亭分行
　　戶名：萬卷樓圖書股份有限公司
　　帳號：0877717092596
3. 網路購書，請透過萬卷樓網站
　　網址 WWW.WANJUAN.COM.TW

大量購書，請直接聯繫我們，將有專人為
您服務。客服：(02)23216565 分機 610

如有缺頁、破損或裝訂錯誤，請寄回更換
版權所有・翻印必究
Copyright©2022 by WanJuanLou Books CO., Ltd.
All Rights Reserved　　　Printed in Taiwan

國家圖書館出版品預行編目資料

宋代<<春秋>>學研究論集/劉德明著. -- 初版. --
- 臺北市 ： 萬卷樓圖書股份有限公司, 2022.11
　　面 ；　　公分. -- (經學研究叢書. 經學史研究
叢刊 ; 501034)
ISBN 978-986-478-776-0(平裝)

1.CST: 春秋(經書) 2.CST: 研究考訂 3.CST: 宋
代

621.7　　　　　　　　　　111018192